Hameeda Lakho
und Magda van der Rijst
Mit dem Herzen einer Tigerin

Hameeda Lakho
und Magda van der Rijst

Mit dem Herzen einer Tigerin

Aus dem Niederländischen von
Barbara Werner

Krüger Verlag
Frankfurt am Main

Die niederländische Originalausgabe erschien 2000
unter dem Titel ›Verborgen tralies‹
im Verlag Arena, Amsterdam

Deutsche Erstausgabe

Satz: Pinkuin Satz und Datentechnik, Berlin
Druck und Einband: Clausen & Bosse, Leck
Printed in Germany 2002
ISBN 3-8105-1142-0

Mit dem Herzen einer Tigerin ist die authentische Geschichte von Hameeda Lakho.
Alle beschriebenen Ereignisse basieren auf Hameedas Erinnerungen, den Geschichten ihrer Mutter und ihrer Geschwister und den aufgespürten Dokumenten und Zeitungsartikeln. Zum Schutz ihrer Privatsphäre wurden für die meisten Personen Pseudonyme verwendet.

Inhalt

Prolog

Grübelnd? Besorgt? Gespannt? Nervös? Nein, es ist ein anderes Gefühl. Ich kann so schnell kein Wort dafür finden. Stimmungen wechseln sich in rasendem Tempo ab. Entschlossenheit weicht Unsicherheit, und gleich darauf verwandelt sich Trauer in Wut. Stell dir vor, dass er auch kommt. Was für schreckliche Folgen könnte das haben? Ein Schauer läuft mir über den Rücken. Einen Augenblick fühle ich Angst. Und Panik. Klare Erinnerungen an einen wilden, aggressiven Blick, an geschwollene Lippen und das dumpfe Dröhnen von Stockschlägen drohen mich zu überwältigen. Die Frau im Spiegel kommt mir bekannt vor. Sie ist mir vertraut, aber zugleich auch eine Fremde. Es ist, als könnte ich sie nicht erreichen. Ihr dickes, schwarzbraun glänzendes Haar fällt ihr voll auf die Schultern und umrahmt ihr hellbraunes Gesicht, woraus die großen dunklen Augen mich anstarren. Das Braun scheint intensiver als sonst. Mit einem Ruck lasse ich die Bürste nochmals von oben nach unten gleiten und streiche meine langen Haare nach hinten. Nein, ich lass mich nicht überwältigen, ich weiß genau, was ich will. Monate, Jahre, fast mein ganzes Leben habe ich auf diesen Moment gewartet. Nur noch einen Augenblick, und ich werde Amma treffen. Amma, meine Mutter. Mein Bruder Ali Nawaz rief gestern Abend an, dass sie in Abu Dhabi gelandet wären. Er, meine jüngste Schwester Yasmin und Amma.

Wie würde er aussehen, mein Bruder, den ich noch nie gesehen hatte? Und meine jüngste Schwester Yasmin, die ich zum letzten Mal im Arm gehalten hatte, als sie ein Jahr alt war. Sie musste inzwischen fast dreißig sein … Ich weiß also, dass sie unterwegs sind. Dass sie ohne Probleme Karatschi verlassen konnten, aber trotzdem. Erst wenn ich sie fühlen kann, glaube ich, dass es sie wirklich gibt. Amma.

»Mama. Mami? Mami!«

Mit einem Ruck lande ich wieder in der Gegenwart, auf Schiphol. Ein Lächeln gleitet über mein Gesicht. Immer wieder sind es meine Töchter Rachel und Melanie, die mich zu mir selbst bringen und mir Halt geben. Ich versuche geschmeidig in die Hocke zu gehen, aber in meinem neuen engen langen Rock gelingt mir das nur teilweise. Rachel schaut erstaunt, als ich sie zu mir ziehe und sage, dass ich sie sehr liebe.

»Aber das habe ich doch nicht gefragt!« Mit einer Falte zwischen den Augenbrauen zieht sie mich mit in die Toilette. »Wie muss man hier ziehen? Ich sehe nirgends einen Knopf. Und da …« Ihr kleines Händchen in meiner zieht sie mich eine Tür weiter. Wir werden von Spülkasten-Geräuschen verfolgt. Mit großen, fragenden Augen schaut sie zu mir auf. Es dauert noch mindestens fünf Minuten, bevor Rachel und ihre jüngere Schwester die Funktionsweise der Schiphol-Toiletten akzeptieren. Ich gehe zum Spiegel zurück und ziehe den Kragen meiner Bluse zurecht.

Genau vor einer Woche ging ich durch Den Haag, um Kleider für diese Gelegenheit zu kaufen. Ich war schnell erfolgreich. Eigentlich wusste ich genau, was ich tragen wollte: einen langen Rock mit taillierter Jacke. Gediegen, seriös und elegant. Die gelbe Bluse bildet einen scharfen Kontrast zum Kostüm und zu meinem Haar.

Die vergangenen Monate hatten im Zeichen des Wiedersehens gestanden. Ab dem Moment, als meine älteste

Schwester Zahida Amma gefunden hatte, konnte ich keine Ruhe mehr finden. Beinahe mein ganzes Leben musste ich ohne Mutter auskommen. Seitdem ich sicher wusste, dass sie noch lebt, musste ich sie treffen. Ich wollte wissen, woher ich kam, ich wollte Antworten, Lösungen, und ich wollte endlich erfahren, wie es sich anfühlte, Mutterliebe zu empfangen. Gemeinsam mit meinen Schwestern Zahida und Ayesha beschloss ich, Amma, unsere jüngere Schwester Yasmin und unseren unbekannten Bruder Ali Nawaz für einige Monate in die Niederlande einzuladen. Trotz der Ängste, die auch sie empfunden haben müssen, nahmen sie die Einladung an. Es hatte Mühe gekostet und Monate gedauert, bevor wir Visa bekommen konnten. Aber es gab kein Zurück mehr. Für niemanden. Wir wussten voneinander und erkannten des anderen Verlangen.

Mit Melanie auf dem Arm und Rachel an der Hand gehe ich in die Ankunftshalle zurück. Gilmer schaut sich um und kann es nicht lassen, wieder eine Videoaufnahme von mir und unseren Töchtern zu machen. Für ihn muss es ebenfalls sehr aufregend sein.

»Es wird etwas später. Sie streiken in Paris«, sagt er, auf einen Monitor mit Fluginformationen deutend. »Schau, die GF19 hat Verspätung.«

Ich weiß nicht, ob ich nach neunundzwanzig Jahren noch eine Verspätung von ein oder zwei Stunden aushalten kann. Rachel und Saima, Ayeshas Tochter, begreifen, dass sie wieder auf Entdeckungsreise gehen können. Rachels Finger gleiten durch meine Hand. Ich wechsle einen Blick mit Ayesha und schaue ihnen nach. Unsere Kinder sind nun elf, sieben und vier Jahre alt, ungefähr im gleichen Alter, in dem wir waren, als wir in den Niederlanden ankamen. Melanie krabbelt etwas dichter zu mir, als ich mir einen Sitzplatz suche. Menschen gehen vorbei, beeilen sich oder schlendern, reden und lachen. Ich nehme alles wahr, bin aber nicht wirklich dabei. Unbegreiflich, dass niemand sieht, dass ich meine Mutter treffen werde. Ich habe das Bedürfnis, es hinauszuschreien, meine Hände an den Mund zu setzen, um es die ganze Welt wissen zu lassen: »Heute ist ein wichtiger Tag. Viel wichtiger als alle anderen zuvor.« Aber niemand scheint etwas zu bemerken, außer vielleicht unsere allgemeine Unruhe, mein nervöses Gefummel am Blumenstrauß, Gilmers Herumschlendern und das Auf- und Ablaufen meiner Schwestern, ihrer Partner und der Kinder.

Die Friseurin gestern merkte sofort, dass bei mir etwas Besonderes bevorsteht. Extra für diese Gelegenheit ging ich zu einem bekannten Friseur. Das Mädchen fragte mich, ob ich etwas zu feiern hätte. Ich schaute ihr direkt in die Augen und sagte: »Ich treffe morgen meine Mutter, die ich fast dreißig Jahre nicht gesehen habe.«

Der Kamm fiel ihr aus der Hand, und sie hielt in ihrer Arbeit inne. »Wie meinen Sie das?«, und ich erzählte ihr etwas von meiner Lebensgeschichte. Manchmal erstaunt es mich, dass ich ohne Scheu von den entwürdigenden Dingen, die ich zusammen mit meinen zwei älteren Schwestern erlebt habe, als wir Kinder waren, erzählen kann. Zahida und Ayesha sprechen niemals darüber. Ich schon. Ich spreche darüber, ich schreibe darüber, und ich schäme mich nicht für meine Vergangenheit. Nicht mehr. Die Geburt von Rachel hatte mir nicht nur den Verlust einer Mutter und ihrer Liebe deutlich gemacht, sondern auch den Mangel an einer eigener Identität offenbart. Ich wollte mein Kind lieb haben, so wie ich nie geliebt worden bin. Ich wollte sie Kind sein und Geborgenheit fühlen lassen und ihr eine solide Basis bieten. Aber wie sollte ich das machen, da ich doch noch nicht einmal wusste, wer ich war und woher ich kam? Ich fühlte mich holländischer als holländisch, aber ein Blick in den Spiegel machte mir klar, dass ich auf andere nicht so wirke. Ich habe dunkle Haut und komme aus einem fernen Land mit einer fremden Kultur. Einer Kultur, die ich nur von ihrer schlechtesten Seite her kannte und die ich daher jahrelang verleugnet hatte. Damit verleugnete ich mich aber auch selbst. Wenn man ohne Wurzeln zu leben versucht, schwebt man haltlos im Raum. Steuerlos, und in meinem Fall immer auf der Suche nach Geborgenheit und gegen die Einsamkeit kämpfend. Die Geburt von Rachel war der Beginn einer langen Reise in meine Vergangenheit und zu mir selbst. Das tiefe, warme Gefühl, das sie und später auch Melanie in mir auslösten und das mein Tun von nun an bestimmte, ließ mich begreifen, was und wen ich vermisst hatte und noch immer vermisste: ein Zuhause, das Wissen, woher man kommt, eine Mutter. Langsam, aber entschlossen begab ich mich auf die Suche nach meiner Mutter: Amma, die Klarheit geben und alle Fragen aus meiner Vergangenheit beantworten könnte.

»Noch zehn Minuten«, ruft Gilmer. Mir schlägt das Herz bis zum Hals. Mir ist eiskalt. Ich habe Angst. Amma ist also fast da. Vielleicht wird das Treffen enttäuschend. Sind wir zu lange getrennt gewesen, um das Band wieder zu knüpfen? Vielleicht fühle ich überhaupt nichts, wenn ich sie sehe. Nein. Ich schüttele den Kopf, als dieser Gedanke bei mir aufkommt. Nein, schon ihre Stimme am Telefon, die Art, wie sie meinen Namen ausspricht, fühlt sich für mich an, als tauchte ich in ein warmes Bad.

Das Gefühl für sie ist da. Die Angst, die in mir aufsteigt, entspringt der Unsicherheit, ob sie Antworten auf meine Fragen haben wird. Ob sie auf der Suche nach Lösungen und Gerechtigkeit helfen kann. Ich hoffe, dass ich in ihr mich selbst sehe. Vielleicht habe ich am meisten Angst vor der Enttäuschung, die mich erwartet, wenn sie nicht der Schlüssel zu Ruhe und Glück sein sollte, dem ich seit dem Moment hinterherjage, als wir – Amma, Zahida, Ayesha, Yasmin und ich – hier auf Schiphol ankamen. Vor nun neunundzwanzig Jahren …

Ankunft auf Schiphol

Erschrocken von der heftigen Landung schlurften wir mit zittrigen Knien aus dem Flugzeug. Es zog in dem Gang, den Hakim, unser Begleiter, den Rüssel nannte. Amma, meine Mutter, ging vor mir. Unsere kleine Schwester Yasmin hatte sie auf dem Arm. Meine älteren Schwestern, Zahida und Ayesha, hörte ich dicht hinter mir. Es dauerte lange, bevor wir das Ende des Rüssels sahen, aber auf einmal erschien eine Öffnung. Wir kamen in eine Halle, wo allerlei fremde Menschen auf uns warteten. Amma versuchte Zahida, Ayesha und mich in ihrer Nähe zu halten. Yasmin wurde meiner Mutter von einem großen Mann abgenommen.

»Ayesha, sag Papa guten Tag«, hörte ich Amma sagen, während sie meiner drei Jahre älteren Schwester einen Stups in den Rücken gab.

Ayesha machte einen Schritt nach vorn und schaute den Mann, der nun Yasmin auf dem Arm hielt, an. Dann schob Amma Zahida, ihre älteste Tochter von zwölf, in die gleiche Richtung. Ich hielt Ammas Hand fest und hing an ihren Beinen, was das Laufen nicht einfacher machte. Ich war vier Jahre alt und ängstlich. Meine Mutter fühlte meine Angst und ließ mich darum auch nicht allein zu dem Mann gehen. Einige Menschen in fremden Kleidern und mit bleichen Gesichtern schauten uns zu. Ich kniff dauernd meine Augen zu, um mich gegen das grelle Licht, das aus Fotoapparaten blitzte, zu schützen. Amma versuchte ihre Hand aus meiner zu lösen, um sich vom Mann, der Yasmin trug, umarmen zu lassen. Baby Yasmin schaute erschreckt, als sie sich zwischen zwei küssenden Menschen eingeklemmt sah.

»Baba«, sagte Amma zu Yasmin, während sie auf den Mann wies.

Sollte dieser Mann in den merkwürdigen Kleidern Baba sein? Baba, unser Vater, von dem Amma so viel erzählt hatte? Baba, der in einem fernen Land wohnte, arbeitete und Geld für uns verdiente? Aber wer waren die anderen Menschen dann, die uns alle anschauten? Und ich sah überhaupt keine Kinder. Zahida, Ayesha, Yasmin und ich waren die Einzigen. Gestern waren unsere Cousinen und Cousins noch da gewesen und auch Lalli, unsere allerliebste Oma. Wo war die eigentlich geblieben? Amma hatte noch im Flugzeug gesagt, dass wir Lalli bald wiedersehen würden. Ich wollte, sie wäre hier.

Wenn ich meine Augen schloss, sah ich Tante Noora und auch das Schaukeln von Yasmins Wiege unter einer Palme. Der Abschied von Lalli und meiner Lieblingstante war schrecklich. Lalli wollte mich nicht loslassen. Dauernd flehte sie: »Lass die Kinder hier. Du darfst sie nicht mitnehmen.«

Immer wieder legte meine Mutter ihre Arme um Lalli und sagte: »Aber Lalli, darum gehe ich doch weg, um den Kindern ein besseres Leben zu geben. Die Kinder gehören doch auch zu ihrem Vater, Ihrem Sohn. Er will, dass wir als Familie zusammen sind. Und ich verspreche Ihnen, dass wir wieder zurückkommen. Wir kommen und holen Sie.« Amma hörte immer auf Lalli, aber dieses eine Mal ging sie ihren eigenen Weg. Ich verstand warum. Sie hatte es uns erklärt. Eines Tages, als sie aus dem Krankenhaus kam, wo Zahida zum wiederholten Mal an ihrem entzündeten Auge behandelt wurde, hatte Amma mich und meine zwei älteren Schwestern zur Palme, die mitten auf unserem Hof stand, mitgenommen. Dort im Schatten begann sie vor allem zu sich selbst und Zahida zu sprechen. Neunundzwanzig Jahre später erzählte sie mir noch einmal die gleiche Geschichte. Die Geschichte über ihren Mann, unseren Baba, ihre Jugend und über die Zukunft, die sie uns geben wollte.

»Ich wurde 1940 geboren. Mein Vater starb, als ich zwei Jahre alt war, und meine Mutter heiratete drei Jahre später Habibullah Lakho. Habibullah war geschieden und hatte schon einen neunjährigen Sohn aus seiner früheren Ehe. Wir zogen mit unserer neuen Familie nach Bakra Pri, einem der Armenviertel von Karatschi. Meine Mutter und Habibullah bekamen zusammen sechs Kinder, wovon nur noch zwei leben. Habibullah war stolz auf seine Familie, vor allem auf seine eigenen Kinder. Sie durften zur Schule, während ich zu Hause bleiben musste, um mich um den Haushalt und die Babys zu kümmern.

Als ich älter wurde, begann mein Stiefbruder Hussain, mir anders zu begegnen. Ich begriff nicht genau, was er mit mir machte, aber schon bald war ich von ihm schwanger. Habibullah war zufrieden damit. Er hatte meiner Mutter schon früher vorgeschlagen, uns zu verheiraten. Meine Mutter hatte davon nie etwas wissen wollen, aber nun war eine Heirat zwischen ihrer Tochter und dem Sohn ihres Mannes die einzige ehrenvolle Lösung.

Euer Vater und ich blieben bei unseren Eltern wohnen, auch als ihr schon geboren wart. Wir waren sehr arm, und als ich mit Waheed schwanger war, beschloss euer Vater, nach Dubai zu gehen, um dort bessere Arbeit zu suchen. Waheed wurde unter erbärmlichen Umständen geboren. Es regnete tagelang ununterbrochen, und das Wasser leckte überall durch das Dach. Ich suchte verzweifelt nach einem trockenen Fleck. Ich konnte das Baby nicht warm halten und hatte kein Geld für Milch oder für einen Arzt. Waheed bekam eine Lungenentzündung. Als er sechs Tage alt war, starb er in meinen Armen.«

Amma schwieg einen Moment.

»Wir haben ihn ohne Baba begraben. Das Leben in Bakra Pri wurde mit jedem Tag schwerer. Ihr wart zu oft krank, und ich hatte kein Geld für Medizin oder Lebensmittel. Nach dem Tod von Waheed begriff ich, dass wir so nicht weiterleben konnten. Euer Vater kehrte aus Dubai zurück, und drei Monate nach der Geburt von Hameeda beschloss er, nach Europa zu gehen. Das Leben im Armenviertel war hart, und ihr wart keinen Tag gesund. Ich musste etwas tun. Ich beschloss, mit euch dreien nach Hyderabad zu gehen, dort wohnte Lalli, eure andere Großmutter. Lalli ist die Mutter eures Vaters und war einmal mit Habibullah verheiratet.

Am Anfang war alles so schön. Ich arbeitete, Hameeda blieb bei Lalli, und Zahida und Ayesha gingen in die Schule. Nach ein paar Wochen bekam Lalli Heimweh nach Soomar Halepoto, einem Stück Land in der Nähe von Tando Mohammed Kahn, wo sie ursprünglich herkam und wir heute leben. Ich wollte damals eigentlich nicht weg aus Hyderabad, aber ich musste Lalli folgen.

Als Baba letztes Jahr hierher zurückkam, sagte er, dass er für immer bei uns bleiben würde. Er hatte mit dem Schiff ein Auto nach Pakistan kommen lassen und wollte in Tando Mohammed Kahn ein Haus kaufen. Aber nach einigen Wochen bekam er Heimweh nach Holland. Er konnte sich hier nicht mehr eingewöhnen und beschloss nach einer Weile, wieder zurück nach Holland zu gehen. Ich war genau zwei Monate mit Yasmin schwanger und flehte euren Vater an, bei uns zu bleiben. Er sagte, dass er zurück müsse, um seiner Familie eine bessere Zukunft geben zu können. Baba reiste ab, und Yasmin wurde geboren. Vor ein paar Monaten rief mich Baba an und sagte, dass es ihm gelungen sei, Tickets und eine Wohnung zu besorgen. Er will, dass ich zusammen mit euch in die Niederlande komme, denn er ist sehr einsam dort. Nach langem Hin und Her, Reden mit Lalli und Schreiben an Baba steht mein Beschluss fest. Wir gehen hier weg. Wir gehen zu Baba, in die Niederlande.«

Wir würden also abreisen, aber wann, das wussten wir nicht. Das Leben ging wie gewohnt weiter. Über meinen Vater dachte ich kaum nach, ich kannte ihn ja noch nicht einmal. Er war von uns weggegangen, als ich noch ein Baby war. Letztes Jahr war er in Soomar Halepoto zu Besuch gewesen, aber daran erinnerte ich mich nicht. Amma sagte oft, dass sie sich nach Baba sehnte und dass er uns, seine Frau und seine Töchter vermisste. In diesem fernen, fremden Land war alles vielleicht besser, aber er hatte dort keine Familie. Auf jeden Fall musste sein Leben ganz anders sein als bei uns. Wir wohnten alle zusammen in Soomar Halepoto. Unser Hof bestand aus ungefähr zehn Hütten. Eine Hütte war aus Pfählen und Schilfmatten, die die Wände und das Dach formten, gebaut. Auf dem Boden lagen andere, dünnere Matten, die als Betten benutzt wurden, und es gab so genannte Khats: geflochtene Matten, die in einem Rahmen aus Holz oder Metall mit Beinen hingen. Lalli schlief mit ihrem Mann zusammen auf so einem Khat. Amma, Zahida, Ayesha und ich schliefen auf einem anderen. Oft kuschelte ich mich an Ammas warme Brust. Ich spielte mit den anderen Kindern von unserem Hof und ging mit Amma zusammen aufs Land. Sie ließ mich dann manchmal auf einem Stück Zuckerrohr kauen. Auf dem Land konnte man allerlei finden. Amma pflückte Baumwolle, und ich half ihr dabei. Wir arbeiteten von fünf Uhr morgens, bis die Sonne am

Himmel stand. Dann gingen wir nach Hause, um zu frühstücken. Anschließend holten Zahida, Ayesha und ich Wasser aus dem Brunnen und melkten die Büffel und die Ziege. Auf dem Hof wurden Möhren, Tomaten, Kartoffeln und Zwiebeln angebaut, und es wuchsen süße, saftige Mangos an den Bäumen. Amma machte in meinen Kinderaugen lauter spannende Dinge. Oft sammelten wir zusammen Kuhfladen. Daraus formte sie große Platten. Die nassen Fladen wurden beim Bau gebraucht, die trockenen dienten als Brennstoff. Ich half ihr, die Fladen ordentlich auszulegen, damit sie in der Sonne trocknen konnten. Meistens aßen wir alle zusammen, auch mit den anderen Tanten, die bei uns auf dem Hof wohnten. Wir saßen dann beim Feuer. Ab und zu kochte Lalli, aber meistens tat Amma das. Wir aßen fast immer Brei und Maani, und ganz selten, wenn Amma viel Kuhfladen verkauft hatte, bekamen wir Fleisch. Maani, die duftenden Fladenbrote, fand ich am leckersten. Aber dann, an dem Tag unter dem Baum, erzählte Amma, dass alles anders und besser werden würde.

Wieso besser?, dachte ich. Was sollte besser sein können? Hier ging es uns prima. Aus den Kuhfladen konnte man Türme bauen, man konnte mit den Ziegen, den Büffeln und dem Esel spielen, auf Wagen steigen und in Yasmins Wiege schaukeln, die draußen unter einer Palme stand. Es war hier schön, obwohl ... Sofort fragte ich meine Mutter, ob es dort, bei Baba, keine Grube mit Schlangen gäbe. Amma antwortete so wie immer, dass es bei uns auch keine Schlangen in der Grube gäbe, aber ich wusste es besser. Wenn ich nachts pinkeln musste, versuchte ich es immer so lange wie möglich auszuhalten. Ich wartete, bis Amma wach wurde, dann konnten wir zusammen gehen. Wenn ich tagsüber musste und zwischen meinen Beinen durch in das Loch im Boden schaute, dann waren dort keine Schlangen. Aber nachts, im Dunkeln, hörte ich sie wirklich rascheln. Ich versuchte dann so hoch wie möglich zu hocken, damit die Schlangen mir nicht in den Po beißen oder, noch schlimmer, dazwischen kriechen konnten. Dass könnte auch passieren, erzählte Asif, ein älterer Neffe, der das schon mal erlebt hatte. Falls es nun bei Baba keine Schlangen in der Grube gab, vielleicht war es dann dort wirklich besser. Amma versprach, dass sie immer da wäre, um für uns zu sorgen. Das sie dort nicht von zu Hause weg müsste, um zu arbeiten. Wenn Amma bei uns bleiben und Lalli später auch kommen sollte, dann konnten wir abreisen.

Es sollte noch Wochen dauern, bevor wir gingen. Hakim, ein Bekannter meines Vaters und ein Fremder für uns, erschien in Soomar Halepoto. Er sollte meiner Mutter helfen, die Papiere in Ordnung zu bringen. Wir konnten ihn nicht verstehen. Hakim kam aus dem Norden von Pakistan und sprach Urdu. Tando Mohammed Kahn liegt in der südlichen Provinz Sindh. Bei uns wurde Sindhi gesprochen, aber meine Mutter konnte auch Urdu. Zusammen mit Hakim ging sie für einige Tage nach Hyderabad, um die Pässe zu besorgen. Wir waren erleichtert, als Amma zurückkehrte. Wir fühlten die Spannung, die unsere Abreise verursachte.

Hakim kam zwei Wochen später und holte uns ab. Meine Mutter brauchte nicht lange, um zu packen. In Pakistan lebten wir den ganzen Tag draußen. Alles, was wir an persönlichen Dingen hatten, konnte genauso gut von Lalli oder einem anderen Familienmitglied sein. Am Tag unserer Abreise legte Amma besonderen Wert darauf, dass wir unsere Haare noch sorgfältiger wuschen als sonst. Wir bekamen neue, goldene Ohrringe. Lalli hatte Schleifen in mein Haar gebunden, und Lallis Schwester war mit Ayeshas Zöpfen beschäftigt. Zahida konnte ihre Haare schon selbst kämmen. Wir bekamen eine neue Shalwar-Kamis und eine dazugehörige Dopatta. Amma hatte die Kleider zusammen mit Lalli genäht. Wir trugen genau die gleiche traditionelle Kleidung in den gleichen weiß-blauen Farben. Alle Mädchen und Frauen bei uns im Dorf hatten solche Kleider. Die neue Shalwar, eine weite Puffhose, war für mich noch etwas zu lang, aber Lalli rollte sie an der Hüfte ein bisschen ein und befestigte sie so gut, dass sie nicht rutschen konnte. Die Nale, das Bändchen, das am Bund eingezogen war und vor dem Bauch baumelte, schaute gerade nicht unter meiner Kamis hervor. Die Kamis, eine Tunika bis zu den Knien, hatte an den Seiten breite Schlitze, damit wir uns gut bewegen konnten. Amma trug ihre Dopatta über dem Kopf. Wir hängten das längliche Tuch aus weichem Stoff meistens um den Hals oder wir spielten damit. Als wir mit Hakim unseren Hof verließen, hörte ich Amma unterdrückt schluchzen. Ich sah ihre Tränen, traute mich aber nicht, sie zu fragen, warum sie weinte. Unterwegs war viel zu sehen. Wir begegneten Kamelen und Tangas, Wagen, die von Eseln oder Pferden gezogen wurden. Wir kamen durch Straßen, die mit Karren, Tieren und vor allem Männern voll gestopft waren. Die Frauen waren, genau wie Amma, von Kopf bis Fuß verschleiert. Außerdem sah ich dicke Säcke mit grauen Erbsen und Linsen und bunte Gewürze am Wegesrand stehen. In Hyderabad bestiegen wir den Bus, der uns nach Karatschi brachte. Als wir nach einer Tagesreise in Bakra Pri ankamen, dachte ich zuerst, dass wir schon in dem unbekannten Land angekommen waren. Im Haus meiner Großeltern im Armenviertel, wo meine Mutter aufgewachsen war, brodelte der Tee über einem brennenden Kuhfladen. Bevor wir alle zusammen zum Flughafen abfuhren, tranken wir dort Chai,

Tee mit Milch. Es waren wohl dreißig Menschen zum Flughafen in Karatschi gekommen, um uns Lebewohl zu sagen. Während Amma sich andauernd mit Hakim und anderen unterhielt, saß ich dicht bei Lalli. Lalli streichelte mir übers Haar und gab mir mehr Küsse als sonst. Ich liebte sie so sehr. Auf einmal wurde es lauter, und alle wurden unruhig. Die Aufregung war nicht grundlos. Wir mussten zum Flugzeug. Ich war gerade auf Lallis Schoß ein wenig eingenickt. Als Amma mich von Lalli wegnehmen wollte, begann Lalli zu weinen und zu schreien. »Du darfst sie nicht mitnehmen. Lass wenigstens eine bei mir. Lass Hameeda doch hier!« Immer wieder versuchte Amma Lalli zu erklären, dass es so das Beste wäre, und sie versprach immer wieder, dass wir zurückkehren würden. Ich klammerte mich fest an Lallis Hand. Eigentlich wollte ich gern bei ihr bleiben, aber ich konnte auch nicht ohne meine liebe Mutter leben. Männer in Uniform gaben uns freundlich, aber bestimmt zu verstehen, dass Lalli nicht mitdurfte. Sie schoben die anderen bis hinter eine Klapptür und erklärten ihnen, dass sie dort stehen bleiben müssten. In diesem Augenblick fing das Geschrei und Gejammer erst richtig an. Lalli war so traurig. Ich kann mir ihr Gesicht noch genau in Erinnerung rufen. Sie zerquetschte mir beinahe die Hand, und als Amma sie vorsichtig gelöst hatte und mich mitzog, streckte sie ihre Arme verlangend nach mir aus. Auf einmal fiel die Tür zu, und das Letzte, was ich von Lalli sah, war ihre Hand, die in der Tür eingeklemmt war und gerade noch herausschaute. Lalli selbst konnte ich nicht mehr sehen, aber ihre tastende, suchende Hand. Ich wollte zurücklaufen, aber Amma hielt mich fest. Als ich mich umschaute, war auch die Hand weg. Jahre später hörte ich, dass Lalli, von ihren Gefühlen überwältigt, ohnmächtig geworden war.

Der Abschied in Karatschi war herzzerreißend, aber unsere Aufmerksamkeit wurde schon bald durch andere Dinge in Anspruch genommen. Zahida, Ayesha und ich schauten uns die Augen aus dem Kopf. Das Flugzeug, die Sessel, die Stewardessen, die weißen Menschen: Alles war neu. Zahida und Ayesha saßen neben Hakim. Amma saß zwischen Yasmin und mir. Eine der Stewardessen hatte für Yasmin ein spezielles Babybettchen hervorgeholt. Wir reisten abends aus Pakistan ab und sollten am folgenden Morgen in Amsterdam ankommen. Es wurde ein unruhiger Flug. Zahida wurde schon bald übel und musste sich übergeben. Auch anderen Passagieren wurde wegen der Turbulenzen schlecht. Ich hatte Angst, dass das Flugzeug abstürzen könnte. Und doch schliefen wir, auch Amma, ein. Wir waren schon im Sinkflug, als wir wieder aufwachten.

»Amma«, sagte ich sofort, »Amma, ich muss mal.« Ayesha hörte, was ich gesagt hatte. Auch sie wollte zur Toilette.

»Das geht nicht mehr«, sagte meine Mutter, »wir müssen auf unseren Plätzen bleiben.« Doch es gab kein Halten mehr. Ich musste und wollte auf die fremde Toilette ohne Schlangen. Amma nahm mich auf den Arm und schob Ayesha durch den Gang vor sich her. Zu dritt standen wir in dem kleinen Raum, als das Flugzeug zur Landung ansetzte. Amma drängte uns zur Eile, wollte das Schloss der Klotür öffnen, konnte aber den Riegel nicht bewegen. Sie rüttelte am Schloss und klopfte gegen die Tür. Die vollzählige Kabinenmannschaft kam angerannt. Wir waren schon dicht am Boden. Nach hartnäckigem Ziehen und Zerren flog die Tür auf. Die Stewardess zog uns aus der Toilette und schob uns in die Arme des am nächsten sitzenden Passagiers. Ayesha und ich wurden über die Sitze von Hand zu Hand zu unserer eigenen Reihe weitergegeben. Fremde Menschen schnallten uns an, und noch gerade rechtzeitig saß jede wieder auf ihrem Platz. Mit einem lauten Knall setzte das Flugzeug auf Amsterdamer Boden auf. Es war eine heftige Ankunft.

Bevor wir das Flugzeug verließen, holte unsere Mutter unsere neuen Westen aus ihrer Tasche. Weiße Westen mit blau abgesetztem V-Ausschnitt. Im Flugzeug zogen wir diese über unsere Kamis an. Hakim hatte Amma erzählt, dass es in unserem neuen Land kalt sein würde. Und hier standen wir dann, auf dem Flugplatz im herbstlichen Holland. Jemand drückte mir etwas Weiches in die Hand. Ein Bär zum Spielen, begriff ich später. Ich hielt ihn fest, genauso fest wie Ammas Hand. Menschen redeten mit dem Mann, von dem Amma sagte, dass es Baba wäre. Amma bekam von einem der Fremden, die inzwischen näher gekommen waren, Blumen in den herrlichsten Farben. Alle sahen ganz anders aus als wir und die Menschen in Soomar Halepoto. Es gab Frauen wie Amma. Aber auch sie trugen andere Kleider und keine Dopatta. Eine Frau hatte zwar etwas auf dem Kopf, aber das ähnelte gar nicht Ammas Schal. Immer, wenn Baba in unsere Nähe kam oder seinen Arm um einen von uns legte, erschienen wieder die grellen Lichter.

»Es werden Fotos gemacht«, erklärte Amma. Schließlich wurden wir sogar in eine Art Reihe gestellt. Ich musste vor Amma sitzen, und wieder wurden wir fotografiert. War das so üblich in unserem neuen Land? Endlich verschwanden die Männer mit den Kameras, und wir blieben mit einer kleinen Gruppe übrig. Wir, Hakim, Baba und noch einige andere Menschen. Wir wurden zu Autos gebracht, und ich durfte zum Glück neben Amma sitzen. Sie nahm Yasmin auf den Schoß. Ayesha und Zahida schoben sich auf der anderen Seite neben sie. Baba saß vorne und sprach in einer unverständlichen Sprache mit dem Mann hinter dem Steuer.

Manchmal sagte er etwas zu Amma. Das konnte ich dann verstehen. Er war groß, Baba. Und alle waren sehr freundlich zu ihm. Amma hatte erzählt, dass sie unseren Baba sehr lieb habe und dass er, genauso wie sie, sehr gut zu uns sein würde. Ich war doch neugierig auf diesen Mann, auf unseren Vater, der durch seine Kleidung ganz anders aussah als zum Beispiel Opa oder Onkel Kahn. Ich drückte ab und zu Ammas Hand, und dann drückte sie zurück, als Zeichen, dass sie mich gespürt hatte. Dieses Spielchen hatten wir auch gespielt, wenn wir aufs Land gingen oder über den Hof liefen. Wie würde es dort nun wohl sein? Würde die Ziege schon ihr Futter bekommen haben? Würde jemand für sie sorgen? Sie schien immer so froh und wedelte zufrieden mit ihrem Schwanz, wenn ich sie morgens streichelte und Blätter für sie sammelte. Eigentlich merkwürdig, hier gab es überhaupt keine Ziegen. Auch keine Esel und Kamele. Und viel weniger Menschen auf der Straße. Es fuhren Autos, das schon. Weiter gab es nur Land. Braunes und grünes Land. Man konnte weit schauen. Es ähnelte gar nicht unserem Hof.

»Amma, wo fahren wir hin?«, fragte ich leise. »Fahren wir nun zu unserem Hof?«

Amma schaute mich an. Ich sah ein warmes Aufflammen in ihren Augen. Sie antwortete ruhig, dass ich abwarten müsste und dass sie es auch nicht genau wusste, aber dass Baba alles geregelt hatte und wir nun zu unserem neuen Haus fuhren.

»Wir gehen nach Rijswijk«, sagte Baba, der die Antwort meiner Mutter gehört haben musste. Das Auto machte eine scharfe Kurve, und ich stieß gegen Amma, die wiederum gegen Ayesha und Zahida fiel. Wir vier auf der Rückbank mussten alle darüber lächeln. Yasmin schlief auf Ammas Schoß.

»Das ist Rijswijk, hier steht dein Haus«, sagte mein Vater zu meiner Mutter. Neugierig schaute ich nach draußen. Zu einem fremden, hohen Gebäude. Es sah so gewaltig und groß aus. Wie sollte man da hineinkommen? Aus den anderen Autos stiegen Menschen aus und kamen auf uns zu. Auch die Männer mit den Kameras waren wieder da. Einer der Fremden vom Flughafen öffnete unsere Autotür. Der Wind ließ meine Kamis flattern, und Ammas Dopatta wehte ihr fast vom Kopf. Zahida konnte sie gerade noch auffangen.

»Willkommen in den Niederlanden. Willkommen in Rijswijk.«

Obwohl ich kein Wort verstand, wurden vor der Tür unseres Mehrfamilienhauses in der Jozef-Israel-Allee offizielle Reden gehalten. Erst dreißig Jahre später, als ich die Zeitungsausschnitte fand, verstand ich, warum wir so freundlich empfangen wurden. Erst dann sah ich die Fotos, die damals gemacht wurden. Die Menschen in den anderen Autos bildeten das offizielle Empfangskomitee. Sie hatten dafür gesorgt, dass wir in die Niederlande reisen konnten. Mein Vater empfing einen enormen Schlüssel von mindestens anderthalb Meter. Wieder wurden viele Fotos gemacht. Der Schlüssel aus Pappe symbolisierte den Zugang zu dem, was unsere neue Wohnung werden sollte.

Willkommen in Rijswijk. Zitternd vor Kälte schmiegte ich mich an meine Mutter. Ich fühlte die Wärme ihrer Beine durch die dünnen Kleider. Wir waren in unserer neuen Heimat angekommen. Hier erwartete uns ein besseres Leben. Das dachten wir, dort vor der Tür unserer Wohnung. Willkommen in Rijswijk. Der Ort, wo uns alles, aber auch wirklich alles, abgenommen werden sollte.

Ein Fremder als Vater

Mein Vater hatte die Ehre, die Eingangstür zu öffnen. Dahinter eröffnete sich uns der Blick auf den Hausflur mit den Treppen. Die kannten wir nicht in Soomar Halepoto. Auf unserem Hof war alles ebenerdig gewesen. Genauso neu für uns waren all die Türen. Zuerst die schwere Eingangstür, die mit einem Schlag ins Schloss fiel, als wir über die Schwelle getreten waren. Als ob man eingesperrt werden würde. Dann die geschlossenen Türen, an denen wir vorbeigingen. Eine öffnete sich. Jemand mit einem weißen Gesicht erschien in der Öffnung und fing an zu applaudieren, als wir vorbeigingen. Ganz vorsichtig, Schritt für Schritt gingen wir die Treppen hinauf. Meine Mutter beobachtete uns so gut wie möglich, da wir aber von so vielen Menschen umringt waren, verlor ich sie aus den Augen. Eine fremde Dame nahm meine Hand und half mir, die Treppen zu erklimmen. Meine Mutter war schon ganz außer Atem, als mein Vater meinte, wir müssten nicht weitergehen. Es war ein schreckliches Gedränge im Hausflur. Neugierige Augen schauten uns an. Als unsere Tür sich öffnete, bildeten die Menschen im Hausflur eine Gasse, damit meine Mutter mit uns zu meinem Vater kommen konnte. All seine Aufmerksamkeit galt den Zuschauern, als uns Baba mehr oder weniger gedankenlos nach drinnen schob. Durch einen kleinen dunklen Gang erreichten wir den folgenden Raum, wo es etwas heller war. Ayesha und ich liefen sofort aus der Dunkelheit weg. Dort beim Licht würde draußen sein. Und das war es, was ich wollte: nach draußen. Auf unseren Hof. In

Soomar Halepoto waren wir immer im Freien. Sogar wenn wir drinnen waren, fühlte es sich an, als wären wir draußen, weil es keine Türen und Fenster gab. Aber die Helligkeit erwies sich nicht als draußen. Obwohl ich mich dem Licht vorsichtig nährte, stieß ich mir doch mit einem abrupten Schlag den Kopf. Was war das? Ich legte meine Hände gegen das Glas. Ein Fenster. Erst dann schaute ich durch das Fenster hinaus und schrak sofort zurück. Was war mit mir passiert? Flog ich vielleicht? Ich schaute zu Ayesha, aber die schien mit beiden Beinen auf dem Boden zu stehen. Wieder schaute ich aus dem Fenster. Anstatt unter einem Baum zu sitzen, schwebte ich nun darüber. Noch nie hatte ich kahle Baumkronen, schon gar nicht von oben, gesehen, und nun schaute ich ganz plötzlich auf ein Wirrwarr aus Zweigen hinunter. Unter den Bäumen standen Autos in verschiedenen Farben. Hier und dort ging ein winziger Mensch. Das war unheimlich. Schrecklich unheimlich. Zur Sicherheit ging ich noch einen Schritt zurück, um mich dann auf die Zehenspitzen zu stellen, um doch noch hinausschauen zu können. Die Frau, die auf der Treppe meine Hand gehalten hatte, hielt mir eine Schale hin. Sie zeigte darauf und deutete mir an, dass ich davon nehmen und essen konnte. Ich schaute zu Ayesha, aber die war inzwischen zu Amma zurückgekehrt. Zahida kümmerte sich um nichts und schaute nur böse. Zögernd nahm ich das Ding, das Keks hieß. Misstrauisch roch ich daran. Hmmm, so schlecht roch es nicht. Mit zugekniffenen Augen ließ ich die Spitze meiner Zunge zwischen den Lippen hervorkommen. Untersuchend leckte ich schnell an dem Keks. Ich sah, wie Zahida ihre Hände steif hinter dem Rücken versteckt hielt, als ihr auch ein Keks angeboten wurde.

»He, Zahida, das ist lecker, hörst du«, sagte ich zu meiner

großen Schwerster, während ich mich dicht neben sie stellte. Zahidas schmollender Blick veränderte sich nicht.

Amma ging zusammen mit Baba und noch zwei anderen Leuten durch die Wohnung. Manchmal berührte sie mit der Hand eine Wand. Erst betastend und untersuchend, aber schon bald streichelnd. Würde Amma es hier schön finden? Regelmäßig sah ich sie Menschen anlachen, die ihr in einer Sprache, die sie sicher nicht verstand, etwas deutlich zu machen versuchten. Sie war so schön, unsere Amma. Mit ihrem immer glänzenden, duftenden Haar, das in einem straffen, dicken Zopf manchmal auf ihrem Rücken, meist aber über eine Schulter auf ihrer Brust ruhte. Die Menschen machten ihr ein Zeichen, sich zu setzen. Sie zog uns mit, und plötzlich saßen wir alle zusammen auf einem Sofa. Einige Fremde stellten sich um uns auf, und wieder wurden Fotos gemacht. Langsam begannen die Leute, sich zu verabschieden. Mein Vater ging immer wieder mit ihnen in den Flur. Noch einmal Hände schütteln, ein freundschaftliches Schulterklopfen und dann der Knall der zufallenden Tür.

Schließlich waren alle weg. Auch mein Vater. Der Nachbar hatte ihn gefragt, ob er Fernsehen schauen wollte. Die Olympischen Spiele in Mexiko fanden statt, und das Hockeyspiel Niederlande–Pakistan wurde ausgestrahlt. Erleichtert schauten wir zu Amma. Waren wir nun einfach wieder zu fünft? Amma zog uns zu sich und erzählte uns, dass das unsere neue Wohnung war, die wir nun zusammen untersuchen wollten. Ungeduldig sprang ich vom Sofa. Untersuchen und entdecken, ohne von all den fremden Augen angeschaut zu werden. Verschwunden waren die starrenden Blicke, und wir gingen auf Entdeckungsreise. Amma, Ayesha und ich waren neugierig auf unsere holländische Wohnung. Zahida nicht. Zahida wollte zurück nach Pakistan. Sie fühlte sich noch immer krank, war todmüde und fand Baba unheimlich. Der Mann war ein Fremder für uns und verhielt sich sehr distanziert. Amma versicherte uns, dass er sehr lieb sein würde. Alles würde gut werden, wir müssten uns nur die Zeit nehmen, um uns aneinander zu gewöhnen. Während wir die Wohnung erkundeten, kroch meine älteste Schwester in eine Ecke des Sofas. Neben der Tür war ein Schalter. Erst versuchte ich, vorsichtig daran zu drehen. Als nichts passierte, benutzte ich etwas mehr Kraft, und im Zimmer ging das Licht an. Schnell drehte ich den Knopf zurück und schwupp: Das Licht ging wieder aus. Nochmal probieren: an-aus. Und nochmal. Ich jauchzte vor Freude. Amma und Ayesha kamen, um zu schauen, warum ich so einen Lärm machte. Das war interessant. Alle Schalter in der Wohnung wurden getestet. Inzwischen stand Amma in der Küche, schaute voller Ehrfurcht auf den Wasserhahn und erklärte Ayesha, was die Damen ihr gezeigt hatten.

»Ich muss irgendwo drehen, und dann kommt dort Wasser raus.« An-aus-an-aus ging das Licht in der Küche.

»Hameeda, hör auf«, sagte meine Mutter, ohne wirklich auf mich zu achten.

An-aus. Nur noch einmal. Ich sah, wie Amma am Wasserhahn drehte und darunter schaute, um zu sehen, wo das Wasser blieb. Das Wasser kam nicht. Sie zog etwas stärker. Nichts. Dann die anderen Griffe. Jetzt gleich mit mehr Kraft. Sie drehte am Griff mit dem roten Punkt. Kochend heißes Wasser spritzte heraus. »Nanaa nanaa. Auuwwww!« Meine Mutter stieß allerlei Schreie aus, während sie an allem drehte, was beweglich aussah. Dampf stieg aus der Spüle. Das Wasser spritzte nach allen Seiten. Gegen die Schränke und die Wand. Noch mehr drehen. Der Strom versiegte.

Nicht nur die Arbeitsplatte, sondern auch Amma und der Boden waren nass. Ayesha und ich drängten unsere Köpfe in ihren nassen Schoß. Wir bekamen vor Lachen fast keine Luft mehr. Wir lachten nicht aus Vergnügen, sondern aus Erleichterung, weil wir endlich wieder mit Amma allein waren. Mit einem Putzlappen aus einem der Schränke wischte meine Mutter den Boden auf. Aber viel Zeit verschwendeten wir damit nicht. Es gab noch so viel zu sehen. Aus der Küche konnte man in den Gang kommen. Dort gab es außer der Eingangstür noch fünf weitere Türen. Eine davon war die Küche, eine das Wohnzimmer, zwei führten in die Schlafzimmer und eine in einen merkwürdigen Raum. In dem kleinen Schlafzimmer stand ein großes und ein kleines Bett. In dem sauber gemachten kleinen Bett lag Yasmin und schlief. In dem großen Schlafzimmer gab es neben dem großen Bett noch drei Schränke. Die Schränke waren voller Dinge. Kleider, aber nicht die Kleider, die wir gewöhnt waren. Die letzte Tür im Gang führte zu einem sehr kleinen Raum. In diesem war nur Platz für einen Stuhl oder Hocker oder, tja, was war das eigentlich?

»Das ist, was bei uns die Grube war«, erklärte Amma. »Komm und probier es aus, Hameeda, du wirst keine Schlangen entdecken.«

Widerwillig kam ich näher. Zahida hatte schon gesagt, dass sie mal müsste, traute sich aber nicht auf diesen merkwürdigen Topf.

»Probier es doch mal«, wiederholte Amma. »Schau, ich zeige euch, wie ihr euch setzen müsst.«

Zu Hause auf unserem Hof hockten wir über einem Loch im Boden. Wir suchten mit unseren Füßen rechts und links vom Loch festen Stand und waren darin geübt, so unsere Bedürfnisse zu erledigen. Während Amma mit einer Hand ihre Shalwar-Kamis zusammenraffte und sich mit der anderen Hand an der Wand abstützte, kletterte sie auf die Toilette. Ihre Füße stellte sie auf die Klobrille.

»Unbequem«, murmelte sie vor sich hin. »So ein Ding ist doch viel zu hoch, um darauf zu hocken. Außerdem, so ein Rand gibt doch den Füßen nicht genug Halt.«

»Halt dich doch dann an der Schnur fest, Amma«, sagte ich, während ich selbst versuchte, den Griff vom Abzug zu packen. Meine Mutter ließ die Wand los und griff nach dem Abzug. Der höllische Lärm rauschenden Wassers ließ sie mit einem Sprung vor uns im Gang landen.

»Was, was ist das?« Ayesha und ich hatten uns hinter ihr am Boden versteckt. Sogar Zahida war nun näher gekommen.

»Liegen die Schlangen vielleicht dort drin?«, fragte ich mit ängstlicher Stimme, während ich auf den Wasserkasten wies.

Amma schüttelte den Kopf. »Na, na«, sagte sie, »aber wie man es hier auch dreht und wendet: Nässe ist immer die Folge.«

Ich musste ebenfalls dringend mal, aber auf dieses hohe Loch traute ich mich genauso wenig wie Zahida. Man musste sich nur vorstellen, dass man hineinfiel, dann würde man für immer weggespült. Zum Glück fand Amma in einem Küchenschrank einen Kübel. Der Reihe nach hockten wir uns darüber und schütteten ihn anschließend ins Klo. Mit Wasser, das wir mit Schüsseln aus der Küche holten, spülten wir durch. Wer hätte sich in diesem Moment vorstellen können, dass ein solches Klo einige Tage später die normalste Sache der Welt wäre. Sogar für uns, drei kleine Mädchen, die sechsunddreißig Stunden zuvor noch in einem primitiven Dorf in Südpakistan gewohnt hatten.

Inzwischen hatte Ayesha sich auf den Kleiderschrank gestürzt. Mit Pullovern, Jacken, Röcken und Hosen verwandelte sie sich in ein Michelin-Männchen.

»Was ist das?«, fragte meine Mutter. »Von wem sind all diese Sachen?« Auch Amma probierte eine Jacke an. Eine mit einem weichen Fellkragen. »Der Baba, wie konnte er das nur alles besorgen?« Zufrieden streichelte sie noch einmal über den weichen Kragen ihrer Jacke.

Ich setzte meiner Mutter etwas auf den Kopf. Ein Hütchen, wie ich es bei einer der Damen gesehen hatte. Ayesha und ich brüllten vor Lachen.

Aber auf einmal verdunkelte sich Ayeshas Gesicht. Ich schubste sie kräftig in die Seite, um sie wieder zum Lachen zu bewegen. Lachen machte Spaß. Mit einer dicken Falte über ihren Augenbrauen machte sie deutlich, dass ich aufhören sollte. Erstaunt schaute ich in die Richtung, die sie mit ihren Blicken vorgab. Dort in der Tür stand unser Vater. Er war groß und sah nicht besonders freundlich aus. Meine Mutter beeilte sich, die Unordnung, die wir angerichtet hatten, wieder aufzuräumen. Sie stolperte über die verstreuten Kleidungsstücke, und in ihrer Eile fiel sie vornüber. Ich sah gerade noch, wie mein Vater die Spitze seines Schuhs in ihre Seite drückte und mit verhaltener Stimme schnaubte: »Was bedeutet das? Was ist das für eine Unordnung? Was hast du den Kindern beigebracht? Sag ihnen, dass sie sich ordentlich anziehen und sich sofort auf das Sofa setzen sollen.«

Meine Mutter ermahnte uns zur Eile. Sie wollte nicht, dass mein Vater durch uns oder sie belästigt würde. Er, der all die Jahre so hart gearbeitet und gespart hatte, um für uns diese Sachen zu besorgen. Die ganze Wohnung war möbliert und ausgestattet. Es standen Töpfe und Pfannen im

Schrank, es gab Spielzeug, und es lag sogar Kleidung für dieses kalte Klima bereit. Still verzogen Ayesha und ich uns ins Wohnzimmer. Wir drängten uns dicht an Zahida, während wir den Mann im Schlafzimmer mit unserer Mutter schimpfen hörten. Es klang bedrohlich und jagte uns Angst ein. Ich hielt mir mit den Händen die Ohren zu, als ich einen Schlag und dann das Wimmern meiner Mutters hörte. Das Letzte, was wir an diesem Nachmittag von meinem Vater hörten, war sein drohendes Versprechen, dass sich alles ändern würde.

»Hier in Holland leben wir anders.« Mit großen, schweren Schritten verließ er die Wohnung und donnerte die Eingangstür zu.

Schließlich taute Zahida ein wenig auf. »Amma, müssen wir wirklich hier bleiben?«, fragte sie.

Meine Mutter versuchte, einige Haarsträhnen in ihren Zopf zurück zu stopfen. Sie sah struppig aus. Der Glanz, der ihre Augen noch vor kurzem beim Öffnen des Kleiderschranks so schön hatte funkeln lassen, war erloschen. Ich sah über ihrer Augenbraue einen roten Striemen, aber als ich darüber streicheln und nach dem Warum und Wieso fragen wollte, schüttelte sie meine Hand vom Kopf. Sie fing an zu erklären, dass es für Baba eine große Veränderung war, auf einmal eine Frau und vier Kinder im Haus zu haben. Jahrelang hatte er alleine gelebt.

»Wo eigentlich?«, wollte Ayesha wissen.

»Und machte er sich sein Essen dann selbst?«, fragte Zahida.

Amma schüttelte den Kopf. »Ich weiß es alles auch nicht genau, aber Baba wird es uns sicher erzählen. Lass ihn sich nur an uns gewöhnen.«

Ich weinte leise, während ich mich leidenschaftlich an

meine Mutter klammerte. Amma versuchte, uns zu beruhigen, aber ihre Nervosität war spürbar.

Kurze Zeit später kam unser Vater zurück. Als ich aufschaute und seine Augen suchte, brüllte er mich an. »Wie kannst du es wagen, mich anzuschauen. Schau nach unten. Zum Boden.«

Ich krümmte mich zusammen. Zusammen mit meiner Mutter lief er durch die Wohnung, um ihr weiter Dinge zu erklären. Alles war neu. Die Dusche mit dem Wasserhahn und dem Brausekopf. Der Kühlschrank, der ein lautes, brummendes Geräusch machte. Der Gasherd, auf dem meine Mutter kochen musste. Sie fragte meinen Vater nach den Zutaten für Roti.

»In den Niederlanden essen wir holländisch. Kein Maani, kein Roti. Für heute ist gekocht. Von nun an passen wir uns an die Gewohnheiten dieses Landes an. Morgen zieht ihr die Kleider aus dem Schrank an. Keine Shalwar-Kamis, keine Dopatta. Ich werde die Kinder so schnell wie möglich in Kontakt mit Holländern bringen, damit sie ihre Sprache lernen und sich an die Lebensgewohnheiten hier anpassen können. Hier ist das Leben anders.«

Baba befahl meiner Mutter, uns ins Bett zu bringen. Obwohl er sich gedacht hatte, dass zwei von uns bei Yasmin und eine im elterlichen Bett schlafen sollten, entschied meine Mutter es anders.

»Die Kinder haben einander nötig.« Entschlossen brachte sie uns alle drei in das große Bett. Sofort schmiegten wir uns dicht aneinander, obwohl ich eigentlich lieber auf der weichen, federnden Matratze gehüpft wäre. Das war doch schon etwas anderes als der Khat, das harte geflochtene Bett, in dem ich in Soomar Halepoto geschlafen hatte. Ich zog die frischen Laken und die weiche Decke bis zu meinen Ohren.

Wie nett wäre es, einen Vater zu haben ... Morgen wäre er sicher lieber zu uns.

Ich schlief sofort ein und wurde erst wieder durch Zahidas Schluchzen und die beruhigende Stimme von Amma wach.

»Mädchen, mein Mädchen, glaub mir, dein Vater liebt mich. Er tut mir nicht weh. Er muss sich nur an die neue Situation gewöhnen.«

»Aber wo ist er jetzt? Bleibt er nicht bei uns, wenn es dunkel wird?«, schluchzte Zahida.

Ich hörte meine Mutter seufzen. Wie mühsam muss es gewesen sein, ihre eigenen Zweifel zu verdrängen und uns Vertrauen in unser neues, holländisches Leben zu geben. »Glaub mir, bald ist er wieder da.«

Bald, das war vierundzwanzig Stunden später. Diese Nacht und den Morgen waren wir allein. Nicht, dass wir das als schlimm empfunden hätten. Im Gegenteil. Mit Amma allein war die Situation sehr angenehm. Wir redeten, spielten mit Yasmin und dem neuen Spielzeug, schauten dauernd aus dem Fenster und wunderten uns immer noch über die niedrigen Bäume, die kleinen Leute und die Miniaturautos. Wir fanden Brot und Milch und stillten damit unseren Hunger und Durst. Es gab noch viel mehr in den Schränken, aber wir hatten keine Ahnung, was wir damit anfangen sollten. Oder ob es überhaupt essbar war. Die Kuhmilch war schon so anders als die Büffelmilch, die wir meistens tranken. Wir tunkten ein Stückchen Brot in die kalte Milch und waren zufrieden. Das war mehr, als wir an manchen Tagen in Pakistan zu essen bekommen hatten.

Etwa gegen vier Uhr, als es schon wieder zu dämmern begann, flog die Tür auf. Mein Vater kam mit seinem Freund Hakim, unserem Reisebegleiter, herein. Wir sprangen sofort zum Sofa, um dort wieder ordentlich in einer Reihe zu sitzen. Das würde Baba sicher gefallen. Aber Baba sah uns noch nicht einmal an. Er hatte einen Stapel Zeitungen dabei und schmiss ihn mit großer Geste auf den Tisch. »Du stehst in der Zeitung«, sagte er zu meiner Mutter.

»In der Zeitung?«, fragte Amma mit einem Lächeln auf den Lippen, weil sie erwartete, dass der Hussain von früher endlich seine lustige und neckische Seite sehen lassen würde.

»Schau doch, hier.« Und er stieß die Zeitung meiner Mutter unter die Nase.

Meine Mutter erkannte natürlich sich selbst und uns, konnte aber nicht lesen, was dort stand. »Warum stehen wir alle zusammen in der Zeitung?«, fragte sie ehrlich interessiert und neugierig meinen Vater.

»Weil es was ganz Besonderes ist, wenn dich eine voll eingerichtete Wohnung erwartet, wenn du aus Pakistan kommst.«

Das war in der Tat etwas sehr Besonderes. Nur ließ unser Vater uns in dem Glauben, dass er für all das gesorgt hatte. Erst viele Jahre später erfuhr ich, welche Bewandtnis es damit gehabt hatte. Vorläufig konnte er uns alles erzählen. Wie viele Pakistani in den sechziger Jahren war meine Mutter Analphabetin. Zahida und Ayesha hatten in der Koranschule zwar gelernt, den Koran zu lesen, aber nur in arabischer Schrift. Die fremden Buchstaben und Zeichen der holländischen Zeitung konnten sie unter keinen Umständen entziffern. Ihre Aufmerksamkeit richtete sich dann auch sofort auf die Fotos, worauf wir alle zu sehen waren. Mein Vater hatte Yasmin auf dem Arm. Rechts von ihm sah man Amma und vor ihr Ayesha, Zahida und mich. Links von meinem Vater stand der Mann, der meinem Vater den riesigen Schlüssel überreicht hatte.

»Siehst du es, Hameeda, wer das ist: Das bist du!«, sagte Zahida. »Hier steht Amma, und Yasmin ist auf Babas Arm.«

Die Fotos in der Zeitung bestätigten, dass mein Vater etwas ganz Außergewöhnliches gemacht hatte. Einen Moment waren wir voller Bewunderung, aber dieses Gefühl hielt nicht lang an. Als er selber mit der Zeitung fertig war, richtete er seine blutunterlaufenen Augen auf uns. Nicht auf unsere Gesichter und nicht auf unsere Augen. Voller Abscheu schaute er auf unsere pakistanische Kleidung. Er packte meine Mutter beim Zopf und zog sie in unsere Richtung, während er schrie: »Ab jetzt will ich das nicht mehr sehen. Wir wohnen in Holland, und hier trägt man westliche Kleidung. Alles liegt für euch bereit, undankbare Brut. Zieht euch um. Jetzt!«

Eine nach der anderen jagte er aus dem Zimmer, aber viel Ermunterung hatten wir nicht nötig. Wir verließen das Zimmer, in dem er tobte, nur zu gern. Nur fiel es uns schwer, Amma bei ihm zurückzulassen.

Mein Vater und Hakim waren noch zu Hause, als Amma uns ins Bett brachte und uns ein Lied vorsang. Später hörte ich Amma, Baba und Hakim im Wohnzimmer miteinander sprechen. Zahida und Ayesha lagen dicht bei mir, und ich fiel in einen tiefen Schlaf. Es schien Stunden später zu sein, als ich von lauten Stimmen geweckt wurde. Ich hörte, dass Amma böse war und Baba lautstark reagierte. Amma fragte ihn, seit wann er als Moslem Alkohol trank.

Die Bemerkung entlockte ihm ein schrilles Lachen. »Wie oft muss ich dir noch sagen, dass mein Leben sich verändert hat.«

»Aber wo warst du letzte Nacht? Warum hast du uns allein gelassen?«

»Du fragst mich, wo ich war?« Seine raue Stimme klang

irritiert. »Willst du, dass ich mich dir gegenüber rechtfertige? Du traust dich, in diesem Ton mit mir zu reden, Weib? Du wolltest ein besseres Leben für die Kinder. Das bekommst du. Du wolltest aus Pakistan weg. Das bist du. Du hast da ruhig abgewartet, bis hier alles für dich geregelt war. Und wer hat das alles für dich und deine vier Töchter, hörst du, was ich sage: vier Töchter, erreicht? Ich! Jahrelang habe ich Tag und Nacht gearbeitet. Geld gespart. Eine Wohnung gesucht. Die Möbel und die Kleidung besorgt. Und was fragst du? ›Warum warst du letzte Nacht nicht hier?‹ Rechne damit, dass ich oft weg sein werde, und merk dir ein für alle Mal: Ich bin dir keine Rechenschaft schuldig.«

Das laute Gebrüll hatte auch Zahida und Ayesha geweckt. Ich fühlte Zahida zittern, und Ayesha kroch dichter zu uns. Wir trauten uns nicht, auch nur ein Wort zu sagen, aber alle drei lauschten wir einem Gespräch, wovon wir lieber keine Zeugen gewesen wären. Wir hofften, dass Amma bald zu uns kommen und nichts mehr sagen würde. Aber so war unsere Mutter nicht. Sie kannte zwar ihre Gehorsamspflicht als pakistanische und muslimische Frau, aber sie war von Natur aus zu spontan und zu gerecht, um nicht weiterzufragen. Und daher stellte sie noch einmal die gleiche Frage: »Wo warst du letzte Nacht?«

Diesen zweiten Versuch musste sie mit einem Hieb bezahlen. Wir hörten den Schlag. Zahida richtete sich auf und wollte aus dem Bett springen, aber Ayesha hielt sie zurück. »Bleib, Amma kommt gleich zu uns.« Ganz leise fing ich an zu weinen. Ich war ängstlich, so ängstlich. Ich wollte weg. Zurück zu Lalli, zurück auf unseren Hof, notfalls zurück zu den Schlangen.

Mein Vater verlangte Respekt und Dankbarkeit. Das war es, was er von uns wollte. »Nur wenn die Mutter das richtige Vorbild gibt, folgen die Kinder.« Mit diesen Worten stapfte er wieder aus der Wohnung, meine Mutter mit Hakim im Wohnzimmer zurücklassend.

»Warum sagst du nichts? Warum tust du nichts, wenn mein Mann mich schlägt? Was machst du eigentlich hier?« Der zurückgebliebene Hakim bekam von Amma die volle Ladung ab.

Hakim erzählte ihr, dass mein Vater ihn beauftragt hätte, in der Wohnung zu übernachten und wenn nötig zu helfen. Amma kroch still zu uns ins Bett. Wir taten so, als hätten wir nichts gehört. Wir verstanden alle drei, dass Amma es schrecklich finden würde, wenn sie gewusst hätte, dass wir den Streit gehört hatten. Aber Amma sank nicht in unserer Achtung. Ihr Mann umso mehr.

Hakim blieb. Er schlief im Wohnzimmer auf dem Sofa und half uns bei den alltäglichen Dingen. Mein Vater kam ab und zu vorbei und brachte Einkäufe mit. Es waren niederländische Zutaten, aber meine Mutter war einfallsreich genug, um daraus etwas zu machen, was wir mochten. Manchmal wollte mein Vater mit meiner Mutter reden. Wir wurden dann alle aus dem Zimmer geschickt. Nach einigen Tagen kündigte mein Vater an, dass er Zahida, Ayesha und mich mitnehmen würde.

»Und Amma?«, fragte ich, zu meiner Mutter gerichtet, erstaunt.

Meine Mutter schüttelte den Kopf. »Nein, ich bleibe bei Yasmin. Ihr geht mit Baba, um die Umgebung kennen zu lernen.«

Baba und Hakim nahmen uns auf einen Spaziergang durch die Nachbarschaft mit. Da gingen wir, drei pakistanische Mädchen, unterernährt, nicht an die neue niederländische Kleidung gewöhnt und zum ersten Mal in unserem

Leben in steifen Schuhen. Wir fanden es kalt und fremd, aber auch wahnsinnig spannend. Es gab so viel zu sehen. Amma stand oben am Fenster und winkte uns zu. Yasmin, die sie auf dem Arm hatte, winkte ein wenig mit. Es wurde ein kurzer Spaziergang, aber ich fand es phantastisch. Draußen. Weg von unserem fremden neuen Haus.

»Morgen wieder, Baba?«, fragte ich. Mein Vater schaute mich verstört an, aber versprach, bald einen längeren Ausflug mit uns zu machen. Ich war dafür zu haben, nur Zahida schaute besorgt.

Am folgenden Tag waren wir zu viert im wahrsten Sinne des Wortes in den Staubsauger vertieft, als mein Vater hereinkam. Hakim hatte uns zwar die Funktionsweise des Staubsaugers erklärt, aber meine Mutter hatte immer noch Schwierigkeiten bei der Bedienung. Besonders die Saugkraft hatte sie unterschätzt. Sie saugte den Boden, aber auch den Tisch. Unglücklicherweise verschwand dabei etwas Geld, das mein Vater am Abend zuvor liegen gelassen hatte. Panik ergriff sie. Geld weg. Baba würde noch denken, dass sie es gestohlen hatte. Das Geld musste wieder zum Vorschein kommen. Sie schüttelte am Apparat, hielt ihn auf den Kopf und beschloss schließlich, es anders zu probieren. So fand mein Vater seine Frau und seine drei Töchter inmitten einer Staubwolke und einzelnen Staubsaugerteilen.

»Ich hatte dir gesagt, dass sie sauber und angezogen auf dem Sofa sitzen sollen, wenn ich zurückkomme«, begann er seine Tirade.

»Tja«, entgegnete meine Mutter vorsichtig, »aber wir wussten ja auch nicht genau, wann du zurückkommst, und außerdem hatte ich Hilfe nötig.«

Als mein Vater den demontierten Staubsauger sah und das inzwischen gefundene Geld in der Hand meiner Mutter, fuhr er aus der Haut. Er zerrte meine Mutter an ihrem dicken Zopf durchs Zimmer. Er war wütend. Er beschuldigte meine Mutter, gegen besseres Wissen, dass sie sein Geld stehlen wollte. Dass sie seine Kinder gegen ihn aufhetzen wollte, aber dass er solche Spielchen nicht länger durchgehen ließ. Meine Mutter weinte und schrie. Wir versuchten sie zu beschützen, aber er stieß uns grob zur Seite.

»Du kannst nichts«, brüllte er Amma an. »Du kannst den Kindern noch nicht einmal ein gutes Vorbild sein. Erziehen? Dass ich nicht lache. Nein, wenn etwas aus ihnen werden soll, werde ich dafür sorgen müssen.« Er stieß meine Mutter weiter durch das Zimmer und brüllte ununterbrochen.

Meine Mutter schützte ihren Kopf mit beiden Armen und Händen. Ihre Beine hatte sie gegen den Bauch gezogen.

»Morgen nehme ich sie mit. Sorge dafür, dass sie ordentlich angezogen sind.«

Erst als mein Vater die Wohnung verlassen hatte, entspannte sich meine Mutter wieder etwas. Jetzt sah ich zum ersten Mal Misstrauen, Unglaube und auch Angst in ihren Augen. »Wenn das nicht besser wird, gehen wir zurück«, flüsterte sie, mehr zu sich selbst als zu uns. »Einfach zusammen zurück.«

Gewöhnung an Rijswijk

Der Schreck saß tief. Am folgenden Tag warteten wir rechtzeitig, gewaschen, gekämmt und in westlicher Kleidung auf dem Sofa. Die Kleidung fühlte sich noch ungewohnt an. Ich trug doch lieber meine Shalwar-Kamis. Wer für unsere Kleidung gesorgt hatte, wussten wir nicht, aber wir sahen nett aus. Für Zahida gab es einen weiten schwarzen Rock aus weichem Velours. Ihre dunklen Haare bildeten einen prächtigen Kontrast zu der blütenweißen Bluse. Ayesha trug ein Kleid aus rosa Samt mit weißem Kragen. Ich hatte ein Trägerkleid aus dunkelgrünen Velours an.

»Amma, fühl mal, wie weich.« Ich griff die Hand meiner Mutter und legte sie auf den Stoff, aus dem das Trägerkleid gemacht war. Immer wieder strich ich die Fasern des Stoffes hoch und wieder zurück und wunderte mich über die Veränderung der Farbe, die das verursachte. Samt und Velours waren Materialien, die wir noch nie gesehen hatten. Auch Strumpfhosen waren für uns völlig neu.

»Welch merkwürdige Hosen. Mit Strümpfen dran«, bemerkte Ayesha.

Zahida, die für ein zwölfjähriges pakistanisches Mädchen ziemlich groß war, zog sie als Erste an. Der Zwickel ging ihr nur bis kurz über die Knie. Als sie einen Schritt machen wollte, fiel sie auf die Nase. Mir kamen vor Lachen die Tränen, bis meine Mutter sagte, dass es auch für mich so ein Ding gab. Yasmin, die zu meinen Füßen spielte, schaute voller Bewunderung zu ihren großen Schwestern auf. Wir waren alle ganz verrückt nach unserem fröhlichen Schwesterchen, das sich um nichts Sorgen machte und immer fröhlich krähend auf uns zukroch. Sie hörte die Streitereien zwischen unseren Eltern nicht und fühlte die Angst nicht, die wir mit unserem Gelächter unterdrücken wollten. Aber keine zehn Minuten später erschreckte Yasmin uns zu Tode, als sie ganz plötzlich durchdringend zu schreien begann.

»Yasmin, Mädchen, was ist los?« Die Stimme meiner Mutter klang besorgt, als sie die panische Yasmin auf den Arm nahm. Sie hatte sich zweifellos erschreckt. Nervös durchsuchte ich das Zimmer nach einer Spinne oder einer Schlange. Plötzlich sah ich aus dem Augenwinkel eine Bewegung. Schnell drehte ich den Kopf in Richtung Balkon. Was ich da sah, ließ auch mich vor Schreck aufschreien.

»Amma, Amma«, stotterte ich. Mit weit aufgerissenen Augen zeigte ich auf den Panther, der auf der Balustrade balancierte. Das Biest hielt einen Moment inne, drehte seinen Kopf in unsere Richtung, kniff seine Augen zu, um gleich darauf mit einem Sprung auf dem Nachbarbalkon zu landen. »Er kann ... er kann auch fliegen«, stammelte ich völlig außer mir.

»Amma, was war das? Werden wir aufgefressen?« Ayesha und ich rannten zum Fenster. Das Tier putzte sich zufrieden und nahm weiter keine Notiz von uns. Nach einer Weile streckte es sich und marschierte weiter. »Er ist weg!« Erleichtert schaute ich zu Amma und meinen Schwestern.

»Was ist mit den Kindern los?« Durch diesen Zwischenfall abgelenkt, hatten wir nicht gehört, dass unser Vater hereingekommen war. Inzwischen hatten wir uns daran gewöhnt, dass er nicht uns, sondern nur meine Mutter ansprach. Amma hatte diesen neuen Tag fröhlich begonnen und erklärte meinem Vater die Situation. Baba war irritiert und schaute meine Mutter geringschätzig an. »Das ist eine

Katze. Davon gibt es hier viele. Es sind zahme Tiere, die bei den Menschen in der Wohnung wohnen. Hier in Holland holen sie Katzen und Hunde ins Haus. Vor allem Hunde können gehorchen lernen.«

Das war ganz anders als in Pakistan. Dort gehörten Hunde niemandem. Sie streunten herum und wurden aus den Häusern und von den Höfen verjagt. Ich hörte, was mein Vater sagte, aber glauben konnte ich es nicht. Ich blieb am Fenster stehen und würde Amma und meine Schwestern beschützen. Mein Vater hatte andere Pläne. Er wollte, dass wir ihn begleiteten. »Yasmin kann bei dir bleiben, aber die anderen drei kommen heute mit.«

»Wo geht ihr hin?«, wollte Amma wissen.

Ein merkwürdiges, unangenehmes Gefühl breitete sich in meinem Bauch aus. Ich rannte zu Amma und klammerte mich an ihren Beinen fest. »Amma, ich bleibe bei dir. Ich gehe nicht mit.« Verzweifelt schaute ich sie an und wiederholte immer wieder, dass ich bei ihr und Yasmin bleiben wollte. Meine Mutter war daran gewöhnt zu gehorchen, und sie wusste, dass unser Vater uns in Kontakt mit niederländisch sprechenden Pakistani bringen wollte, um uns die Integration zu erleichtern. Ich klammerte mich weiter an ihr Bein, bis sie unsere Jacken vom Haken nahm. Unter lautem Protest musste ich mich anziehen. »Und dann kommt das Biest wieder. Ich muss Yasmin beschützen. Ich will nicht mit ihm mit.«

Ich bemerkte nicht, dass mein Vater immer ungeduldiger wurde und sehr gereizt war. Aus dem Flur schrie er meine Mutter an, dass sie mich loslassen sollte. Inzwischen lag ich auf dem Boden und klammerte mich am Knöchel meiner Mutter fest. Sie versuchte mich zu beruhigen. »Ihr kommt doch zurück, Hameeda, geh mit Baba. Heute Abend bist du wieder hier.«

Ich weigerte mich und rollte mich zusammen, als ich zwei große Schuhe näher kommen sah.

»Bringe den Kindern doch endlich Gehorsam bei«, zischte mein Vater, während er sich dicht vor meine Mutter stellte. »Du wiegelst sie gegen mich auf, aber du hast nicht die geringste Aussicht auf Erfolg.« Als mich mein Vater grob vom Fuß meiner Mutter wegzuzerren versuchte, stieß er mit seiner Schuhspitze an mein Ohr. Ich schrie und schlug wild um mich. Harte Schläge auf Rücken und Kopf waren die Folgen. Er klemmte mich unter den Arm, öffnete die Eingangstür zum Treppenhaus und schob Ayesha und Zahida mit einem kräftigen Stoß hinaus. Ich weinte und schmollte weiter und war nur mühsam vorwärts zu bewegen, aber natürlich hatte ich gegen einen erwachsenen Mann keine Chance. Er zog mich an der Hand mit. Um mit ihm Schritt zu halten, folgte ich ihm halb laufend, halb stolpernd. Bei der Bushaltestelle beruhigte ich mich etwas, und meine Neugier gewann wieder die Oberhand. Erstaunt schaute ich mir das gläserne Häuschen an, in dem wir warteten. Noch erstaunter war ich über den Bus, der eine Weile später davor hielt. In dem schmucklosen Vehikel saßen nur wenige Menschen. In Pakistan waren Busse immer übervoll und mit vielen Schnörkeln und bunten Farben fröhlich verziert. Dieser Bus sah ganz anders aus.

Die Fahrt sorgte für die nötige Ablenkung. Wir sahen asphaltierte Straßen, turmhohe Gebäude und moderne Autos. Bleiche Menschen stiegen ein und aus. Die meisten musterten uns ungeniert. In Scheveningen stiegen wir aus. Über eine belebte Straße erreichten wir eine ruhige Seitengasse mit kleinen Reihenhäusern. Vor einem der Häuser hielt mein Vater an. Ohne etwas zu sagen, drückte er auf die Klingel. Noch bevor er den Klingelknopf wieder losgelassen hatte, wurde die Tür von einer Frau geöffnet. Sie hatte ein schmales, bleiches Gesicht und halb langes, dunkelblondes Haar, das ihr schlampig auf die Schultern fiel. Auf ihrem Arm saß ein niedlicher, kleiner Jungen, der uns mit großen braunen Augen fröhlich anschaute. Mein Vater stieß uns vor sich her ins Wohnzimmer. Da standen wir: drei verlegene, herausgeputzte Mädchen, ein schweigsamer Mann und eine unbekannte Frau mit einem schreienden Kind auf dem Arm. Baba stellte uns der Frau vor. Mit einem kalten Blick musterte sie uns von oben bis unten. Sie sagte etwas auf Niederländisch zu meinem Vater. Nachdem wir unsere Jacken an die Garderobe gehängt hatten, wurden wir nebeneinander auf das Sofa gesetzt. Wir trauten uns nicht, uns zu bewegen. Zahida hielt meine Hand fest umklammert. Nachdem sich die Frau wieder mit meinem Vater auf Niederländisch unterhalten hatte, verschwand er ohne Erklärung oder Abschied. Wir gaben keinen Laut von uns, während sich die Frau mit dem Jungen beschäftigte. Sie redete mit ihm, gab ihm etwas zu essen und setzte ihn dann vor uns auf den Boden. Als die Frau das Zimmer verlassen hatte, rutschte ich vom Sofa neben das Kind. Zu Hause spielte ich oft mit Yasmin, und dieses Bübchen würde sicher über die gleichen Dinge lachen. Ich versteckte mich hinter Zahidas Rücken und führte ihn so an der Nase herum. Ayesha spielte mit, und schon bald plapperten und kicherten wir. Ganz vorsichtig erkundeten wir das Zimmer. Überall standen schöne Dinge. Uhren, Pflanzen, eine Puppe und Blumen. Es gab Sessel aus dunkelgrünem Samt, auf denen gestickte Kissen lagen, und an den Wänden hingen viele Fotos.

»Oh, das sieht ja aus wie Baba mit dem Jungen …« Ohne mir darüber Gedanken zu machen, ging ich weiter.

Als die Frau wieder hereinkam, mussten wir gerade über

irgendetwas lachen. Wir erschraken über den eiskalten Blick, mit dem sie auf unsere Fröhlichkeit reagierte. Schnell setzte ich mich wieder neben Zahida aufs Sofa. Der Junge fing an zu weinen. Sie nahm ihn auf den Arm und winkte uns, mit ihr zu kommen. In einem schmalen Gang öffnete sie eine Tür zu einem kleinen Zimmer mit einem Bett und daneben Tisch und Schemel. Auf dem Tisch lagen einige Bücher und ein Bleistift. Sie schob Ayesha hinein und wies auf den Schemel. Ayesha begriff, dass sie sich dorthin setzen sollte. Neugierig folgte ich Ayesha und schaute mir die aufgeschlagenen Bücher mit den schönen Bildern an. Unsanft packte mich die Frau am Arm und zog mich aus dem Zimmer.

»Ayesha, ich will bei dir bleiben«, rief ich.

Ayesha schaute völlig verständnislos, als die Tür des Zimmers geschlossen wurde. Im Zimmer daneben erfolgte die gleiche Prozedur. Dieses war für mich bestimmt, und ich hörte, dass sie etwas Unverständliches zu Zahida sagte. Als sie die Tür schloss, nahm ich an, dass auch Zahida in einem Zimmer saß. Was mache ich hier?, dachte ich. Ich wollte zu Amma und Yasmin. Leise fing ich an zu weinen. Ich versuchte die Tür zu öffnen, um zu Ayesha zu gehen, aber ich konnte sie kein Stück bewegen. Die Tür war abgeschlossen. Schließlich setzte ich mich ans Fenster. Durch meine Tränen schaute ich nach draußen. Menschen gingen vorbei. Und dort war wieder eine Katze. Ich weiß nicht, wie lange ich eingeschlossen war, aber auf einmal stand die Frau wieder in meinem Zimmer. Sie wies mir den Weg ins Wohnzimmer, wo der Tisch gedeckt war. Der Junge saß in einem hohen Stuhl. Zahida und Ayesha wurden auch aus ihren Zimmern geholt. Sofort fingen wir an miteinander zu reden. Aber die Frau machte uns deutlich, dass wir still zu sein hatten. Ihr

Zeigefinger ging schnell hin und her, um uns zu zeigen, dass nicht gesprochen werden durfte. Still saßen wir vor unseren Tellern und starrten auf die Butterbrote. Wir sollten essen, gab uns die Frau zu verstehen. Aber wie konnte man essen, wenn man sich überhaupt nicht wohl fühlte und außerdem noch nie ein Butterbrot mit Belag gesehen hatte? Zahida schaute genau zu, wie die Frau dem Brot mit Messer und Gabel zu Leibe rückte, und versuchte es ihr nachzutun. Das führte zu einem Schlachtfeld auf ihrem Teller. Ich machte Kugeln aus meinem Butterbrot und stopfte sie mir in den Mund. Als Zeichen, dass ich damit aufhören sollte, bekam ich einen Schlag auf die Finger. Vor lauter Anspannung stieß ich mein Glas mit Milch um, und da war für die Frau das Maß voll. Wie von der Tarantel gestochen, sprang sie von ihrem Stuhl auf. Ohne sich um die tropfende Milch zu kümmern, zog sie mich an einem meiner Zöpfe vom Tisch weg. Ich bekam einen Schlag und dann noch einen. Sie schob mich in Richtung des Zimmers, aus dem ich gerade befreit worden war, setzte mich ohne ein Wort über die Schwelle und schloss die Tür. Der Schlüssel drehte sich im Schloss, und ich wusste, dass ich wieder eingeschlossen war. Ich ließ mich schluchzend auf das Bett fallen. Stunden später ging die Tür wieder auf. Mein Vater stand in der Türöffnung und hatte meine Jacke in der Hand. »Wir gehen«, sagte er. Mein Vater zwang mich, der Frau die Hand zu geben, dann lief ich sofort zu meinen Schwestern.

Geduckt, mit niedergeschlagenen Augen und ohne etwas zu sagen, fuhren wir mit dem Bus wieder nach Hause. Es dämmerte, und überall brannten Lichter, aber das konnte uns nicht aufmuntern. Ich wollte nur noch eins: Mich ganz dicht an meine liebe Amma kuscheln. Ihre weichen Arme streicheln, mit ihren feinen, goldenen Armbändern spielen und den blumigen Duft ihres Haaröls schnuppern. An der Bushaltestelle hatte unser Vater gesagt, dass wir diese Frau viel häufiger besuchen würden, da sie uns die niederländische Sprache und Gebräuche beibringen konnte. Immer wieder erklärte er uns, wie gastfreundlich das war und wie froh wir sein konnten, dass wir bei jemand willkommen waren, der so nett zu uns war.

»Gewöhnt euch an diese Frau, denn ihr werdet sie noch viel öfter sehen«, sagte er. Wir sollten ihr gehorchen und versuchen, ihre Sprache zu verstehen. In ihrem Haus war es verboten, pakistanisch zu reden, und das war auch der Grund, warum sie uns getrennt hatte.

Zu Hause angekommen, stürzten wir uns weinend in Ammas Arme. Yasmin schlief schon. Das Haus duftete herrlich nach dem Essen, dass Amma für uns gekocht hatte. Sie merkte sofort, dass etwas passiert war. Als ich von selbst anfing, ihr von der gemeinen bleichen Frau und dem lieben Jungen zu erzählen, bei denen wir gewesen waren, runzelte meine Mutter die Stirn.

»Wohin hast du die Kinder gebracht? Sie sollten doch zu einer pakistanischen Familie, bei der Holländisch gesprochen wird?« Mein Vater tat so, als hörte er sie nicht. Amma stellte sich dicht vor ihn und sagte: »Ich will mit dir sprechen. Gleich, wenn die Kinder im Bett sind.«

Die Wohnung erschien uns als Paradies, verglichen mit dem Haus, wo wir den Tag verbracht hatten. Hier waren die Wärme, die Geräusche und der Duft von Amma. Hier war der Platz, an dem wir uns geborgen fühlten. Zumindest, wenn wir zu fünft waren. In den Momenten, wenn mein Vater da war, war das anders. Dann wurde die Wärme von seiner Kälte verdrängt. Auch jetzt herrschte eine unbehagliche Atmosphäre. Amma erschien müde und war mit ihren

Gedanken nicht bei der Sache, als sie uns in das große Bett brachte. Abwesend summte sie ein Schlaflied. Sie brannte anscheinend darauf, mit Baba zu reden, denn die Tür war noch nicht richtig geschlossen, da begann auch schon das Gespräch. Am Anfang konnten wir die Worte kaum verstehen. Sie sprachen leise. Ich tat mein Bestes, um einzuschlafen, aber sogar in unserem Bett konnte man die Spannung fühlen. Zahida atmete schwer, und Ayesha wälzte sich unruhig hin und her. Die Stimmen im Wohnzimmer wurden lauter, das Gespräch wurde heftiger.

»Wer ist diese Frau? Warum bringst du meine Kinder dorthin?«

Anfänglich gab mein Vater keine Antwort. Wir hörten, wie er unruhig vom Wohnzimmer in die Küche, zum Klo und wieder zurückging.

Meine Mutter lief hinter ihm her. Wir hörten die Verzweiflung in ihrer Stimme zunehmen. Dutzende Male wiederholte sie ihre Fragen: »Wer ist diese Frau? Was sollen meine Töchter da?«

Schließlich reagierte mein Vater. Seine Worte kamen härter als die Schläge, die er ihr in den letzten Tagen gegeben hatte. »Diese Frau ist meine niederländische Frau. Sie hat mir zumindest einen Sohn geschenkt. Waheed ist sein Name.«

Es wurde still. Dann hörten wir unsere Mutter schluchzen. Sie weinte nicht nur wegen der anderen Frau. In Pakistan war es schließlich gebräuchlich, dass ein Mann mehrere Frauen hatte. Sie weinte auch, weil sie sich verraten und im Stich gelassen fühlte, aber am meisten erschütterte sie der Name seines Sohnes. Der Name, Waheed, ließ sie nach Luft schnappen. Den Verlust ihres Sohnes hatte sie noch deutlich vor Augen. Nachdem sie zwei Töchter bekommen hatte, kam endlich der heiß ersehnte Junge. Mein Vater hatte seinen Sohn nie in den Armen gehalten, ihn nie gesehen.

»Wie konntest du das Kind so nennen? Wie konntest du es wagen, ihm den Namen von unserem toten Kind zu geben. Aber dein Sohn ist auch mein Sohn, und er ist willkommen in unserem Haus. Ich will für ihn sorgen und ihn erziehen.«

»Erziehen?«, unterbrach mein Vater sie schroff. »Du und erziehen. Deine Töchter gehorchen ja noch nicht einmal, aber wir bekommen sie schon klein.«

»Wer ›wir‹, warum ›wir‹? Wie meinst du das? Du lässt die Hände von meinen Kindern. Meine Töchter werden von mir erzogen, und wenn du willst, kann dein Sohn herkommen, damit wir eine Familie sind. Du solltest dich schämen, Schuft, der du bist. Du bist ein verheirateter Mann mit vier Kindern. Wie kannst du es wagen, ohne meine Zustimmung eine zweite Frau zu nehmen? Ich will nicht, dass meine Kinder bei ihr sind.«

Wir zitterten in dem großen Bett. Amma klang böse, traurig und verunsichert. Mein Vater, so viel hatten wir inzwischen schon gelernt, wurde aggressiv, wenn seine Frau in diesem Ton mit ihm sprach. Amma war nicht zu bremsen. Sie warf ihm vor, er hätte gelogen, würde zu Huren laufen und wäre ein Trunkenbold. Ihr Wutausbruch wurde mit Prügeln beantwortet. Wir hörten Gegenstände umfallen. Ammas Wut machte Baba noch aggressiver. Jede Bemerkung von ihr wurde mit einem Schlag beantwortet. Auf einmal war es still. Ein Knall. Die Eingangstür fiel ins Schloss.

Zahida glitt aus dem Bett und schlich auf Zehenspitzen ins Wohnzimmer. Ayesha und ich folgten in sicherem Abstand. Als Zahida Amma sah, schrie sie auf. »Amma!«

Meine Mutter hob ihren Arm und legte ihn um ihre älteste Tochter, die neben ihr kniete. Aus Ammas Nase strömte Blut über Lippen und Kinn. Als sie zu Zahida etwas stammelte, sahen wir, dass auch ihre Zähne ganz blutig waren. Ihr Zopf war aufgegangen, und an ihrem Ellenbogen hatte sie eine feuerrote Schürfwunde. Auf dem Boden lagen Büschel ihres schwarzen Haars. Eines ihrer Augen schwoll an. Amma hatte Zahida gebeten, ihr ein Tuch zu holen. Ayesha half ihr aufzustehen, aber ein Knie schien ihren Körper nicht mehr tragen zu können, und sie knickte immer wieder ein. Sie humpelte zum Sofa, während sie versuchte, das Blut, das noch immer aus ihrer Nase tropfte, aufzufangen.

Ich stand dabei. Ich weinte nicht, ich sagte nichts, ich fragte nichts. Das Einzige, was ich tat, war, alles voller Abscheu zu beobachten. Zahida und Ayesha liefen geschäftig mit nassen Tüchern, einem extra Kissen, einer Decke und einem Glas Wasser hin und her. Amma lag in ihren Kleidern unter der Decke, dicht neben dem Ofen, aber sie zitterte, als würde sie nackt in eisiger Kälte stehen.

»Amma, was sollen wir tun?«, hörte ich Zahida flüstern. »Können wir nicht weg? Weg, bevor es zu spät ist?«

Amma schüttelte den Kopf und sagte: »Solange wir beieinander sind, schaffen wir das schon. Hier erwartet euch ein besseres Leben als in Pakistan. Ich verspreche euch, dass ich immer da sein werde. Niemand kann mir meine Töchter wegnehmen. Auch er nicht.«

Die andere Frau und das Tauziehen um uns waren schon bald der größte Streitpunkt meiner Eltern. Auch meine Mutter fand, dass wir mit niederländisch sprechenden Menschen in Kontakt kommen mussten, aber sie wollte nicht, dass uns unser Vater zu seiner zweiten Frau mitnahm. Sie wollte selbst eine vollständige Familie. Sein Sohn war willkommen, aber sie weigerte sich, der fremden Frau ihre Kinder zu überlassen. Trotzdem nahm unser Vater uns regelmäßig mit nach Scheveningen. Die Tage in diesem Haus dicht am Strand verliefen immer nach dem gleichen Muster. Mein Vater hatte uns noch nicht richtig abgeliefert, schon wurden wir in unsere Zimmer eingeschlossen. Wir sollten unsere pakistanische Sprache vergessen. Die einzige Unterbrechung während unserer Anwesenheit war die Heimkehr der Eltern der fremden Frau. Wenn sie von ihrer Arbeit nach Hause kamen, wurden wir befreit. Sobald die Frau sie hörte, drehte sie schnell die Schlüssel unserer Zimmertüren um. In ihrem Beisein verhielt sie sich anders, dann war sie nett. Auch mit ihren Eltern konnten wir kein Wort wechseln, aber auch ohne Worte war ihre Wärme zu spüren.

Ihr Vater nahm uns mit in den Garten, wo er einen Taubenschlag hatte. Wenn er die Tauben rief, kamen sie zu ihm geflogen. Auch wenn wir nicht viel davon verstanden, erzählte er uns Geschichten. Vielleicht war es über die Tauben oder das Meer, das man im Garten gut hören konnte. Zu Hause erzählte ich Amma, dass wir nun jemand kennen würden, der mit Tieren sprechen konnte. Auch die Mutter war freundlich und steckte uns heimlich Süßigkeiten zu, wenn ihre Tochter wegschaute. Es gab also Menschen, denen wir nicht ganz egal waren, aber meistens holte uns mein Vater kurz nach ihrer Heimkehr ab.

Wenn wir während unserer merkwürdigen Einzelhaft zur Toilette mussten, klopften wir fest gegen die Tür. Sie öffnete die Tür und ließ uns für einige Minuten frei. Manchmal kam es vor, dass ich häufiger zur Toilette musste. Sie empfand schon mein Klopfen an der Tür als störend. Ein Schlag mit einem Kleiderbügel oder ein Tritt, kurz bevor es wieder zurück ins Zimmer ging, zeigte uns, dass wir nicht zu viel von ihr verlangen sollten. Die schwersten Schläge gab es, wenn wir bei Tisch Pakistanisch redeten. Mit einem Stock, der neben ihr auf dem Stuhl lag, konnte sie uns schlagen, ohne aufstehen zu müssen. Ein pakistanisches Wort bedeutete drei harte Schläge. Kleckern, und war es auch nur ein kleiner Fleck, bedeutete, an den Haaren in sein Zimmer gezogen zu werden. Einmal lagen ganze Büschel schwarzen Haares auf dem Boden, als ihre Eltern nach Hause kamen. Ihre Mutter hob es auf und fragte, woher das Haar käme. Deutlich nervös pflückte sie es ihr aus der Hand.

Wieder erwartete uns eine Veränderung. Wir gingen zur Schule. Nachdem Amma uns erklärt hatte, was passieren würde, brachte Baba uns zu einem Gebäude nicht weit von unserer Wohnung. Natürlich wollten wir in die Schule. Alles war besser, als in einem kahlen Zimmer eingeschlossen zu sein. Zahida und Ayesha durften in die große Schule, und obwohl sie fünf Jahre auseinander waren, kamen sie beide in die erste Klasse. Ich kam in die Vorschule. Merkwürdigerweise wurden wir unter dem Namen Hussain eingeschrieben, obwohl wir in Pakistan Lakho hießen. Ich weiß noch, dass ich leise Lakho vor mich hin flüsterte, als die Lehrerin meinen Namen nannte, Hameeda Hussain. Zahida fragte Amma, warum unser Name in Hussain verändert worden war, aber auch meine Mutter hatte dafür keine Erklärung. Morgens, wenn wir aus dem Haus gingen, winkte uns Amma mit Yasmin auf dem Arm hinterher. Vom Schulhof aus konnte man die Rückseite unseres Hauses sehen, und manchmal, während der Pause, stand Amma dort. Jeden Tag kamen wir mit neuen niederländischen Worten nach Hause. Amma wollte sie alle wissen. Obwohl es sie Mühe kostete, tat sie ihr Bestes, um sich in dem unbekannten Land einzugewöhnen.

Verglichen mit den ersten vierzehn Tagen brach eine bessere Zeit für uns an. Amma und Yasmin waren zu Hause, wir gingen am Tag zur Schule und schnappten schon bald viel von der Sprache auf. Meinen Vater sahen wir in diesen Wochen selten. Hakim übernachtete regelmäßig bei uns und half meiner Mutter bei den Einkäufen. Ich sah, dass er manchmal seinen Arm um ihre Schultern legte oder ihre Hände ergriff, aber sie jagte ihn immer sofort weg.

»In meinem Leben gibt es nur Platz für einen Mann, Hakim, merke dir das gut«, sagte sie, während sie ihn streng anschaute.

Immer, wenn mein Vater nach Hause kam, gab es Streit. Meine Mutter konnte es nicht akzeptieren, dass er das Leben mit einer anderen Frau vorzog. Sie sprach ihn auf seine Verantwortung gegenüber seiner eigenen Familie an und machte ihm Vorhaltungen. Sie war eifersüchtig und konnte sich mit der Tatsache, dass sie von nun an mit dem zweiten Platz vorlieb nehmen musste, nicht abfinden. Außerdem sehnte sie sich nach einem sorgsamen Ehemann und einem guten Vater für ihre Kinder. Wir atmeten jedes Mal auf, wenn unser Vater das Haus wieder verließ, ohne dass es Schläge gegeben hatte. Nicht nur die Kritik meiner Mutter war Anlass genug, um alles kurz und klein zu schlagen, er drosch auch auf uns ein, wenn er uns in Pakistanisch sprechen hörte. Wir drei mussten untereinander und mit Hakim Niederländisch reden. Yasmin, die noch nicht sprechen konnte, und Amma ignorierte er dabei. Auch unseren Spaß mit Yasmin missgönnte er uns. Meine Mutter sollte für Yasmin sorgen, aber uns sollte sie von ihr fern halten. Oft genug saß ich mit Yasmin im kleinen Zimmer und spielte, wenn er unerwartet nach Hause kam. Amma sagte dann mit lauter Stimme, dass die zwei Jüngsten schon schliefen. Ich wusste dann, dass ich mich nicht sehen lassen durfte, und spielte ruhig mit Yasmin weiter. Wenn Baba wieder weg war, atmeten Amma und ich auf.

In der Schule waren wir eine Attraktion. Manchmal nahmen wir Kinder mit nach Hause. Sie waren neugierig, wie meine Mutter, die noch immer pakistanische Kleidung trug, aussah. Auch wir kamen zu holländischen Kindern nach Hause. Genauso neugierig, wie sie auf unsere Lebensweise waren, wollte ich wissen, wie ihre Häuser, ihre Mütter und ihre Spielsachen aussahen. Seit wir in die Schule gingen, beschränkten sich die Besuche bei der zweiten Frau meines Vaters und unserem Halbbruder auf die Sonntagnachmittage. Meistens blieb mein Vater da, und wir wurden nicht eingeschlossen. Geschlagen wurden wir auch unter den Augen unseres Vaters, der eine Tracht Prügel für die eine oder andere Kleinigkeit als förderlich für unsere Erziehung hielt. Am frühen Abend wurden wir wieder nach Hause gebracht, und dann war Amma für uns der sichere Hafen. Uns ging es in diesen Wochen nicht schlecht, und wir fingen an, das Leben in Holland als normal anzusehen. Bis sich eines Tages alles veränderte.

Wir waren fertig angezogen, um in die Schule zu gehen, als mein Vater hereinkam. Uns wie gewöhnlich nicht beachtend, erklärte er meiner Mutter, dass wir auf eine andere Schule gehen würden. Er nahm uns mit nach Scheveningen zu seiner Freundin.

Als wir dort ankamen, fühlten wir schon, dass sie schlechte Laune hatte. Ohne etwas zu sagen, dirigierte sie uns sofort in unsere Zimmer. Nach einer Weile hörte ich, wie sie Ayesha aus ihrem Zimmer holte und mitnahm. Ich legte mein Ohr an die Tür, um so gut wie möglich zu hören, was sie mit Ayesha vorhatte. Ich wurde sehr unruhig, als ich meine Schwester schreien und weinen hörte. Nur kurze Zeit später wurde sie schluchzend in ihr Zimmer zurückgeschickt und ihre Tür wieder abgeschlossen.

Dann war ich an der Reihe, und schon bald verstand ich den Grund für Ayeshas Trauer. Die Frau zwang mich, meine Kleider auszuziehen. Als ich nicht schnell genug gehorchte, bekam ich Schläge mit dem Kleiderbügel auf jedes Körperteil, das sie treffen konnte. Das Holz des Bügels traf mich am Kopf, den Armen, den Beinen und am Rücken. Zitternd stand ich barfuß in der Dusche. Das Zittern wurde schlimmer, als sie mit einer enormen Schere auf mich zukam. »Still gestanden!«, kommandierte sie, während sie mir aufs Geratewohl meine schwarzen Locken abschnitt. Sie schnitt und schnitt, bis es nichts mehr zu schneiden gab. Die von Tränen nassen Haare klebten mir am Körper. Sie richtete die Dusche auf mich, und all mein schönes langes Haar sammelte sich an meinen Füßen. Ich war vor Kälte, Trauer und Demütigung wie versteinert. Es gelang mir nicht, mich wieder anzukleiden. Ungeduldig raffte sie meine Kleider zusammen und schleifte mich nackt zurück in mein Zimmer. Das Bündel mit meinen Kleidern wurde hinter mir hergeworfen. Zahida war als Letzte an der Reihe.

Meine Mutter explodierte, als sie unsere neuen Haarschnitte sah und hörte, was passiert war. Wütend sprach sie meinen Vater darauf an: »Ich habe dir gesagt, dass diese Frau ihre Finger von meinen Kindern lassen soll. Wie kannst du es zulassen, dass deine eigenen Töchter so behandelt werden? Du bist kein Moslem mehr! Du verleugnest deine Kultur, deine Sprache und deine Kinder.«

Baba kam wütend auf sie zu. Er packte sie an den Handgelenken und höhnte: »Deine Kinder hatten Läuse. Meine Freundin sorgt dafür, dass sie sauber sind. Wir sind hier nicht in Pakistan. Sei dankbar, dass dir jemand hilft!«

Dieses Gespräch führte zum x-ten Gefecht. Mein Vater hatte getrunken, war noch unbeherrschter als sonst und schlug meine Mutter durch das ganze Zimmer. Als er bemerkte, dass wir alles sahen, verprügelte er uns auch. Nachdem er fertig war und die Wohnung wütend verlassen hatte, war das Chaos perfekt. Amma war grün und blau geschlagen. Wie schon so oft schmiegten wir uns alle vier dicht zusammen. Sie streichelte unsere geschorenen Köpfchen und schluchzte herzzerreißend. Noch nie hatten wir sie so weinen gehört. Das konnte und durfte nicht so weitergehen. Als sie sich wieder etwas beruhigt hatte, schaute sie eine nach der anderen an. In ihren Augen lag ein entschlossener Ausdruck. Amma hatte einen Plan gemacht.

»Wir müssen nicht hier bleiben. Nicht auf diese Weise. Das wird nie gut. Wir gehen zurück nach Pakistan, und zwar so schnell wie möglich.«

Amma verunglückt

Nach dem Wutausbruch meines Vaters klammerten wir uns noch eine Weile aneinander. Die Wärme der anderen und die streichelnden Hände beruhigten uns. Schließlich brachte uns Amma ins Bett. Nicht viel später legte sie sich zu uns. Drei magere Mädchen und eine so kleine Mutter passten ohne Probleme in ein Doppelbett. Am folgenden Tag umsorgte Amma uns noch mehr als sonst. Obwohl es eine Lüge von meinem Vater war, musste sie die Geschichte mit den Läusen doch ernst genommen haben. Sorgfältig wusch sie uns die Haare. Mit ihrem eigenen Haaröl versuchte sie unsere abgeschorenen Haare doch noch etwas in Form zu bringen. Ich hatte das Gefühl, als schweißte uns das ganze Elend noch enger zusammen. Es tat zwar weh, aber solange wir zusammen waren, konnten wir alles ertragen. Unser Vater ließ uns eine ganze Woche in Ruhe. In der Schule hatte er uns sicher krankgemeldet, denn niemand kam, um sich nach uns zu erkundigen. Wir konnten uns inzwischen prima selber helfen. Wir gingen zusammen mit Amma einkaufen. Meine Mutter hatte sich schnell an ihre holländische Küche gewöhnt. Aus den Zutaten, die bei uns in der Gegend zu bekommen waren, konnte sie eine mehr oder weniger pakistanische Mahlzeit zubereiten. Was sie sich auch ausdachte, wir fanden alles besser als das, was wir bei der Frau in Scheveningen zu essen bekamen.

Eines Tages stand mein Vater auf einmal wieder im Wohnzimmer. Ich spielte mit Yasmin. Wir rollten zusammen über den Boden. Yasmin quietschte vor Vergnügen. Kontakt mit

Yasmin, Pakistanisch reden und dann auch noch lauthals lachen waren für ihn genügend Gründe, um völlig in Rage zu geraten.

»Ruf das Kind zur Ordnung«, schnauzte mein Vater.

Meine Mutter nahm Yasmin auf den Arm und dirigierte mich mit zarter Hand zum Sofa, wo Zahida und Ayesha schon mit gesenktem Kopf saßen.

»Sie müssen Holländisch sprechen. Auch hier zu Hause. Du lernst es nie, blödes Weib. Ich werde das anders machen. Hier in dieser Wohnung, hier bei dir, wird aus den Schlampen doch nichts. Du willst doch, dass sie weiterkommen? Dass sie nicht ihr ganzes Leben in einem fiesen, schmutzigen Armutsviertel wohnen müssen, so wie du? Sie kommen mit, und vorläufig wirst du die, die ...« – mit einem eiskalten, abschätzigen Blick und angewidertem Gesicht, als steige ihm widerlicher Gestank in die Nase, wendete er seinen Kopf zu uns. »Und vorläufig wirst du die Läusebälger nicht mehr sehen.«

Seine Worte berührten uns kaum. Er hatte uns noch nie beim Vornamen genannt. Wir kannten es nicht anders, als dass er mit Widerwillen von uns sprach und sich Schimpfworte für uns ausdachte. In befehlendem Ton sagte er zu meiner Mutter, dass sie für uns saubere Kleidung einpacken sollte.

»Sie haben saubere Kleider an. Warum willst du, dass ich eine Tasche packe?«

Seine ungeduldige Haltung und sein wütender Blick ließen meine Mutter gehorchen. Sie packte einige Kleidungsstücke in eine Tasche und reichte uns unsere Jacken. Anscheinend mussten wir wieder mit. Ich schlang meine Arme um Ammas Hals und hielt mich an ihr fest.

»Ich will nicht weg, Amma«, flüsterte ich verzweifelt.

Zärtlich schob sie mich zu Baba und ermahnte mich, ihn nicht wieder böse zu machen. »Bald bist du wieder zu Hause«, flüsterte sie mir ins Ohr. »Jetzt geh nur.«

Wie wir es inzwischen schon gewohnt waren, fuhren wir mit dem Bus nach Scheveningen. Ich drückte meine Nase ans kalte Fenster. Durch meinen Atem beschlug das Glas. Nur wo meine Nase die Scheibe berührt hatte, war noch ein Guckloch. Ich zeigte darauf und sagte etwas darüber zu Ayesha.

»Rede Holländisch«, zischte mein Vater, der mit Zahida auf den Sitzen hinter Ayesha und mir saß.

Wir zuckten zusammen. Die Stimmung wurde nicht besser. Die schreckliche Frau war mit ihrem Kind beschäftigt, als wir ankamen.

»Bringe sie ruhig sofort in ihre Zimmer«, sagte sie zu meinem Vater, ohne uns zu begrüßen.

Brav hingen wir unsere Jacken an den Haken und ließen uns einzeln einschließen. Leidend, aber als wäre es die normalste Sache der Welt, ließen wir diese Prozedur über uns ergehen. Wir wussten: Dieser Tag würde zu Ende gehen, und dann wären wir wieder bei Amma. Wenn ich an sie dachte, konnte ich ihren vertrauten Duft und all die leckeren Gerüche aus der Küche riechen, die uns umfingen, wenn unser Vater uns wieder zu Hause ablieferte. An diesem Tag wurden wir kein einziges Mal aus unseren Zimmern geholt. Um die Mittagszeit wurden ein Stück trockenes Brot und ein Becher Milch hereingeschoben. Ich fand es nicht schlimm. Als es anfing zu dämmern, lauschte ich andächtig. Nun konnte mein Vater jeden Moment die Tür öffnen und mir meine Jacke vor die Füße schmeißen. Das war das Zeichen, dass wir wieder nach Hause gingen. Die Dämmerung ging in Dunkelheit über. Ich hatte die Lampe eingeschaltet, und draußen brannten die Straßenlaternen. Auf der Straße wurde es stiller. Auf einmal hörte ich Schritte im Flur. Ich sprang auf. Nicht weil ich froh gewesen wäre, meinen Vater zu sehen, sondern weil ich wusste, dass wir dann bald nach Hause gingen. Als ich noch einmal aufmerksam lauschte, hörte ich, dass es nicht seine Schritte waren. Es war die Freundin meines Vaters. Ihre stahlblauen Augen schauten noch kälter als sonst.

»Wir essen«, sagte sie, während sie die Tür öffnete.

»Zu Amma?«, stammelte ich, während ich in den Flur schaute, ob Ayesha aus ihrem Zimmer gekommen war.

Ayesha lehnte am Türpfosten, und als die Frau wegging, flüsterte sie mir auf Pakistanisch zu, dass wir wahrscheinlich die ganze Nacht hier bleiben müssten. Unser Vater kam tatsächlich nicht.

Folgsam setzten wir uns auf unsere Stühle. Waheed, den wir schon länger nicht gesehen hatten, war lustiger denn je. Er kleckerte mit seinem ekelhaft grünen Essen, und ich musste darüber lachen. Das Lachen verging mir schnell, als ich sah, dass wir das Gleiche bekamen. Ich schob meinen Teller weg und schüttelte entschlossen den Kopf.

»Was anderes bekommst du nicht«, sagte die Frau, »wenn ich also du wäre, würde ich schnell anfangen.« Als Vorbild nahm sie einen großen Bissen, und mit sichtlichem Genuss schob sie ihn in den Mund.

Zahida und Ayesha probierten vorsichtig. Mir wurde schon bei der Vorstellung schlecht, dass ich diesen merkwürdigen Brei essen sollte. Mit niedergeschlagenen Augen starrte ich auf meinen Teller. Ich versuchte krampfhaft, nichts verkehrt zu machen, nichts umzuschmeißen, nicht zu lachen, nichts Pakistanisches zu sagen. Aber diesmal war anscheinend nichts zu essen der Fehler.

Als ich, auch nach mehrmaliger Aufforderung, nichts aß, legte sie ihre Hand hart auf meinen Hinterkopf und drückte mein Gesicht in den Spinat. »Iss, undankbares Kind, iss!«

Heulend setzte ich mich wieder auf. »Nein! Ich will zu meiner Amma!«, schrie ich.

Zahida und Ayesha schauten mit großen, ängstlichen Augen zu und warteten darauf, was als Nächstes passieren würde. Die Frau griff zu einem Löffel, lud ihn voll und schob ihn mir in den Mund. Ich würgte. Der grüne Matsch schmeckte noch schrecklicher, als ich es erwartet hatte. Ich war völlig außer mir, außerdem schob sie mir den Löffel viel zu weit in die Kehle. Das verschlimmerte mein Würgen. Ohne auf mich zu achten, hatte sie schon den nächsten Löffel vorbereitet und schob ihn mir in den Mund. Ich musste zwar schlucken, würgte aber weiter, und nach dem vierten Löffel ging das Würgen in Erbrechen über. Eine Welle milchigen Breies mit grünen Schlieren schoss aus meinem Mund und ergoss sich über das Tischtuch. Zahida und Ayesha wichen zurück.

Die Frau wurde rasend. Mit einem Schöpflöffel schaufelte sie den sauer riechenden, schleimigen Matsch vom Tisch zurück auf meinen Teller und zwang mich, ihn aufzuessen. »Iss!«

Ihre schrille Stimme schmerzte mir in den Ohren, und ich krümmte mich zusammen. Mit dem Löffel schlug sie mir auf den Hinterkopf. Die Schläge wurden immer härter. Zitternd nahm ich einen Happen von der schleimigen Masse, während sie mir weiter mit dem Löffel auf den Hinterkopf schlug. Ich weiß nicht, wie diese Quälerei weiter gegangen wäre, wenn sie nicht in diesem Moment den Schlüssel im Schloss der Eingangstür gehört hätte. Das Geräusch des klappernden Schlüsselbundes brachte sie zu Sinnen. Ihre

Eltern kamen nach Hause. Rasend schnell nahm sie unsere Teller vom Tisch und zog das Tischtuch weg. Warf einen vernichtenden Blick in meine Richtung und ging wütend in die Küche. Ich traute mich nicht, mich zu rühren. Ihre Mutter, die immer lieb zu mir gewesen war, sagte erschrocken: »Aber Mädchen, was ist denn mit dir los?« Sie holte sofort einen Waschlappen, um mein Gesicht abzuwischen.

Nachdem sie mich sauber gemacht hatte, zog sie mich auf ihren Schoß. Auch Ayesha und Zahida durften neben ihr sitzen. Sie fragte ihre Tochter nichts, zumindest nicht in diesem Moment.

Ayesha hatte richtig gelegen. Wir blieben zum ersten Mal auch über Nacht in Scheveningen. Zusammen mit ihrer Mutter brachte die Freundin unseres Vaters uns ins Bett. Sie versuchte zwar, ihre Mutter im Wohnzimmer zu halten, aber die ließ sich nicht herumkommandieren. Sie kam mit und half uns beim Zähneputzen und uns für die Nacht vorzubereiten. Entgegen unseren Erwartungen mussten wir nicht in unsere Zellen zurück. Wir sollten zu dritt in Zahidas Zimmer schlafen. An einer Wand stand ein Stockbett und im rechten Winkel dazu ein Kinderbettchen. Das war mein Schlafplatz. Obwohl die Mutter ihr Bestes gab, um uns aufzumuntern, fühlten wir uns verloren in den fremden Betten, ohne unsere Amma, die uns normalerweise pakistanische Lieder vorsang. Das Licht ging sofort aus, und die Tür wurde zugezogen.

Als die Geräusche verstummten, hörte ich Ayeshas flüsternde Stimme: »Hameeda, geht es wieder? Ist dir noch übel?«

Die Erinnerung an die Mahlzeit machte mich beinahe wieder krank. Leise fing ich an zu weinen. Ich rutschte aus meinem Bettchen und kroch zu Ayesha ins untere Bett. »Ich will zu Amma«, wimmerte ich.

Würde sie wissen, dass wir hier waren? Warum war unser Vater nicht gekommen? Wie lange würden wir hier bleiben müssen? Wir wurden ganz steif vor Schreck, als wir plötzlich laute Stimmen hörten. Obwohl wir inzwischen schon viele holländische Worte verstanden, konnten wir diesem Gespräch nicht folgen. Die Frau stritt mit lauter Stimme mit ihren Eltern. Ich hörte meinen Namen fallen. Anscheinend ging es um mich, um uns. Müde von all den Erlebnissen und der Unsicherheit, was der folgende Tag bringen würde, schliefen wir ein.

Als wir am nächsten Morgen gerufen wurden, waren ihre Eltern schon weg. Für uns standen ein Glas Milch und ein Butterbrot auf dem Tisch.

»So decken wir hier den Tisch«, sagte die Frau, »ab morgen dürft ihr das machen. Hier ist kein Hotel, ihr seid alt genug, um zu arbeiten.«

Zum ersten Mal, seit wir bei ihr waren, wurden wir nicht sofort eingeschlossen. An diesem Morgen mussten wir im Haushalt helfen. Zahida, die meiner Mutter und Lalli schon immer geholfen hatte, konnte schon alles, obwohl die Hausarbeit hier nicht mit der in Soomar Halepoto zu vergleichen war. Ayesha und ich waren weniger geschickt, aber zu dritt schafften wir es, die gestellten Aufgaben zu einem mehr oder weniger guten Ende zu bringen. Das Erste, was wir zu tun hatten, war, den Frühstückstisch abzuräumen, abzuwaschen, das Wohnzimmer zu saugen und die Küche aufzuwischen. Ich fand es eine angenehme Abwechslung. Das Füllen des Eimers mit Seifenlauge war sehr spannend. Wie hoch könnte man den Schaum über den Eimerrand steigen lassen? Wasser auf den Boden zu spritzen fand ich auch schön. Zahida war sehr streng mit Ayesha und mir und verhütete somit spätere Strafen. Auch die Wäsche wurde zu einer unserer Aufgaben. In den ersten Tagen ging es vor allem um die Sachen von Waheed und unsere eigenen. Wir mussten sie mit der Hand waschen, spülen, auswringen und auf ein Trockengestell in einem von unseren Zimmern hängen. Bügeln durfte ich noch nicht, das mussten Zahida und Ayesha machen. Nachdem wir den Haushalt erledigt hatten, wurden wir in unsere Zimmer geschickt.

Meinen Vater sahen wir in dieser Zeit nicht. Wir trauten uns nicht, seine Freundin nach ihm oder Amma zu fragen. Abends, wenn wir im Bett lagen, redeten wir miteinander. Ich schlief immer bei Ayesha im unteren Bett. Manchmal kam Zahida auch für eine Weile dazu, kletterte aber immer wieder schnell nach oben, wenn sie jemanden hörte. Ab und zu kamen ihre Eltern und schauten zu uns ins Zimmer. Die Frau sahen wir, war es erst einmal Abend, nicht mehr. Es gab einen festen Tagesablauf. Den Morgen begannen wir mit Hausarbeit, wobei die meiste Arbeit auf Zahidas Schultern lastete. Dann wurden wir wieder eingeschlossen, und nachmittags durften wir ein wenig mit Waheed spielen, damit seine Mutter Zeit für andere Dinge hatte. Meistens las sie eine Zeitschrift oder nähte Kleider. Auch für uns. Erst jetzt begriffen wir, dass die Kleidung, die in Rijswijk im Schrank hing, von ihr genäht worden war. Manchmal mussten wir etwas anprobieren. Die Nadeln, die rund um die Ärmellöcher oder am Saum steckten, pieksten oft fürchterlich, aber ich traute mich nicht, auch nur einen Mucks von mir zu geben.

Die Mahlzeiten liefen etwas besser. Das heißt, ich konnte noch immer nichts essen, aber sie hatte sich anscheinend vorgenommen, darüber hinwegzusehen. Außerdem waren ihre Eltern seit diesem bewussten Abend zum Essen immer zu Hause gewesen. Am vierten Abend mussten wir nicht für ihre Eltern mit decken, wohl aber für meinen Vater. Zum ersten Mal seit Tagen sahen wir ihn wieder. Wir hofften, dass er uns zu Amma bringen würde. Nachdem er sich erst eine Weile mit Waheed beschäftigt hatte, mussten wir auf dem Sofa Platz nehmen. Kurz und bündig erklärte er uns, was uns erwartete.

»Amma und Yasmin bleiben in Rijswijk. Ihr wohnt ab jetzt hier. In diesem Haus werden euch Manieren und die holländische Sprache beigebracht. Ab Montag geht ihr in eine Schule hier in der Gegend. Vorläufig werdet ihr eure Mutter nicht wiedersehen. Das ist das Beste für alle und vor allem für eure Entwicklung.« Amma nicht sehen? Nicht mit der kleinen Yasmin spielen? Meine Augen füllten sich mit Tränen. Ich versuchte, sie zurückzuhalten, aber das gelang mir nicht. Mein Vater reagierte nicht darauf. Vielleicht sah er sie noch nicht einmal.

An diesem Abend aßen wir Blumenkohl. Blumenkohl mit einer mehligen Soße. Schon vom Geruch wurde mir schlecht. Die Freundin meines Vaters nannte meinen Namen und erzählte Baba, was am ersten Abend passiert war. Natürlich würde er sich auf ihre Seite stellen, und ich würde den Kürzeren ziehen. Zahida und Ayesha begannen, tapfer zu essen. Vor allem Zahida tat ihr Bestes, um die Aufmerksamkeit von mir abzulenken. Aber es klappte nicht. Ich bekam keinen Bissen hinunter. Obwohl wir keinen Ton Pakistanisch sprechen durften, wies mich mein Vater erst auf Niederländisch und dann auf Pakistanisch zurecht.

»Iss jetzt deinen Teller leer. Und zwar schnell. Iss, sag ich dir!« Mit einem Ruck griff er meine Haare und zog meinen Kopf in Richtung Blumenkohl. Als ich immer noch keine Anstalten machte, kam der erste Schlag. Seine Fäuste trafen immer wieder meinen Kopf.

Ayesha trat gegen mein Schienbein: »Probier es doch mal!« Ihre Stimme klang ängstlich.

Mit zitternden Händen schob ich etwas Essen auf meine Gabel und dann in meinen Mund. Der Geschmack dieses Essens war so vollkommen anders als der von Ammas Gerichten. Die Atmosphäre am Tisch war geladen und förderte meinen Appetit absolut nicht. Außerdem hatte ich überhaupt keinen Hunger. Jetzt war es mein Vater, der versuchte, mir das Essen in den Hals zu stopfen, und das Ereignis des ersten Abends wiederholte sich. Nur ließ diesmal die Rettung länger auf sich warten. Ihre Eltern erschienen nicht, um die Wut meines Vaters zu zügeln. Nachdem ich das Essen erbrochen hatte, wurde ich gezwungen, mein Erbrochenes wieder aufzuessen. Als ich endlich fertig war, prügelte mich mein Vater vom Tisch. Erst als wir ein Geräusch im Flur hörten, ließ er von mir ab. Es waren nicht die Eltern, sondern Onkel Henk. Ein Bruder der Frau, mit seiner Freundin Annie. Mein Vater, der sich überraschend freundlich und gesittet verhalten konnte, entschuldigte sich für den Zwischenfall mit seiner jüngsten Tochter.

»Manchmal können sie einen zur Weißglut bringen«, sagte er lachend zu Annie, die argwöhnisch beobachtete, was sich im Haus ihrer Schwägerin abspielte.

Mein Vater zog mich ins Badezimmer. Ich musste mich ausziehen, wurde unter die eiskalte Dusche gesetzt und musste danach sofort in mein Zimmer. Schluchzend ließ ich mich auf mein Bett fallen. Alles tat mir weh. Onkel Henk und Annie, die Mitleid mit uns hatten, bekam ich an diesem Abend nicht mehr zu sehen.

Der Ablauf bei Tisch sollte jahrelang zum festen Ritual werden, mit Unterernährung und Essstörungen als Folge. Aber das wusste ich damals noch nicht. Es wurde uns klar, dass wir nun anscheinend in Scheveningen wohnten. Die Schule war nicht anders als die in Rijswijk. Nur war es merkwürdig, dass wir hier wieder unter anderem Namen eingeschrieben waren. In Pakistan hießen wir Lakho, in Rijswijk Hussain, und nun wurden wir Kahn genannt. Das erste Mal hatte Baba uns zur Schule gebracht, danach kannten wir den Weg. Die Tage begannen früh in Scheveningen. Wir deckten den Tisch, servierten Waheed, seiner Mutter und manchmal auch unserem Vater das Frühstück. Frühstückten selbst. Räumten den Tisch wieder ab, staubsaugten das Wohnzimmer, wischten die Küche und zogen uns dann die Jacken an, um in die Schule zu gehen. Wenn wir mittags nach Hause kamen, wuschen wir die Wäsche. Immer wieder kamen neue Aufgaben dazu. Zum Beispiel die Toilette putzen und die Dusche schrubben. Auch die Vorbereitung des Abendessens stand auf unserer Liste. Wenn das erledigt war, fingen Ayesha und Zahida mit ihren Hausaufgaben an. Ich ging noch in die Vorschule und hatte es in dieser Hinsicht noch einfach. Meistens durfte ich mit Waheed spielen. Ich fand es herrlich, meinen Halbbruder zu unterhalten. Er erinnerte mich an Yasmin. Einerseits machte mich das traurig, aber andererseits heiterte es mich auch auf. Abends im Bett erinnerten wir uns an Amma und die kleine Yasmin, um die Bilder so lebendig wie möglich zu halten.

»Was denkst du, Ayesha, wird Amma für uns singen, auch wenn wir nicht bei ihr sind?«, fragte ich meine ältere Schwester. Zusammen redeten wir über all die schönen Dinge, die Amma immer für und mit uns gemacht hatte. Lalli, der Esel, unser Hof, die Kuhfladen und andere Dinge, die uns in Pakistan beschäftigt hatten, waren in den Hintergrund gerückt. Tagsüber redeten wir nicht viel miteinander. Obwohl wir inzwischen ganz gut Holländisch sprachen, waren wir nicht daran gewöhnt, im Haus zu reden. Das Sprechverbot hatte sich eingebrannt. Abends im Bett flüsterten wir immer häufiger Niederländisch miteinander. Wir hörten nichts anderes mehr. In der Schule, zu Hause, im Radio, auf der Straße. Wir lernten die niederländische Sprache alle drei sehr schnell.

Obwohl wir in der Schule wie eine Zirkusattraktion bestaunt wurden und wir uns ziemlich verloren vorkamen, war sie doch eine herrliche Ablenkung. Hier wurde normal geredet. Es wurde nicht dauernd herumkommandiert, geschimpft, geflucht und geschlagen. Zu Hause herrschte immer eine gespannte Atmosphäre. Die Freundin meines Vaters wurde oft auch ohne Grund böse. Wir versuchten, alles nach ihren Regeln zu machen, aber immer wieder entdeckte sie etwas, was ihr nicht gefiel. Sie ließ ihre schlechte Laune auf ungerechte Weise an uns aus. Vor allem an Tagen, an denen mein Vater nicht auftauchte, mussten wir es ausbaden. Sie hielt nicht damit hinter dem Berg, dass sie es eine Schande fand, dass sie für seine Kinder sorgen musste.

»Undankbares Volk, das ihr seid. Dreckige, schmutzige Läusebälger.«

Erst viel später begriffen wir, dass mein Vater bei Amma und Yasmin in Rijswijk wohnte, wenn er nicht in Scheveningen war. Für meinen Vater war es völlig normal, sich zwei Frauen zu halten. Seine holländische Freundin dachte da jedoch ganz anders. Sie war schrecklich eifersüchtig und fing an, uns mit jedem Tag mehr zu hassen. Regelmäßig wurden wir ohne Grund geschlagen. Wir mussten den Kleiderbügel, mit dem wir verprügelt wurden, selber holen.

»Meine Hände mache ich mir an euch nicht schmutzig«, sagte sie, wenn sie uns mit diesem hölzernen Bügel bearbeitete.

An die Schläge gewöhnten wir uns. Ich fühlte sie zwar, aber ich lernte mit dem Schmerz umzugehen. Was allerdings immer wieder schwer zu ertragen war, war, wenn wir unsere Haare geschnitten bekamen. Sobald unser Haar auch nur etwas länger wurde, mussten wir in der Dusche antreten. Splitternackt, zitternd vor Kälte, Angst und Erniedrigung standen wir aneinander gedrängt.

»Ihr stinkt. Eure Haare sind zu dreckig zum Anfassen«, rief die Frau, während sie uns mit groben Schnitten unsere Locken abschnitt. Wenn sie fertig war, mussten wir nackt das Badezimmer putzen. Erst wenn kein Härchen mehr zu finden war, durften wir uns wieder anziehen.

Sobald unser Vater zu Hause war, verhielt sie sich freundlicher. Ab und zu bekamen wir ein Geschenk, und sie zeigte unserem Vater die Kleider, die sie für uns genäht hatte. An ihr konnte es nicht liegen, meldete sie fast täglich. Sie versorgte uns gut, und dass wir so schlecht zu erziehen waren, konnte zweifellos nur andere Ursachen haben.

»Ist ihre Mutter auch so ein Miststück?«, fragte sie manchmal meinen Vater. Obwohl ihre Beziehung sicher besser war als die Ehe von Amma und Baba, verhielt sich mein Vater keineswegs höflich gegenüber seiner holländischen Freundin. Er war es gewöhnt, nur unterwürfige Frauen um sich zu haben und ihnen keinen Respekt entgegenbringen zu müssen. Von klein auf hatten Frauen für ihn gesorgt. Erst seine Mutter, unsere Lalli, dann seine Stiefmutter und dann Amma. Jetzt hatte er seine holländische Freundin und seine Töchter.

Eines Tages begann Baba, selber über Amma zu sprechen. Wir waren überrascht. Normalerweise hatten wir keine Antwort bekommen, wenn wir nach ihr gefragt hatten.

»Übermorgen fahre ich mit dem Zug nach Pakistan.

Amma und Yasmin begleiten mich. Wir reisen zu dritt nach Soomar Halepoto, um Lalli dort abzuholen«, erzählte er. Sie würden sicher ein bis zwei Monate wegbleiben. »Wenn wir zurückkommen«, so versprach er uns, »werdet ihr mit Amma, Lalli und Yasmin in Rijswijk wohnen. Lalli wird Amma helfen, für euch zu sorgen, und ihr könnt dort zur Schule gehen.«

Wir wussten, dass das genau das war, was Amma wollte. Der Umzug von Pakistan in die Niederlande hatte für Amma nur ein Ziel: eine bessere Zukunft für ihre Töchter. Zahida, Ayesha und ich fanden es sehr plausibel, dass Amma Lalli holen wollte, um für immer bei uns zu wohnen. Baba meinte weiter, dass er uns am nächsten Tag mitnehmen würde, damit wir Amma auf Wiedersehen sagen könnten, bevor sie nach Pakistan abreiste.

Wir waren überglücklich, dass wir Amma wiedersehen sollten. Im Bett konnten wir keine Ruhe finden. Wir waren schrecklich aufgeregt. Schnell hatte ich noch vier Zeichnungen gemacht, meine Zähne extra gut geputzt und meine Haare zweimal so lange gebürstet wie sonst. Amma sagte immer, dass langes Bürsten die Haare glänzen ließe. Und ich wusste, dass sie das sehr schön fand. Schon lange hatte ich mich nicht mehr so glücklich gefühlt. Das Gleiche galt auch für Ayesha und Zahida.

Der Abschied von Amma und Yasmin wurde ein Drama. Natürlich war sie froh, uns zu sehen. Obwohl vor allem ich durch meine Essprobleme sehr mager geworden war, sahen wir doch alle drei redlich gut versorgt aus. Nur traten ihr die Tränen in die Augen, als ihre Hand über unsere Köpfe strich. In Rijswijk erwartete uns eine Überraschung. Baba erzählte uns, dass wir während seiner Abwesenheit bei einer pakistanischen Familie wohnen würden. Amma nickte zustimmend. Sie hatte die Vorstellung, uns zwei Monate bei Vaters Freundin zu lassen, schrecklich gefunden. Ein Taxi brachte uns von der Wohnung in Rijswijk zu der pakistanischen Familie. Amma wollte sicher sein, dass wir dort abgeliefert würden. Als Baba sich um das Taxi kümmerte, sprach Amma sehr ernsthaft mit uns.

»Baba hat versprochen, Lalli, Yasmin und mich in die Niederlande zurückzubringen. Hier werden wir als Familie weiterleben, mit oder ohne Baba, das werden wir dann noch sehen.« Sie schaute Zahida an. Ich sah, dass Amma Zweifel hatte, sich Sorgen machte und Angst hatte. Obwohl sie uns immer noch alle drei ansprach, erwartete sie anscheinend am meisten Verständnis von ihrer ältesten Tochter. Sie hoffte, dass Zahida verstehen würde, dass sie selbst über die Zukunft, die sie uns soeben geschildert hatte, unsicher war. »Wenn mit euch oder mit mir etwas passiert, womit ihr euch keinen Rat wisst, dann geht zur Polizei. Zögert nicht, sondern bittet um Hilfe. Ich weiß sicher« – während sie dies sagte, hörte ich Amma schlucken, als müsste sie tief Luft holen –, »ich weiß sicher, dass alles gut werden wird, aber vergesst nicht, was ich euch eben gesagt habe.« Sie schaute Zahida weiterhin fest an und drückte ihr etwas in die Hand. Es war ein kleines Foto von Amma. Tränen rollten über Zahidas Wangen, als sie dem Foto einen Kuss gab und es tief in eine Tasche ihrer Jacke steckte.

»Ich liebe euch sehr«, sagte Amma. Wir waren das Wichtigste in ihrem Leben. Sie zog uns an sich und küsste uns.

Im Taxi sprachen wir nicht mehr miteinander. Wir saßen dicht zusammengedrängt, so wie wir auch von Schiphol nach Rijswijk gefahren waren. Das schien so lange her. Das Taxi hielt vor einem Haus. Baba machte uns ein Zeichen, dass wir aussteigen müssten. Ich hielt Ammas Hand fest.

Ein pakistanischer Mann und eine Frau standen in der Tür. Amma kannte sie nicht, war aber froh, dass es die Leute wirklich gab. Und doch konnte auch diese Familie Amma ihre Angst nicht nehmen. Weinend und schluchzend ließ sie sich schließlich zum Taxi zurückbringen. Wir weinten kräftig mit.

»Amma, bleib hier. Bleib bei uns!«

Unser Flehen hatte keinen Erfolg. Baba hatte die größte Mühe, uns im Haus zu halten und seine kleine, zarte Frau von uns zu trennen. Amma war völlig verstört. Wahrscheinlich fühlte sie, dass ihr Mann etwas im Schilde führte.

Der Aufenthalt bei der pakistanischen Familie war nur von kurzer Dauer. Es war nicht mehr als ein Theaterstück, um meine Mutter zu beruhigen. Verloren und erschüttert saßen wir bei den Menschen, die wir noch keine halbe Stunde kannten, auf dem Sofa. Wir waren vom Tumult, der das Wiedersehen und den gleichzeitigen Abschied mit Amma begleitet hatte, sehr verwirrt. Die Frau, die uns aufgenommen hatte, sagte uns, dass wir keine Angst haben müssten, wir würden bald abgeholt.

»Wieso abgeholt?«, wollte Zahida wissen.

Die Antwort stand schon vor der Tür. Die Freundin meines Vaters war gekommen, um uns mit nach Scheveningen zu nehmen. Erschreckt und ohne zu begreifen, was hier passierte, schauten wir einander an.

»Wir gehen nicht mit ihr mit«, sagte Zahida zu der pakistanischen Frau. »Baba hat gesagt, dass wir hier bleiben sollen, bis Amma zurückkommt.«

Die Freundin meines Vater verstand, worüber wir sprachen. »Aber Schätzchen, ihr müsst doch morgen wieder in die Schule?«, sagte sie in einem Ton, den wir bei ihr selten hörten. »Die Lehrerinnen in der Schule rechnen doch mit euch? Und was ist mit Waheed? Hameeda, wenn du ihn nicht zum Lachen bringst?«

Die pakistanische Frau und der Mann lachten und nickten. Die holländische Frau mochte die Mädchen wirklich, das sah man sofort. Sie erzählte, wie wichtig sie es alle drei gefunden hatten – sie traute sich nun, auch Amma in diesen Plan einzubeziehen –, dass die Mädchen so schnell wie möglich die Landessprache und holländischen Gewohnheiten erlernten. Die Praxis wäre der beste Lehrmeister, und deshalb wären die Kinder schon seit Monaten bei ihr im Haus. Voller Verwunderung schaute ich sie an und hörte ihr zu. So freundlich und sanftmütig war sie noch nie gewesen. Ich traute ihr nicht und wollte sie nicht begleiten. Auch Zahida und Ayesha arbeiteten gegen sie. Schließlich verlor sie die Geduld und schleifte uns unter Protest der Pakistani aus dem Haus hinaus.

Inzwischen war es Sommer geworden. Die Schule hatte Ferien, und wir hatten frei. Allerdings bedeutete das für uns, entweder eingeschlossen zu werden oder das Haus sauber zu machen. Außerdem hatten Ayesha und Zahida Aufgaben von der Schule mitbekommen. Die Frau setzte dem Ganzen noch die Krone auf und hörte meine älteren Schwestern jeden Abend ab. Ein Fehler oder etwas nicht zu wissen bedeutete einen Schlag mit dem Kleiderbügel und zurück ins Zimmer, bis man den Stoff fehlerfrei aufsagen konnte. Ihr freundliches Verhalten bei der pakistanischen Familie war nur eine kurzlebige Fassade gewesen. Zu Hause war sie sofort in ihre vertraute Rolle verfallen. Lichtblicke in diesen sommerlichen Wochen waren ihre Eltern. Da wir nun alle drei Niederländisch verstanden und sprachen, merkten wir, dass sich die Wortwechsel zwischen ihr und ihren Eltern immer um uns drehten. Ihre Eltern machten sich Sorgen um uns. Sie verteidigte sich immer damit, dass es für sie auch nicht einfach wäre, drei schlecht erzogene Kinder aus einem pakistanischen Armenviertel aufzuziehen.

»Ich tue alles für sie. Ich bringe ihnen bei, wie sie sich sauber halten müssen, sie bekommen Essen, Kleidung und Geschenke. Es fehlt ihnen an nichts«, hörten wir sie laut schimpfen.

»Sie vermissen ihre Mutter«, hörte ich ihren Vater einmal zu ihr sagen. »Es fehlt ihnen an Wärme, an echter Mutterliebe.«

»Daran müssen sie sich dann eben gewöhnen.« Ihre Antwort klang wie eine Drohung. Es zeigte sich, dass es mehr als eine Drohung war.

Zwei Monate später, Anfang September, kam mein Vater zurück. Zum ersten Mal in unserem Leben hatten wir uns auf seine Rückkehr gefreut. Wenn er in den Niederlanden war, dann wären wir bald wieder bei Amma, Yasmin und Lalli. Ayesha und ich liefen freudig auf ihn zu, als er zur Scheveninger Wohnung hereinkam. Wie gewöhnlich hatte er kein Auge für uns. Seine Aufmerksamkeit richtete sich auf Waheed, uns befahl er, auf dem Sofa zu warten. Dicht zusammengedrängt und mit niedergeschlagenen Augen beobachteten wir dort unsere nervösen Finger. Ihn anzuschauen war schließlich unverschämt und daher verboten. Schon bald setzte sich Baba in den Sessel gegenüber. Neben ihm saß seine Freundin mit Waheed auf dem Schoß. Mein Vater kratzte sich am Kinn. Er machte ein merkwürdiges, beinahe nervöses Geräusch. Kurz schaute ich auf.

»Ich muss euch etwas erzählen«, sprach er. »Wir haben eine schwere Reise gehabt. Schwer in jeder Hinsicht. Amma und Yasmin sind verunglückt. Ihr werdet Amma und Yasmin nie mehr wiedersehen. Sie sind tot.« Es schien, als atmete er nach dieser Mitteilung erleichtert auf.

Ich konnte nicht glauben, was ich hörte, und schnappte nach Luft. »Aber Amma und Yasmin ... und wir sollten doch ... und Lalli ...«, stotternd probierte ich, mein Unverständnis deutlich zu machen.

Auch Ayesha überhäufte ihn mit Fragen. »Aber was ist denn passiert? Und wie?«

Nur Zahida stürzte sich, ganz gegen ihre sonstige Art, mit geballten Fäusten auf ihn. »Du lügst. Du lügst. Amma ist nicht tot. Amma liebt uns. Du lügst.«

Vor Angst zitternd folgte ich den Bewegungen meines Vaters. Wir wussten alle, dass er keine Widerrede duldete. Wütend packte er Zahida und schlug sie voller Wucht ins Gesicht. Sofort erschien an der Stelle, wo die Hand meines Vaters sie getroffen hatte, ein roter Striemen. Zahida taumelte gegen das Sofa.

»Amma ist tot. Mausetot. Merkt euch das. Schreibt es euch hinter die Ohren. Ab jetzt will ich das Wort Amma in diesem Haus nicht mehr hören. Sie existiert nicht mehr. Habt ihr das verstanden?« Mit einem wilden Blick in den Augen musterte er uns. »Sie ist eure neue Mutter.«

Erschrocken schauten wir auf. Er wies auf die schreckliche Frau. Ihren siegessicheren Blick wollte oder konnte sie nicht unterdrücken. Ein unangenehmes, triumphierendes Lächeln stand auf ihren Lippen, als sie uns eine nach der anderen anschaute.

»Vielleicht solltet ihr mich dann mal Mama nennen.«

»Mama, Mama«, plapperte Waheed nach, der das Wort seit kurzem sagen konnte.

»Steht auf«, befahl mein Vater.

Zitternd standen wir auf. Ich war wie betäubt. Ich fühlte nichts, ich verstand nichts. Ich folgte nur dem Befehl. Aber dem zweiten Befehl weigerte ich mich zu gehorchen.

»Begrüßt eure neue Mutter«, sagte mein Vater. »Sagt: Guten Tag, Mama.«

Alle drei ließen wir die Köpfe hängen. Wie konnte er sich nur so etwas ausdenken – uns erst zu erzählen, dass unsere Mutter tot wäre, und dann von uns zu verlangen, diesen schrecklichen, hasserfüllten Menschen »Mama« zu nennen.

Als wir nicht schnell genug reagierten, folgten die unvermeidlichen Schläge.

Schließlich kam ein gepresstes »Tag, Mama« aus unseren Kehlen, wonach wir weinend in unser Zimmer flüchteten.

Aufwachsen in den Niederlanden

Meine deutlichste Erinnerung ist der tiefe Kummer, den ich in dieser Zeit empfand. Außerdem ergaben sich schnell hintereinander viele Veränderungen. Amma und Yasmin waren tot. Wir hatten kein richtiges Zuhause mehr. Die Freundin meines Vaters war unsere neue Mutter, und schon bald zogen wir alle sechs von Scheveningen zurück nach Rijswijk. Ein Streit zwischen meinen und ihren Eltern war der direkte Auslöser, aber inzwischen weiß ich, dass das alles schon vorher so geplant war. Mein Vater und seine Freundin hatten von Anfang vor, selbst in die komplett eingerichtete Wohnung in Rijswijk zu ziehen. Solange Amma in der Jozef-Israel-Allee gelebt hatte, wohnte sie bei ihren Eltern. Sie rechnete nicht damit, dass »Oma« und »Opa«, wie wir ihre Eltern nannten, sich mit uns beschäftigen würden. Opa und Oma waren zutiefst empört, als sie merkten, dass wir den ganzen Tag eingeschlossen in unseren Zimmern verbringen mussten. Als Opa merkte, dass wir das ganze Haus zu putzen hatten, wurde er wütend. Sobald wir im Bett lagen, fingen die Streitereien an. Opa und Oma stellten ihrer Tochter und meinem Vater viele Fragen. Sie wollten alles über das Unglück wissen, bei dem Amma und Yasmin getötet worden waren. Sie fragten nach dem unglaubwürdigen Zufall, dass mein Vater überlebt hatte. Sie fragten nach allem Möglichen. Sie trauten meinem Vater nicht und machten sich über die Zukunft ihrer Tochter mit diesem Mann, ihrem Enkel und ihrer drei Stiefenkelinnen Sorgen. Sie hatten uns neben Waheed einen Platz in ihrem Herzen gegeben. Unsere neue Mutter hatte ein aufbrausendes Temperament und konnte unerwartet aggressiv werden. Auch zu ihren Eltern. Einmal hörten wir sie rufen: »Wenn ihr euch nicht um euren eigenen Dreck kümmert, gehen wir hier weg, und dann seht ihr die Kinder, auch euren Enkel, nie mehr wieder!« Nicht viel später setzte sie ihre Worte in die Tat um, und wir zogen nach Rijswijk.

Der Umzug war keine große Sache. Die Wohnung in Rijswijk war schließlich, wenn man von einigen Kleinigkeiten absah, voll möbliert und eingerichtet. Es war sehr merkwürdig, in diese Wohnung zu kommen, in der wir, vor noch keinem Jahr, unser holländisches Abenteuer begonnen hatten. Ich bildete mir ein, dass ich Amma in der Küche sah, und rannte dorthin. Auch Ayesha und Zahida liefen sofort durch die Wohnung und suchten nach Yasmin und Amma. Noch immer akzeptierten wir nicht, dass wir unsere Mutter nie mehr sehen würden. Die Enttäuschung war groß, als wir kein Lebenszeichen von ihnen vorfanden, obwohl Yasmins Spielsachen im Laufstall lagen, als habe sie noch vor fünf Minuten damit gespielt. Ich zog ein Plüschtier durch die Gitter. Tränen stiegen mir in die Augen, als ich in dem haarigen Spielzeug den Duft von Amma und Yasmin wiederfand. Ayesha und Zahida erging es genauso. Sie standen am Kleiderschrank unserer Mutter und entdeckten, dass dort noch ein Teil ihrer farbenfrohen Kleider und unsere pakistanischen Kleider hingen. Sie drückten ihre Gesichter in den vertrauten Stoff. Mein Vater und unsere neue »Mutter« schenkten unseren Gefühlen keine Aufmerksamkeit. Mein Vater beachtete uns wie immer nicht, und sie hatte vor allem mit ihrer eigenen Eifersucht zu tun.

»So, hier hast du also mit dieser Frau gehockt«, sagte sie höhnisch zu meinem Vater, als wir alle im Wohnzimmer standen. Mit einem angewiderten Gesicht strich sie mit ihrem Zeigefinger über die Fensterbank. »Wir werden den Saustall sofort ausmisten.«

Eine gründliche Putzaktion war die Folge. Natürlich wurden wir dazu eingesetzt. Mein Vater und Waheed verschwanden von der Bildfläche. Sie selbst nahm sich den Schrank meiner Mutter vor. Die pakistanische Kleidung, die dort noch hing, stopfte sie in eine Kiste, die sie in der hintersten Ecke der Rumpelkammer verstaute. Ich beobachte, wie sie an ihren Händen roch, nachdem sie die Kleider angefasst hatte. Die Aufteilung der Schlafzimmer wurde verändert. Waheed und ich teilten uns nun Yasmins Zimmer, Zahida und Ayesha bekamen das Zimmer mit dem Doppelbett, worin wir immer zu dritt geschlafen hatten. Für die Frau und meinen Vater wurde ein großes Klappbett in die hintere Stube gestellt. In der ersten Nacht in Rijswijk wurde ich schreiend wach. Ich hatte geträumt, dass Amma noch lebte und nach mir gerufen hätte. Mit verhaltener Stimme probierte ich zu antworten, aber meine Kehle war wie zugeschnürt.

»Amma, bist du da ...«, flüsterte ich in die Dunkelheit. Es kam keine Antwort, aber ich hatte meine Mutter gesehen und wusste, dass sie noch immer über mich wachte.

Unser Leben spielte sich nun in Rijswijk ab. Die Rückkehr an die Snijder-Schule verlief problemlos. Die einzige Aufregung war Zahidas Unverständnis für unsere erneute Namensänderung. Nachdem wir nun monatelang Khan geheißen hatten, wurden wir nun wieder Hussain genannt. Das tägliche Leben folgte dem gleichen Rhythmus wie in Scheveningen. Vor der Schule hatten wir das Frühstück zu machen und aufzuräumen, nach der Schule mussten wir Wäsche waschen und andere häusliche Pflichten erfüllen, das Abendessen vorbereiten, und Ayesha und Zahida mussten Schulaufgaben machen. Der große Unterschied war nun, dass der tägliche Terror nie durch den Besuch von unseren holländischen Großeltern unterbrochen wurde. Zahida, Ayesha und ich schienen uns voneinander zu entfernen. Tagsüber waren wir vollauf beschäftigt, unsere täglichen Arbeiten so gut wie möglich zu erledigen. Aber wie wir uns auch anstrengten, jeden Tag gab es Gründe, um eine von uns zu verprügeln. Schlimmer noch als die gezielten Schläge mit den Kleiderbügeln, Stöcken und Löffeln war die eisige Stille, die im Haus herrschte. Die Atmosphäre war immer gespannt. Wir durften nicht miteinander sprechen. Die geflüsterten Gespräche im Bett waren für mich Vergangenheit, da ich das Zimmer mit dem vier Jahre jüngeren Waheed teilte. Ich kam übrigens gut mit meinem Halbbruder aus. Wir spielten zusammen, und mit ihm war ich das Kind, das ich als Fünfjährige zu sein hatte. Die Lehrerin in der Schule war von unserem Wortschatz beeindruckt. Noch vor weniger als einem Jahr verstanden wir kein Wort Holländisch, und nun hatten wir das Pakistanische fast vergessen. Meine Lehrerin war sehr lieb zu mir. Sie stellte zwar ab und zu Fragen, aber sie sprach mich nie auf Amma oder Yasmin an. Wahrscheinlich hatte mein Vater sie über den traurigen Unfall unterrichtet. Langsam, aber sicher fing ich an, Amma und Yasmin zu vergessen. Als Fünfjährige hat man die Neigung und das Vermögen, die Welt so zu akzeptieren, wie sie sich einem darstellt. Allerdings war ich auf der Suche nach einem Ausgleich zu der Herzlosigkeit und Kälte. Ich wollte eine Mutter haben, die lieb zu mir war, und wollte selbst geliebt werden. Wie herzlos sich meine Eltern auch verhielten, ich sehnte mich nach Anerkennung und Blicke voller Liebe und Stolz. Nach einiger Zeit wusste ich nichts anderes mehr, als dass diese Frau meine Mutter war. Mama – so nannten wir sie inzwischen auch.

Eines Tages bekamen Ayesha und ich auf dem Nachhauseweg von der Schule Streit. Es ging um eine Kleinigkeit. In Ayeshas Klasse hatte ein Kind Süßigkeiten spendiert, und ich wollte, dass sie diese mit mir teilte. Ayesha hatte darüber eine andere Auffassung. Ich kam heulend nach Hause und erzählte, dass Ayesha nichts abgeben wollte. Ein guter Moment für kräftige Hiebe. An diesem Tag saßen bei meiner Stiefmutter die Prügel locker, und Ayesha wurde grün und blau geschlagen. In diesem Moment wurden mir die fatalen Folgen meines Verhaltens bewusst. Ich schämte mich zutiefst und versuchte, die Frau von Ayesha wegzuziehen. Das gelang mir nicht. Stöhnend vor Schmerzen, aber vor allem wegen des Unrechts, das ihr angetan wurde, fiel Ayesha auf ihr Bett. Sobald ich die Chance bekam, ging ich zu ihr und kroch weinend zu meiner krankenhausreif geschlagenen Schwester.

»Ich schäme mich so. Ich schäme mich so, Ayesha. Das wollte ich nicht. Ich wollte doch nur ein paar Süßigkeiten. Ich schäme mich so. Hast du noch Schmerzen?«

Ayesha biss sich auf die Unterlippe. Ich sah, wie sich ihre Augen mit Tränen füllten. »Ja, alles tut mir weh. Aber weißt du, was am meisten schmerzt: dass du so tust, als wäre sie unsere Mutter. Denkst du denn nicht mehr an Amma? Träumst du nie von deiner kleinen Schwester Yasmin? Das ist doch genau das, was sie will. Siehst du denn nicht, dass sie anders ist als wir? Dass sie weiß ist. Unsere Amma hat unsere Hautfarbe. Wie kannst du nur Amma vergessen. Sie ist keine Mutter für uns. Sie hasst uns und liebt nur Waheed, ihren eigenen Sohn. Nur ihr eigenes Kind findet sie lieb, Hameeda, vergiss das nicht.«

Als dies passierte, war ich noch keine sieben Jahre alt und in der zweiten Klasse der Snijder-Schule.

Mein Vater kam in diesen Jahren jeden Abend nach Hause. Man kann nicht sagen, dass es davon gemütlicher geworden wäre. Im Gegenteil. Regelmäßig übernahm er die Kontrolle der Hausaufgaben. Am Anfang, als ich noch keine Hausaufgaben hatte, hörte ich, wie meine Schwestern einzeln von ihm im Wohnzimmer abgefragt wurden. Den Ablauf dieser Sitzungen kannte ich. Wenn ich seine strenge Stimme die erste Frage stellen hörte, lag ich völlig versteinert auf meinem Bett. Eine falsche Antwort bedeutete: Hände auf den Tisch legen und die Stockschläge in Empfang nehmen. Erst bekam man Schläge auf die Handrücken, dann auf die Handinnenflächen. Ab der ersten Klasse der Grundschule machte auch ich Bekanntschaft mit dieser Art der Züchtigung. Unsere Hände zeigten immer mehr Narben, und in der Schule blieb das nicht unbemerkt. Ayesha und Zahida wussten schon damals, dass es besser war, wenn die Lehrerinnen und Lehrer nichts von den Misshandlungen erfuhren. Außerdem schämten sie sich dafür. Mein Vater und seine Freundin wussten nur zu gut, wie sie uns davon überzeugen konnten, dass wir missratene und schmutzige Dummköpfe waren. Wenn in der Schule nach den Narben gefragt wurde, erfanden meine Schwestern immer neue Ausreden.

»Ich bin im Wald gefallen und habe mir an stachligen Zweigen die Hände verletzt«, hörte ich Ayesha einmal sagen, als der Lehrer sie auf dem Schulhof fragte, was sie denn mit ihren Händen angestellt habe. Als ich sie fragen wollte, in welchem Wald sie denn gefallen wäre, zog sie mich weg von dem Lehrer. Ich wusste nicht, dass ich die Misshandlungen besser für mich behielt, darum erzählte ich einfach, wie ich an die Narben gekommen war, als die Lehrerin mich fragte. Für mich war es die normalste Sache der Welt. Eines Tages wurden meine Eltern in die Schule eingeladen. Unsere Stiefmutter kam. Allein. Abends eröffnete sie meinem Vater, dass ich in der Schule herumposaunte, dass ich zu Hause geschlagen würde.

»Nachdem ich erzählt hatte, wie schlecht sich die Kinder hier zu Hause benehmen, verstand die Lehrerin gut, dass es ab und zu einen Klaps gibt.« Mein Vater wurde rasend, als er hörte, dass ich Familienangelegenheiten in der Schule ausgeplaudert hatte. »Was hier zu Hause passiert, geht niemanden etwas an. Du machst dich nur selbst schlecht, wenn du dein schlechtes Benehmen an die große Glocke hängst. Hast du der Lehrerin auch erzählt, dass du nie deinen Teller leer isst, immer alles umschmeißt bei Tisch und nicht weißt, wie du dich gegenüber deinem Vater zu betragen hast? He, he, weiß deine Lehrerin das auch alles? Wir werden schon dafür sorgen, dass sie alles, aber dann auch wirklich alles über euch erfahren. Und dann ist es die Frage, ob ihr auf der Schule bleiben dürft. Was dann? Was soll dann aus euch werden? Dumme Huren, das ist es, was ihr werdet. Das seid ihr jetzt schon: schmutzige, dreckige Huren!«

Mein Vater nannte mich seit dieser Zeit Murree. Es klang wie ein unsauber gesprochenes Marie. Erst Jahre später habe ich begriffen, dass er mir einen pakistanischen Namen gegeben hatte. Murree bedeutet Tod. Regelmäßig hat er mir auch den Tod gewünscht. Unter anderem auch, als die Polizei uns nach Hause brachte. Ayesha und ich mussten für die Einkäufe sorgen. Meine Mutter gab uns eine Liste und zu wenig Geld dazu. Sie überließ es uns, mit dem wenigen Geld alles zu besorgen. Beim ersten Mal ließen wir einige Lebensmittel im Geschäft zurück, wir konnten sie ja schließlich nicht bezahlen. Sie war rasend vor Wut. Wie konnten wir es uns erlauben, nicht dafür zu sorgen, dass alles im Haus war, was gebraucht wurde, wenn sie von der Arbeit nach Hause kam. Es war nicht mit ihr zu reden. Beim zweiten Mal, als Einkäufe fehlten, wurden wir geschlagen.

»Was macht ihr mit meinem Geld?«

Falsche Beschuldigungen wurden uns an den Kopf geschmissen. Schließlich ließen wir heimlich Dinge in unseren Taschen verschwinden, bezahlten einen Teil und gingen mit der gestohlenen Ware aus dem Laden. Wieder auf der Straße, rannten wir, aus Angst entdeckt zu werden, nach Hause. Einmal aber wurden wir erwischt. Der Eigentümer des Ladens hatte uns eine Weile beobachtet und dann die Polizei benachrichtigt. Auf der Straße wurden wir sofort am Schlafittchen gepackt. Wir mussten mit zur Polizeiwache. Ich beichtete die ganze Geschichte. Ayesha wusste schon, dass es zu Hause nicht geschätzt würde, wenn wir erzählten, dass wir zum Stehlen gezwungen wurden. Abends brachte man uns nach Hause. Mein Vater, der von den Diebstählen nichts wusste, war nicht da. Meine Stiefmutter war zu den Polizisten übertrieben freundlich und verhielt sich äußerst korrekt.

»Schabernack ist es, gnädige Frau«, lachte der Polizist beschönigend, »kommt in den besten Familien vor. Aber von mir aus dürfen Sie die Mädchen schon ein wenig spüren lassen, dass Diebstahl ein ernstes Vergehen ist.«

Einen Ansporn, uns zu verprügeln, brauchte sie nicht.

Es passte meinem Vater gut, uns bei einer anderen Schule anzumelden, da das Misstrauen der Direktorin und der Lehrkräfte zunahm und meinen Eltern zu gefährlich wurde. 1971 wechselten Ayesha und ich von der Snijder-Schule auf die Ottoburg-Schule; Ayesha ging schon auf die Oberschule. Obwohl wir es mit keinem Wort erwähnten, erstaunte es Ayesha und mich, dass nun wieder Lakho auf unseren Zeugnissen stand. Die Mädchen Hussain gab es anscheinend nicht mehr. Die Ottoburg-Schule war weiter von zu Hause weg als die Snijder-Schule. Für Ayesha und mich bedeutete das, viel früher aufstehen zu müssen, um unsere Hausarbeit erledigen zu können und anschließend pünktlich in der Schule zu sein. Dem ersten Schultag war eine unverblümte Rede meines Vaters vorausgegangen.

»Dank der Geschichten, die ihr selbst in die Welt gesetzt habt, wird euch der Zugang zur Snijder-Schule verwehrt. Niemand wartet auf Kinder, die lügen. Keine Eltern wollen, dass ihr Kind neben einer Lügnerin sitzt. Von jetzt ab hoffe ich, dass ihr das mickrige bisschen Verstand, der in euren dreckigen Läuseköpfen sitzt, benutzen werdet.«

Gemütlich war es bei uns zu Hause nie. Angst vor Schlägen beherrschte all unser Tun. Das Tückische daran war, dass wir nie wussten, aus welcher Ecke der Ausbruch kommen würde. Es gab Tage der Ruhe, aber wir fühlten, dass es unter der Oberfläche brodelte. Ein freundliches Wort wurde – und verlangte ich auch noch so sehr danach – immer zögernd in Empfang genommen. Die Atmosphäre war immer, Tag und Nacht, angespannt. Aber ich kannte es nicht anders. Bis ich in der Ottoburg-Schule eine Freundin fand. Sie hieß Linda, und ihre Mutter hatte einen Waschsalon. Der Waschsalon lag auf meinem Schulweg. Mittags gingen Linda und ich ein Stück zusammen. Ungefähr nach der Hälfte des Weges musste sie abbiegen und zeigte mir dann das Haus in einer Nebenstraße, in dem ihre Mutter mit Butterbroten auf sie wartete. Eines Tages fragte sie mich, ob ich sie begleiten wolle. Das wollte ich eigentlich gerne, aber meine Stiefmutter wartete auf uns. Nicht mit Butterbroten, sondern neben ihrem Fahrrad. Sobald Ayesha und ich zu Hause waren, ging sie zu ihrer Arbeit. Sie hatte eine Halbtagsstelle in einem Bekleidungsgeschäft. Wir sorgten alleine für unser Mittagessen. Und doch schaffte ich es immer wieder, kurz bei Linda und ihrer Mutter hereinzuschauen. Und dort erfuhr ich, was Gemütlichkeit bedeutete.

»Liebling, wie froh bin ich, dass du kommst«, war das Erste, das Lindas Mutter zu ihrer Tochter sagte, wenn die hereinkam. Egal, wie viel Kunden auch im Laden waren, der Begrüßungskuss ging vor. Auch mich begrüßte sie herzlich und streichelte mir über den Kopf.

»War es schön in der Schule? Hat die Lehrerin eine schöne Geschichte erzählt?« Lindas Mutter fragte mich regelmäßig, ob ich bei ihnen essen wolle, aber dann antwortete ich, dass meine Mutter zu Hause auf mich wartete, und beeilte mich, Ayesha wieder einzuholen. Manchmal ging ich nach dem Nachmittagsunterricht noch kurz mit. Dann tranken wir Tee und aßen etwas Leckeres dazu. Obwohl bei uns niemand mit Tee wartete, musste ich mich doch beeilen. Es wartete immer Arbeit, und die konnten Zahida und Ayesha nicht alleine bewältigen. Außerdem kontrollierte mein Vater ab und zu mit einem Anruf von seiner Arbeit aus, ob wir zu Hause waren. Oft genug sagte Lindas Mutter, dass ich immer willkommen sei und zu ihr kommen könne.

»Wenn du Lust hast, kannst du jederzeit kommen, liebes Kind.«

Zu Hause wurde nie so mit mir gesprochen. Ich merkte an Lindas Mutter, dass sie froh war, ihre Tochter zu sehen. Sie war stolz, wenn Linda ihre Schularbeiten zeigte. Sie war sogar stolz auf mich, wenn ich auch ein Sternchen bekommen hatte. Eines Tages war meine Mutter zur Mittagszeit zu Hause, und ich musste essen, was sie für mich gekocht hatte.

Das Essen blieb ein täglich wiederkehrendes Desaster. Fast jeden Abend wurde ich, weil ich trödelte, mit meinem Teller vom Tisch geschickt. Zur Strafe wurde ich dann in die Toilette gesperrt und musste den holländischen Brei neben dem stinkenden Klosett stehend aufessen. Manchmal kam Ayesha, um mir zu helfen. Sie gab vor, dringend pinkeln zu müssen, und aß dann zusammen mit mir den Teller leer. Oft leerten wir ihn auch kurz vor dem Spülen ins Klo. Während dieses Mittagessens führte der Streit wieder zum Erbrechen. Noch immer wurde ich gezwungen, das Erbrochene vom Tischtuch zu lecken. Während ich schluchzend in mein Zimmer rannte, erinnerte ich mich wieder an die Worte von Lindas Mutter.

»Hameeda, du bist hier immer willkommen. Komm, wenn du Lust hast, und du darfst auch gerne etwas länger bleiben.«

Im Handumdrehen hatte ich einige Kleider und mein Kuscheltier in eine Tasche gestopft. Als ich sicher war, dass die Luft rein war, rannte ich mit meiner Tasche die Treppe hinunter und zum Haus hinaus. Nach dem Nachmittagsunterricht erzählte ich Linda, dass ich an diesem Nachmittag mit ihr kommen könnte und nicht nach Hause müsste. Lindas Mutter freute sich sehr, mich zu sehen, bis sie meine Tasche mit Schlafanzug, sauberen Kleidern und dem Plüschtier sah.

»Aber Hameeda, heute Abend bringe ich dich wieder zu deinem Vater und deiner Mutter. Sie wären doch schrecklich beunruhigt, wenn ihr liebes Mädchen nicht nach Hause käme.«

»Nein, ganz gewiss nicht«, versuchte ich die Mutter meiner Freundin zu überzeugen. »Nein, sicher nicht, mein Vater findet mich dreckig, und meine Mutter sagt, dass sie uns hasst und uns nie gewollt hat. Ich möchte für immer hier bei

Ihnen und Linda bleiben. Das geht doch? Das haben Sie heute Mittag noch gesagt.« Inzwischen war mein begeistertes Geplapper in panisches Schreien übergegangen. Als ich merkte, dass Lindas Mutter noch immer dachte, dass ich einfach nur überdreht war, erzählte ich noch viel mehr. Lindas Mutter wurde feuerrot und anschließend kalkweiß. Schließlich fing ich an zu weinen und brach mitten im Waschsalon zusammen. Die arme Frau war unglaublich erschrocken und wusste sich keinen anderen Rat mehr, als die Direktorin der Ottoburg-Schule anzurufen. Nachdem sie mich und Linda beruhigt hatte, tranken wir Tee. Um sechs Uhr machte der Waschsalon zu, und wir gingen zu dritt hinaus.

»Wo gehen wir hin?«, fragte ich und schaute sie mit verweinten Augen an.

»Hameeda, hör gut zu. Du darfst immer zu uns kommen und mit Linda spielen, aber du gehörst nach Hause zu deinen Eltern. Dort wohnst du bei deinem Bruder und deinen beiden Schwestern.« Während sie sprach, lotste sie mich in die Ottoburg-Schule. Das Zimmer von Frau Van Beek, der Direktorin, stand offen, und Lachen drang durch die Tür. Mir ging durch den Kopf, dass ich Frau Van Beek noch nie hatte lachen hören. Eigentlich war sie eine griesgrämige Frau. Eine andere Stimme kam mir nicht unbekannt vor. Ich erstarrte, als ich in das Zimmer kam. Dort saß meine Mutter, offensichtlich in ein angenehmes Gespräch mit der Direktorin vertieft.

»Da haben wir ja Hameeda«, sagte Frau Van Beek in sehr freundlichem Ton, was für sie sehr ungewöhnlich war.

Auch meine Mutter zeigte sich von ihrer besten Seite und zog mich zu sich, während sie mir über die Haare strich. Erschreckt schaute ich sie an. Sie fragte: »Hameeda, warum bist du weggelaufen? Doch nicht wegen des kleinen Streits heute Mittag?« Während sie zu mir sprach, suchte ihr Blick den von Lindas Mutter. Ich sah, wie sie ihr zuzwinkerte, als sie sagte: »Hameeda hat eine merkwürdige Mutter, meine Damen. Sie muss nämlich Käse auf ihrem Brot essen. Alle anderen Kinder dürfen wählen zwischen Marmelade und Schokostreusel. Nur Hameeda nicht. Das ist doch der Grund, warum du so böse bist, Hameeda?«

Ich konnte kein Wort hervorbringen. Nun fiel mir das Sprechen in dieser Zeit sowieso nicht leicht. Eines Tages, als ich in der zweiten Klasse saß, fing ich einfach an zu stottern. Ich stotterte, wenn ich laut vorlesen und auch wenn ich mit meinem Vater oder seiner Frau reden musste. Besonders während der allabendlichen Kontrollen führte das zu Dramen. Auch jetzt brachte ich keinen Ton heraus.

Frau Van Beek gab noch ihren pädagogischen Senf über den Nutzen von Streit und Sich-wieder-Vertragen dazu, und dann konnten wir einpacken. Linda und ihre Mutter warteten betroffen vor der Schule.

Meine Mutter bedankte sich bei Lindas Mutter für ihre Mühe und entschuldigte sich für die Unannehmlichkeiten. »Sie werden vorläufig keine Last mehr mit dieser widerborstigen jungen Dame haben, gnädige Frau«, sagte meine Mutter, und während sie mir die Hand beinahe zerdrückte, gingen wir Hand in Hand vom Schulhof. Es wurde kein Wort mehr gesprochen. Zu Hause durfte ich gleich ins Bett. Am folgenden Morgen wurde ich besonders früh geweckt, um dieses Mal allein die Morgenarbeiten auszuführen. Niemand sprach mit mir. Auch meine Schwestern nicht. Alle waren wütend oder sie verhielten sich zumindest so. Ich wurde totgeschwiegen. Am Sonntag, zwei Tage nach meinem missglückten Fluchtversuch, wurde ich zu meinem Vater gerufen.

»Warum bist du weggelaufen?«, fragte er in normal unfreundlichem Ton. »Sag schon, Murree, warum?«

Warum nannte er mich nur Marie? Ich traute mich nicht, ihn zu fragen, gab ihm aber ehrlich Antwort: »Ich finde es nicht schön hier zu Hause!« Ehrlichkeit lohnt sich. Und wie. Stöcke und Kleiderbügel waren dieses Mal nicht nötig. Mein Vater gebrauchte seine Füße, um mich durchs Zimmer zu treten. Ich fiel gegen die Wand. Meine Nase schlug gegen einen Stuhl und fing an zu bluten. Er sah es nicht und trat in blinder Wut noch einmal zu. Das Blut spritzte gegen die Wand und auf den Teppich.

»Pppaaapppa, iiiich wwwwill ...« – weiter kam ich nicht.

»Du hast nichts zu wollen, dreckiges Luder. Wie oft habe ich dir gesagt, dass du mit niemand reden darfst. Du ziehst den Familiennamen durch den Dreck. Hast du denn nicht den geringsten Respekt? Du gehörst in die Gosse. Ich hätte dich, verdammt nochmal, dort lassen sollen! Schieß los, was ist denn nicht nach deinen Wünschen?«

Ich beschloss, alles zu sagen. Schlimmer konnte es doch nicht mehr werden. Die Worte sprudelten mir nur so über die Lippen. »Ich habe Angst vor euch. Ich bin nicht glücklich. Ich will liebe Eltern.«

Noch mehr Tritte und Schläge waren die Folge, dann hörte er plötzlich damit auf, zog seine Jacke an und ging aus dem Haus. Meine Schwestern und Waheed saßen wie versteinert auf dem Sofa. Die Frau stand an den Türpfosten gelehnt. Ein satanisches Lachen erschien auf ihrem Gesicht, als sie mich vom Boden aufhob. Einen Moment dachte ich, dass sie mich trösten wollte. Aber nein, mich aufzuheben hatte nur ein Ziel: mich wieder fallen zu lassen. Ich fiel flach auf den Rücken. Mein Körper hatte in Erwartung einer Liebkosung gegen ihre Brust angelegen und war auf den Schlag völlig unvorbereitet. Der Fall wurde nicht gebremst. Mein Rücken schien entzweizubrechen. Tagelang konnte ich vor Schmerzen kaum laufen. Die meisten Schmerzen fühlte ich aber in meinem Herzen. All meine Hoffnung hatte ich auf Lindas Mutter gesetzt. Sie war es gewesen, die mich eingeladen hatte. Und als ich ihr schließlich vertraut hatte, zeigte sich, dass sie um kein Haar besser war als meine Eltern. Lag es doch an mir?

Mein Fluchtversuch hatte unangenehme Folgen. Seitdem wartete Linda nach der Schule nicht mehr auf mich. Wenn ich sie rief, sagte sie, dass sie mit jemandem verabredet sei. Als ich diese Ausreden satt hatte und sie nach einer Erklärung fragte, stammelte sie, dass sie von ihrer Mutter aus nicht mehr mit mir spielen dürfe. Ihr Verhalten und die Tatsache, dass ich nicht mehr in den Waschsalon eingeladen wurde, bestärkten mich in dem Misstrauen und der Geringschätzung mir selbst gegenüber. Das Stottern verschlimmerte sich. Stotterer sind die Zielscheibe für Gleichaltrige, und natürlich wurde ich in der Klasse gehänselt. Nicht nur mein Sprachfehler, sondern auch meine fusseligen, gestopften Strumpfhosen, mein schlecht geschnittenes Haar und meine viel zu weiten Kleider waren Anlass für Quälereien. Eigentlich fühlte ich mich nirgends mehr sicher, außer bei Waheed. Die schönsten Stunden teilte ich mit ihm. Wenn ich durfte, spielte ich mit ihm. Ich war wie ein Lausbub. Kletterte auf Bäume und brachte meinem kleinen Bruder alles bei, was ich konnte. Wir hatten Spaß zusammen, und ich liebte es, mit ihm draußen zu sein. Obwohl ich es merkwürdig fand, dass er nie im Haushalt helfen musste, wir seine Unordnung aufzuräumen hatten und er selten eine Abreibung bekam, war ich doch verrückt nach ihm. Er war ein Freund, ein Spielkamerad. Zahida und Ayesha sahen besser als ich, dass Waheed vorgezogen wurde. Obwohl sie sich nicht trauten, darüber etwas zu sagen, weder zu unseren Eltern noch zu Waheed, prägte das doch ihr Verhalten ihm gegenüber.

Wir wurden Holländisch erzogen. Das heißt, wir lernten nichts über unseren pakistanischen Hintergrund. Wir wussten alles über Willem von Oranje, aber welche Sprache in unserem Heimatland gesprochen wurde, davon hatten wir keine Ahnung! Wir konnten Kartoffeln mit Blumenkohl kochen, wie man aber Maani zubereitete – niemand hatte es uns je gezeigt. Auch in der Wohnung gab es beinahe nichts, das uns an Pakistan erinnerte. Ganz selten spielte mein Vater pakistanische Musik, und ab und zu bekam er Post aus Pakistan. Ayesha sammelte Briefmarken, und mein Vater löste die schönen Bilder von den Briefen und legte sie für meine Schwester auf den Tisch. Die Briefe bekamen wir nie zu sehen. Wir wussten nicht, wer sie schrieb. Was uns allerdings noch an Pakistan erinnerte, war das kleine Foto von Amma. Ab und zu, wenn wir zu dritt allein zu Hause waren, holte Zahida das Porträt zum Vorschein. Wir stellten uns vor, wie es wäre, wenn Amma uns eines Tages abholen würde. Wir streichelten das kleine Foto und küssten es. Die gemeinsame Liebe, die wir für unsere Amma empfanden, brachte uns zeitweilig wieder näher zusammen. Es waren diese Momente, in denen wir begriffen, dass wir drei zueinander gehörten, dass wir miteinander auf eine Art verbunden waren, die mein Vater nie durchbrechen konnte. Seine Frau schien das schon zu können. Eines Tages fand sie das Foto in einer Tasche von Zahidas Jacke.

»Was hat das zu bedeuten?«, zischte sie.

Wir eilten zu ihr.

»Wie kommst du daran?«, schrie sie Zahida an.

Die erste Reaktion meiner ältesten Schwester bestand

darin, dass sie den Kopf senkte, aber plötzlich wurde ihr klar, dass diese Frau ihren wertvollsten Besitz in Händen hielt. Sie sprang zu ihr und versuchte ihr das Foto wegzunehmen. Das gelang ihr nicht.

»Gib es zurück«, schrie Zahida. »Gib Amma zurück. Es ist meine Amma, meine Mutter.«

Die Frau wurde fuchsteufelswild und zerriss das Foto vor Zahidas Nase. Hysterisch warf sie sich auf Zahida und schlug ihr auf die Augen, den Kopf und die Brust. Sie zog meine Schwester an ihren Haaren zu den Schnipseln auf den Boden. »Sammel auf! Dreckstück! Miststück!«

Die Schnipsel musste Zahida aufsammeln und unter ihrer Aufsicht im Klo wegspülen.

»So, das scheint mir der beste Platz für jemanden, der euch in die Welt gesetzt hat«, höhnte sie. »Undankbares Kinderpack. Ich versaue mein Leben, um für euch zu sorgen. Ich bekomme keine eigene Familie, weil ich das Haus mit Hurengören voll habe. Dreckige, schmutzige Schlampen.«

Jetzt hatten wir nichts mehr von Amma, aber die Erinnerung blieb. Immer öfter besuchte Amma mich in meinen Träumen. Die nächtlichen Besuche hielten sie lebendig und gaben mir die Hoffnung, dass die Zukunft anders sein könnte.

Im Lauf der Jahre war die Beziehung zwischen meinen Eltern und unseren niederländischen Großeltern mehr oder weniger wiederhergestellt. Ende 1972 heiratete mein Vater unsere Stiefmutter. Opa, Oma, Onkel Henk und Annie waren bei der Trauung anwesend. Einige Male gingen wir sonntagmittags in Scheveningen Tee trinken. Manchmal bei ihren Eltern, manchmal bei Henk und Annie. Gedrillt, wie wir waren, saßen wir dann stundenlang steif auf dem Sofa. Wir trauten uns kaum, uns zu bewegen. Vor allem Annie ermunterte uns immer wieder, nette Dinge zu tun. »Kommt, geht doch schön im Garten spielen«, sagte sie dann. Regelmäßig kaufte sie Spielzeug für mich, Kassetten für Ayesha und Zahida, und sie lehrte uns allerlei spannende Spiele. Ich fühlte mich bei Annie zu Hause. Unser Band wurde noch stärker, als sie Henk heiratete. Ich durfte Brautjungfer sein, und Maurice, Annies jüngerer Bruder, war der Brautführer. Bei Henk und Annie war es schön. Die Atmosphäre war ganz anders als bei uns in Rijswijk. Es wurde geredet, gelacht und gesungen. Für mich war es dann auch eine logische Entscheidung, mein Heil bei ihnen zu suchen, als ich mich einmal nicht nach Hause traute. Ich war zwölf Jahre alt und in der Orientierungsstufe der Schule. In meinem Zeugnis prangte zwischen Vieren, Dreien und Zweien auch eine Fünf. Das bedeutete: Schmerz! Ich traute mich nicht, zu Hause zu bleiben, und beschloss, zu meinem Onkel und meiner Tante in Scheveningen zu gehen. Aber wie sollte ich ohne Geld dorthin kommen? Laufend natürlich. Weil ich den direkten Weg nicht kannte, nahm ich die Busroute. Ich ging nachmittags um fünf Uhr weg, ohne etwas zu Zahida und Ayesha zu sagen. Ich ging von Bushaltestelle zu Bushaltestelle und wusste sicher, dass ich schließlich in Scheveningen ankommen würde. Das war auch so, aber es dauerte Stunden, bevor es so weit war. Der Bus 23 fuhr nämlich nicht direkt nach Scheveningen – was schon an sich eine ordentliche Wanderung gewesen wäre –, sondern via Voorburg, einem außerhalb gelegenen Vorort. Es wurde dunkel, und es regnete. Ich verlief mich, aber ich gab nicht auf. Um fünf Uhr morgens, zwölf Stunden, nachdem ich aufgebrochen war, stand ich bei Annie vor der Tür. Sie erschreckte sich zu Tode, als sie mich durchnässt und zähneklappernd vor der Tür stehen sah.

»Mädchen, wo kommst du denn her?« Ohne die Antwort abzuwarten, zog sie mich ins Haus und nahm mich in den Arm. Sie schob mich ins Badezimmer, stellte sofort die warme Dusche an und zog mir die nassen Kleider aus. »Was ist das?«, fragte sie erschreckt, als sie die Striemen und die Narben auf meinem Rücken und meiner Brust sah. Ich zuckte mit den Schultern. Sie fragte nicht weiter. Als wir dann zu dritt beim Tee saßen, fragte sie mich nach den Gründen für meine nächtliche Reise. Heulend erzählte ich von meinem schlechten Zeugnis und der Angst, nach Hause zu gehen. Annie sagte, dass sie doch meine Eltern informieren müsste, wo ich mich aufhielt. Zuerst wehrte ich mich noch dagegen, aber ich sah, dass es kein Entkommen gab. Mein Vater holte mich in seiner neuesten Errungenschaft ab: einem gelben Ford. Er übersah mich vollkommen. Völlig erschöpft saß ich auf der Rückbank. Bevor wir nach Hause fuhren, mussten wir bei der Polizei vorbei. Ich war am Abend zuvor als vermisst gemeldet worden. Der Polizist war freundlich. Voller Verständnis lauschte er meiner Geschichte über die Fünf im Zeugnis und meiner Angst vor einer Abreibung zu Hause. Zu meinem Vater sagte er, dass ich genau das Alter hätte, in dem solche Dinge passieren würden.

»Machen Sie sich keine Sorgen, mein Herr. Mit dieser jungen Dame wird schon alles gut werden.«

Auf dem Heimweg brummte mein Vater: »Ich bringe dich eines Tages noch um. Ich bestimme, ob du lebst, Murree. Für mich bist du Murree.«

Die Kluft zwischen meinen Schwestern und mir wurde größer. Wir waren mit dem Haushalt, den Schulaufgaben und dem Umgehen von Misshandlungen so beschäftigt, dass keine Zeit für uns mehr blieb. Wir hatten uns in uns selbst zurückgezogen. Lachen war zu Hause verboten. Sprechen ebenfalls. Nur zu den allabendlichen Verhören durften wir unsere Stimme hören lassen. Mein Vater wollte, dass wir zu den Besten der Klasse gehörten. An den Wochenenden und in den Schulferien mussten wir die Bücher mit nach Hause bringen. Alles lernten wir auswendig. Rechenaufgaben, Wörter, die Städte der Niederlande und Geschichtsdaten. Obwohl es schrecklich war, als Kind Stunden mit den Hausaufgaben zu verbringen, wusste ich mehr als die meisten meiner Klassenkameraden. Ich konnte besser buchstabieren und hatte die Rechenaufgaben, die wir in der Schule machten, schon mehrere Male zu Hause geübt. Doch letztendlich brachte mir diese begrenzte Art des Lernens in der Orientierungsstufe zu weiterführenden Schulen nichts. Ich konnte nur auswendig lernen. Zahida hatte Mühe damit. Sie musste inzwischen ganze Kapitel vorbeten können, die mein Vater dann mitlas. Trotz der Tatsache, dass Zahida älter war, durfte auch sie nie zu Freundinnen zu Besuch oder Mädchen ihrer Klasse mit nach Hause bringen. Ausgehen war natürlich völlig indiskutabel. Wir hatten keine Freunde und fühlten uns alle drei auf unsere eigene Weise völlig verlassen in der Welt. Einer Welt, in der man anscheinend niemandem vertrauen konnte. Obwohl auch ich das Vertrauen in andere und mich selbst verloren hatte, war mein Widerstandsgeist ungebrochen. Ayesha und Zahida waren im wahrsten Sinne des Wortes mürbe geschlagen. Oft stand ich in meinem Zimmer vor dem Fenster und schaute nach draußen. Ich sah Mädchen in meinem Alter miteinander kichern und Unsinn machen. Ich sah Mütter mit ihren Kindern spielen, sie liebevoll auf den Arm nehmen, sie rührend gegen sich andrückend, und, wenn es sein musste, trösten. In diesen Augenblicken vermisste ich Amma. Ich sehnte mich nach ihr. Würde sie mich vom Himmel herab sehen können?

War sie wirklich tot? Würde ich sie nie wieder sehen? Lange hielt ich mich mit diesen Gedanken nicht auf. Trotzdem war ich davon überzeugt, dass das Leben anders sein konnte als bei uns zu Hause. Zahida vergeudete ihre Jugend, sie war neunzehn und durfte nichts. Die vierzehnjährige Ayesha hatte keinen Widerstand mehr. In mir brannte die Hoffnung auf ein anderes Leben. Wo ich das finden sollte, wusste ich nicht. Dass ich aber auf die Suche gehen würde, wusste ich sicher.

Der Bruch

1975 zogen wir aus dem Mehrfamilienhaus in eine Maisonettewohnung in einem neu errichteten Hochhaus am Rand von Rijswijk. Wir wohnten in der zweiten Etage. Jede Wohnung hatte einen eigenen Eingang, den man über eine Galerie erreichte. Das Wohnzimmer war in violetten und weißen Farbtönen eingerichtet, und unsere Zimmer hatten die bestimmenden Farben der siebziger Jahre: Braun und Orange. Auf den karierten Gardinen meines Zimmers war hier und da der Kopf eines fröhlichen Löwen aufgedruckt, der sich während meiner Albträume häufig in ein Angst einflößendes Monster verwandelte. Umziehen bedeutete die Schule wechseln, und dazu hatte ich keine Lust, denn es sollte mein letztes Jahr in der Orientierungsstufe sein. Schließlich verlief aber alles ohne Probleme. Die Ottoburg-Schule war vertraut, aber wirklich glücklich war ich dort nie gewesen, und ich hatte seit Linda keine Freundin mehr gehabt. Ich war eine Außenseiterin, und wenn ich mit jemandem Kontakt suchte, waren das die schwächeren Kinder der Klasse. Die beliebten Jungen und Mädchen interessierten sich nicht für mich, und ich dachte nicht im Traum daran, mich ihnen zu nähern. Mein Vater hatte erreicht, dass ich an einem tief sitzenden Minderwertigkeitskomplex litt. Ich wusste mir nicht zu helfen, ich sah in den Kleidern, die seine Frau für uns nähte oder kaufte, merkwürdig aus, und mein stachliges Haar glich in keiner Weise dem anderer Mädchen. Außerdem schämte ich mich entsetzlich für Haare, wo ich sie nicht haben wollte. Auf meiner Oberlippe wurden schwarze Härchen sichtbar, und auch auf meinen Armen und Beinen erschien deutlich ein schwarzer Flaum. Ich fand alles an mir hässlich, und es drang in der Unterstufe nicht zu mir durch, dass es auch anders sein könnte. Auf der Rijswijker Öffentlichen Schulgemeinschaft (ROS) meiner weiterführenden Schule begriff ich das sehr schnell. Aus einem folgsamen Grundschulkind entwickelte ich mich zu einer rebellierenden heranwachsenden Jugendlichen. Ich nahm alles wahr: die Mädchen aus den höheren Klassen, die langes Haar hatten und sich schön und herausfordernd kleideten. Ich ähnelte ihnen nicht, wollte mich aber nur zu gerne in ihrem Licht sonnen. Aber ich brauchte gar nicht bei den älteren Schülerinnen nach einem Vorbild zu suchen. Auch in meiner Klasse saß ein Mädchen, das all das besaß, was mir fehlte. Sie hatte lange, rotbraune Haare, trug modische, passende Kleider und wurde von allen beachtet. Francis hieß sie. Und Francis wurde meine Freundin. In meinen zwölfjährigen Augen war sie die auffallendste, einnehmendste und eigensinnigste Persönlichkeit von allen Schülern der Orientierungsklassen zusammen. Außerdem war sie sehr lustig. Ich musste immer schrecklich lachen, wenn sie etwas sagte, und, so erzählte sie mir später, es war mein ansteckendes Lachen, was sie zu mir hinzog. Wir hatten beide ziemlichen viel Mut, nur bei mir war er tief vergraben.

Zu Hause wurde die Situation nicht besser. Mein Vater und seine Frau ärgerten sich schon Jahre über die sexuelle Entwicklung von Zahida und Ayesha. Nun, da auch ich meine Menstruation bekam und Brüste entwickelte, hatte mein Vater ganz und gar das Gefühl, in einem Haus voller Huren zu wohnen, wie er uns täglich nannte. Er hat uns nie sexuell missbraucht, wohl aber eingeschüchtert. Schon ab meinem neunten Lebensjahr warf er mir, während er mich mit einem

Stock, einer Kette oder einem Riemen auf meine nackten, intimsten Körperteile schlug, die obszönsten Bemerkungen an den Kopf. Zahida und Ayesha ging es nicht besser. Warum? Ich weiß es nicht. Erst in den letzten Jahren bin ich zu der Einsicht gekommen, dass wir nur die Opfer seiner Aggression waren; wir waren nie die Ursache.

»Ich schneide deine Fotze ab«, rief er manchmal, wenn er mich zusammenschlug, weil ich meine Hausaufgaben nicht fehlerlos aufsagen konnte oder die Milch verschüttet hatte. Er konnte völlig außer sich geraten, wenn ich meine Beine nicht eng zusammen hielt, während ich zum Beispiel Fernsehen schaute oder mit Waheed Quartett spielte. Mit einem fanatischen Blick hob er dann seinen Mittelfinger in die Luft. Das war für mich das Zeichen, meine Beine zusammenzuklemmen, aber die Gebärde an sich hatte für mich keinen Inhalt. Ich verstand nichts davon. Er meinte sicher, dass ich schmutzig, dreckig und minderwertig war. Bestrafungen waren die Folge. Tausendmal musste ich in ein Heft schreiben:

Ich muss meine Beine zusammenhalten.
Ich darf nicht lügen.
Ich muss mich benehmen.
Ich muss gehorchen.

Und wenn auch nur ein Fehler in den Zeilen stand, hagelte es Schläge. Aber Schläge konnten meinen Widerstandgeist nicht mehr zähmen. Seit der Wanderung nach Scheveningen hatte sich für immer etwas in mir verändert. Inzwischen war ich davon überzeugt, dass wir auch geschlagen würden, wenn wir keine Fehler machten. Man wusste nie, woran man bei meinen Eltern war. Manchmal saß ich in meinem

Zimmer, las ein Buch und hörte dann meine Stiefmutter die Treppe heraufkommen. Ein Buch lesen durfte und musste man, in meinem Zimmer sitzen war auch in Ordnung, und trotzdem schaute ich mich, wenn ich ihre Schritte hörte, panisch um, was in ihren Augen möglicherweise falsch sein könnte. Obwohl die meisten Schläge meine Schwestern und mich trafen, musste auch Waheed regelmäßig daran glauben. Sie schlug ihren Sohn nicht, aber mein Vater reagierte seine Aggressivität auch an ihm ab. Zum großen Bestürzen und Entsetzen meiner Stiefmutter, die sich immer für ihren Sohn einsetzte. Ich habe nie gesehen, dass mein Vater seine Frau geschlagen hätte.

Aber im Haus herrschte immer eine eiskalte Atmosphäre, es wurde kaum gesprochen, lang anhaltendes Schweigen wurde höchstens von plötzlich aufflammenden Streitereien unterbrochen. In materieller Hinsicht vermissten wir jedoch nichts. Zu Nikolaus, Weihnachten und unseren Geburtstagen bekamen wir, genau wie andere Kinder, Geschenke. Ich war darüber froh; Zahida und Ayesha aber ließen sich nicht ködern und zeigten niemals Dankbarkeit. Von Weihnachten blieben mir nur die Stunden andauernder Stille in Erinnerung. Wir schauten dann »gemütlich« zusammen Diskussionssendungen im Fernsehen an. Todlangweilig für Kinder. An Silvester frittierte meine Stiefmutter Krapfen. Ich fand das schrecklich. Das Küchenfenster stand sperrangelweit offen, und wir mussten, als ihr persönliches Personal, Handreichungen leisten.

»Löffel, Mehl, Sieb!«, kommandierte sie, ohne uns anzuschauen. Gemütliche Momente gab es nie. Bei Francis war das anders. Ihre Mutter wartete immer mit dem Tee, wenn wir von der Schule kamen.

Francis und ich entwickelten uns zu professionellen

Schuleschwänzern. Wir hatten uns ein schlaues System ausgedacht, wodurch wir nur selten als fehlend eingetragen wurden. Kein Hahn krähte danach, und unsere Eltern ahnten auch nichts. Wir verschwanden im Einkaufszentrum nahe der Schule, und Francis lehrte mich, wie ich Make-up und andere, bei Mädchen beliebte Artikel stehlen konnte. Ich war ein guter Lehrling. In ihrem Zimmer bei ihr zu Hause verteilten wir die Beute. Wir schauten uns an, wer was gestohlen hatte. Letztendlich blieb alles bei Francis, denn ich traute mich nicht, es mit nach Hause zu nehmen. Man musste sich nur vorstellen, dass meine Stiefmutter oder mein Vater das Zeug finden würde! Wir schminkten uns mit Lippenstift, Rouge und Mascara, um es, bevor wir in die Schule gingen, wieder wegzuwischen. Ich durfte ihre Kleider anprobieren und entdeckte, wie anders und schick auch ich aussehen konnte. An Jungen war ich nicht interessiert. Ich war zu sehr mit mir selbst und meinem Äußeren beschäftigt. Zusammen mit Francis klaute ich eines Tages eine phantastische schwarze Hose mit einem silbernen Streifen auf den Seitennähten, die meine Stiefmutter mir nie gekauft hätte. Diese Hose versteckte ich in unserem Fahrradschuppen. Meine Mutter kaufte oder nähte unsere Kleidung und legte sie uns immer zurecht. Sonntagabends gab es einen Stapel für Montag, Dienstag und eventuell Mittwoch. In der Wochenmitte lieferten wir unsere dreckige Wäsche ab und bekamen dann eine neue Garnitur für den Rest der Woche. Meine Kleider wurden kaum noch schmutzig, denn ich zog mich immer öfter, bevor ich aufs Fahrrad stieg, im Fahrradschuppen um. Das langweilige Trägerkleid und die zu kleine, gestopfte Strumpfhose wurden durch eine Jeans – mein schönstes und wertvollstes Kleidungsstück – und der altmodische Pullover durch eine auffallende Bluse oder ein frisch gebügeltes weißes Oberhemd meines Vaters, das mir bis zu den Knien reichte, ausgetauscht. Die gelbe Pudelmütze wurde versteckt, und wir machten, dass wir wegkamen. Ayesha beteiligt sich oft an diesen Aktionen. Manchmal gelang es uns nicht, uns zu Hause umzuziehen. In diesem Fall fungierte Francis als meine Umkleidekabine, und ich wechselte in einer Ecke des Schulhofes mein Outfit. Ich war es satt, immer in den merkwürdigen Kleidern, die meine Stiefmutter mir aussuchte, herumzulaufen. Ich wollte ein normales zwölf-, fast dreizehnjähriges Mädchen sein und so aussehen wie alle anderen auch. So konnten Ayesha und ich zumindest in der Schule auftauchen, ohne das ständige Ziel unzähliger Hänseleien zu sein. Es blieben aber noch genug Gründe übrig, uns zu ärgern. Ich stotterte noch immer sehr stark, und Ayesha war völlig in sich gekehrt. Während der Pause versteckte ich mich oft zwischen den Jacken in der Garderobe. Mit Ayesha hatte ich auf dem Schulhof selten Kontakt; aber ich entdeckte oft ihre ausgetrockneten Butterbrote im Abfalleimer auf dem Klo. Ich lächelte dann und wusste, dass auch sie das Brot, von unserer Stiefmutter lieblos geschmiert, nicht aß. Ayesha ging inzwischen in die zehnte Klasse, und sie war eine gute Schülerin. Bei mir ging es um einiges schlechter. Obwohl ich gut auswendig lernen konnte, hatte ich nicht verstanden, dass es daneben noch so etwas wie Einsicht gab. Ich kam im Unterricht nicht mehr mit und war meist schlecht vorbereitet. Nicht, dass ich mich geweigert hätte, meine Hausaufgaben zu machen, aber die Pflichten, die unsere Eltern uns aufbürdeten, erforderten so viel Zeit und Energie, dass ich nach zehn Stunden nicht mehr dazu kam, meine Hausaufgaben zu machen. Neben der üblichen Hausarbeit, an die wir schon seit frühester Jugend gewöhnt waren, arbeiteten wir nun auch noch im Geschäft meiner Eltern. 1974 hatten sie einen Waschsalon gekauft. Von Zahida, Ayesha und mir wurde erwartet, jede freie Minute und auf jeden Fall am Samstag zu helfen. Finanziell ging es meinen Eltern gut. In dieser Zeit kaufte mein Vater auch ein großes Haus, dessen Zimmer er vermietete. Das Gebäude musste gestrichen und sauber gemacht werden. Selbstverständlich, dass wir dazu eingesetzt wurden. Der Gedanke, uns zu weigern, kam uns nicht in den Sinn. So rebellisch und übermütig ich in der Schule und außerhalb wurde, so folgsam verhielt ich mich zu Hause. Aber durch all die Arbeit wurde die Schule immer mehr in Mitleidenschaft gezogen. Das Schlimmste und Peinlichste für mich war, wenn ich vor der Klasse stand und anfing zu stottern. Dann lieber schwänzen, das war weniger schlimm. Klassenarbeiten mit Fünfen und Sechsen und eventuelle Entschuldigungen unterschrieb ich selbst. Ich fälschte einfach die Unterschrift meines Vaters. Am Ende der sechsten Klasse flog diese Taktik auf. Mein Vertrauenslehrer besuchte uns zu Hause. Es war ein schrecklicher Tag. Zahida hatte gerade erfahren, dass sie ihre Hauptschulabschlussprüfung nicht bestanden hatte, und mein Lehrer hatte nicht erwartet, dass es für meinen Vater eine Überraschung sein würde, dass ich sitzen blieb.

»Was? Was ist mit Hameeda los? Sie macht sich nicht gut in der Schule? Sie hätte immer prima Noten, sagt sie?«, fragte er überrascht.

Der Lehrer hatte unser Haus noch nicht richtig verlassen, als das Donnerwetter losbrach. Blaue Flecken, Beulen, ein geschwollenes Gesicht, aufgeplatzte Lippen hielten mich die darauf folgenden Tage im Haus. Niemand durfte ja sehen, wie ich aussah. Abends im Bett sagte ich zu Ayesha: »Ich gehe weg. Ich bleibe hier nicht länger. Ich kann es nicht mehr ertragen. Kommst du mit? Wir müssen Hilfe suchen, nur weiß ich nicht, wo. Die Polizei glaubt uns nicht. Wir müssen wirklich weg, Ayesha. Wir müssen weg, bevor etwas Schlimmeres mit uns passiert.«

Ayesha antwortete kaum. Das Einzige, was ich sie unter ihrer Decke murmeln hörte, war: »Ich habe solche Angst. Solche Angst.« Aber Angst hatte ich schon lange nicht mehr. Wenigstens nicht wirklich, denn schlimmer als bei uns zu Hause konnte es doch nicht mehr werden. Weil ich für alles bestraft wurde, verlor ich das Gefühl für Gut und Böse. Und obwohl wir in gewisser Weise zu »braven« Frauen erzogen wurden, fehlte mir jegliche Vorstellung von Normen, Werten und Regeln. Nie gab es Belohnungen. Immer nur Strafen. Was war gut? Existierte so etwas wie gut? Das Gefühl dafür, dass man manche Dinge nicht tun sollte, weil man damit andere Leute benachteiligte, war bei mir nicht entwickelt. Ich brauchte Geld, um fliehen und überleben zu können, und dachte mir spielerisch Methoden aus, wie ich an welches herankommen konnte.

So beschloss ich eines Tages, Geld zu sammeln. Das Hochhaus, mit all den Türen nebeneinander, schien mir ein guter Anfang. Es war weniger schwer, als ich gedacht hatte. Ich klingelte und fragte: »Haben Sie etwas Geld für arme Kinder?« Neun von zehn Menschen fragten nicht lange und schmissen eine Münze in meine selbst gemachte Sammelbüchse. Manchmal wurde mir die Tür vor der Nase zugeschlagen. Jemand witterte Unfug und rief die Polizei an, um zu fragen, ob es stimmte, dass für nicht näher bestimmte arme Kinder gesammelt würde. Die Polizei war schnell zur Stelle. Ich erschrak fürchterlich, als ich die Sirene hörte. Eilig stiegen zwei Polizisten aus dem Auto und schauten sich das Hochhaus an. Einer der beiden hatte mich schon bald auf der Galerie entdeckt. Er befahl mir, nach unten zu kommen, während der andere dem rechten Eingang vom Hochhaus zustrebte. Einem Impuls folgend, rannte ich zur linken Seite. Es kostete sie noch einige Mühe, mich zu fangen. Ich rannte von oben nach unten durch das Treppenhaus, von einem Aufzug zum andern. Unterwegs warf ich die Sammelbüchse weg. Aber schließlich lief ich ihnen direkt in die Arme. Ich wurde roh gepackt und nach Hause gebracht. Mein Vater war wütend. Ich war anscheinend nicht zu kontrollieren und verschlimmerte die Situation zu Hause, sagte er. Nun, wo ich auch noch in Kontakt mit der Polizei kam, war für ihn das Maß voll. Ich musste vorläufig weg.

Mein neues Zuhause wurde Scheveningen. Ich wurde bei meiner Stiefgroßmutter gefangen genommen, die schon lange nicht mehr die liebe Oma von früher war. Nun, da wir nicht mehr länger die folgsamen Kinder mit den großen braunen Augen waren, stand sie hinter ihrer Tochter und fand, dass wir hart angepackt werden müssten. Ihr Mann war inzwischen gestorben, aber sie wohnte noch immer in dem Haus, wo wir die ersten Stunden unserer Gefangenschaft erlebt hatten. Auch jetzt wurden alle Fenster und Türen abgeschlossen. Sie würde mich schon lehren zu gehorchen. Sie wusste, wie man entgleiste Jugendliche wieder unter Kontrolle bekam. Mit Härte und Strenge. Ohne Mitleid. Kein Mensch dachte daran, dass Liebe und Verständnis vielleicht der Schlüssel zum gewünschten Verhalten sein könnten. Als meine Großmutter eines Tages Einkäufe machte, sah ich, dass der Schlüssel in der Eingangstür steckte. Ich flüchtete zu Annies Mutter, die auch in Scheveningen wohnte und bei der ich immer gefühlt hatte, dass sie mich und meine Schwestern gerne mochte. Annies Mutter empfing mich mit offenen Armen und bot mir ein Dach über dem Kopf. Wie sie es regelte, weiß ich nicht, aber ich durfte ein paar Wochen bei ihr bleiben. Sie wohnte in einem großen Herrenhaus am Meer. Die Aussicht war endlos, und die Möwen gaben mir ein Gefühl der Freiheit. Ihr jüngster Sohn, Maurice, war in meinem Alter, und mit ihm zusammen hatte ich in diesem Sommer viel Spaß. Wir redeten, lachten, gingen in die Stadt und zum Strand. Es wurden die schönsten Wochen meines Lebens. Annies Mutter ignorierte alle schlechten Geschichten, die sie über mich zu hören bekam. Sie und auch Annie wussten, dass bei uns zu Hause etwas nicht stimmte. Mein Vater behielt mich im Auge. Jeden Tag nach der Arbeit saß er Stunden in seinem Auto vor der Wohnung und wartete darauf, dass ich herauskomme.

»Drin bleiben, Hameeda«, sagte Annies Mutter dann. »Er steht wieder da, geh mal ein bisschen vom Fenster weg.« Sie wusste, dass ich eines Tages nach Hause und zur Schule zurück musste, aber sie gönnte mir die Zeit, um wieder zu Atem und zu Kräften zu kommen. Und die Energie hatte ich dringend nötig. Eines Tages hörte ich sie am Telefon sagen: »Solange sie hier ist, kann er sie auf jeden Fall nicht schlagen. Er ist schlau genug, um sie hier nicht umzubringen. In Pakistan hätte man dafür vielleicht Verständnis. Dort dürfen Männer ja alles. Aber hier wird er damit wirklich nicht durchkommen.«

Schließlich rückte das Ende der Sommerferien näher, und ich musste nach Hause zurück. Zum ersten Mal hatte ich erfahren, wie schön ein Sommer ohne Angst und Terror sein konnte.

Im August ging ich zurück zur ROS und begann zum zweiten Mal mit der Orientierungsklasse der weiterführenden Schule. Francis saß in einer anderen Gruppe, und es boten sich daher weniger Gelegenheiten, gemeinsam etwas zu machen. Es lief gut in der Schule. Mein erstes Zeugnis zierte sogar eine dicke Eins in Englisch. Im Dezember begann es zu frieren. Eines Tages war der Weg spiegelglatt. Es fuhren kaum Busse und Autos, und Ayesha und ich radelten vorsichtig zur Schule. Als wir ankamen, stellte sich heraus, dass die Schule geschlossen war. Wir hatten »eisfrei« und durften nach Hause.

Francis tauchte hinter mir auf. »Komm mit«, rief sie enthusiastisch, »hol schnell deine Schlittschuhe, dann gehen wir alle zusammen.«

Ich zögerte keine Sekunde. Ich schaute mich noch nach Ayesha um, aber die war nirgends mehr zu sehen. Kurz dachte ich noch, dass ich mich eigentlich im Waschsalon melden müsste, aber schnell schob ich diesen unangenehmen Gedanken weg. Ich holte meine Schlittschuhe, und wir hatten einen tollen Tag. Gegen Abend kam ich mit roten Wangen und glänzenden Augen nach Hause.

Mein Vater verhielt sich auffallend freundlich. »Schönen Tag gehabt?«

Ich nickte folgsam. Noch immer war es uns verboten, ihn anzuschauen, wenn er etwas zu uns sagte.

»Es ging also gut in der Schule?«

Ich dachte nicht im Traum daran, dass er Bescheid wissen könnte. »Es ging sehr gut«, meldete ich munter. Und, übermütig geworden, dachte ich mir eine Geschichte über die Geographiestunde aus. Mein Vater führte dieses Gespräch sicher noch zehn Minuten weiter, ließ mich voll in die Falle laufen, und ich log munter drauflos.

»Du lügst, dreckige, faule Missgeburt. Du lügst. Murree bist du. Murree. Ayesha, erzähl deiner Schwester, wo du heute warst!«

In diesem Moment begriff ich, dass ich mit offenen

Augen in mein Unglück gelaufen war. Ayesha druckste herum, wollte nichts sagen, probierte mich zu beschützen, aber das Unheil war schon geschehen. Ayesha war zum Waschsalon geradelt und hatte dort den ganzen Tag geholfen. Ich war nicht aufgetaucht und log nun auch noch zu Hause, dass es ein Tag wie jeder andere gewesen sei. Büßen musste ich. Als ich endlich, grün und blau geschlagen, im Bett lag und vor Schmerzen nicht wusste, wie ich mich drehen sollte, durchströmte mich, verrückt genug, ein Glücksgefühl.

»Mich bekommst du nicht klein«, flüsterte ich leise vor mich hin. »Ich hasse euch.«

Immer noch schnitt unsere Stiefmutter uns die Haare. Es blieb eines der am meisten erniedrigenden Rituale. Eine nach der anderen mussten wir nackt im Badezimmer erscheinen. Unablässig schimpfend schnitt sie uns rechts, links, wo immer sie mit der Schere auch traf, unsere Locken ab. Wir weinten dabei. Jeder Teenager machte sich Sorgen um seine Haare, sucht mit Sorgfalt den Frisör aus und will, dass so wenig wie möglich von seiner Haarpracht abgeschnitten wird, und wir wurden jeden Monat mutwillig gestutzt. An diesem Abend war es wieder so weit. Zahida war schon an der Reihe gewesen. Ich saß mit ihr im Wohnzimmer auf dem Sofa und schaute »Top-Pop«, aber wie laut wir den Fernseher auch stellten, Ayeshas Weinen war zu hören. Nach einiger Zeit kam meine Stiefmutter nach unten und ließ sich auf das Sofa fallen. Mit einem kurzen Kopfnicken befahl sie mir, nach oben zu gehen.

»Ausziehen und im Badezimmer erscheinen!«, kommandierte sie. Träge und widerwillig ging ich die Treppe nach oben. In unserem Zimmer lag Ayesha noch auf dem Bett und schluchzte, während ihre Finger über den Kopf strichen, um zu fühlen, was von ihrer Frisur noch übrig geblieben war. Auf einmal dachte ich: Ich will das nicht. Ich frage einfach, ob ich mein Haar wachsen lassen darf. Ich fand dies einen fabelhaften Plan. Noch nie war mir der Gedanke gekommen, dass ich sie einfach fragen konnte, ob sie meine Haare einmal nicht schneiden könnte. Nach außen ruhig, aber innerlich zitternd vor Aufregung ging ich die Treppen hinunter.

»Darf ich etwas fragen?«, begann ich mit lieber, aber gequetschter Stimme.

Sie drehte den Kopf uninteressiert in meine Richtung, zog ihre Augenbrauen hoch und schaute mich fragend an.

»Mami, darf ich vielleicht meine Haare wachsen lassen, bitte?«

Ihr uninteressierter Blick veränderte sich in einem Augenblick. Sie wurde böse. Wütend. Ich erkannte den Blick sofort, drehte mich um und rannte in mein Zimmer. Ayesha lag noch weinend auf dem Bett und schaute kaum auf, als ich hereinstürmte. Ohne etwas zu sagen, packte ich meine Sparbüchse vom Schreibtisch, rannte die Treppe hinunter, und ohne an eine Jacke zu denken stürzte ich aus dem Haus. Vor der Eingangstür standen die Stiefel mit hohen Absätzen meiner Stiefmutter. Ich nahm sie mit und rannte weiter.

Hinter mir hörte ich sie aus der Tür schreien: »Haltet sie auf. Greift sie.«

Ich hörte Schritte hinter mir und rannte, so schnell ich konnte. Ich war in Windeseile unten im Fahrradschuppen und versteckte mich in der hintersten Ecke. Ich hatte keine Ahnung, was ich tun und wo ich hin sollte, aber hier konnte sie wenigstens nicht an mein Haar kommen. Ich keuchte und hatte das Gefühl, als könnte man mein Herzklopfen im ganzen Hochhaus hören. Ich fühlte mich gehetzt. Dann hörte ich Schritte in der Nähe des Schuppens. Es waren meine Stiefmutter, Waheed und meine Schwestern. Ich hörte sie reden. Ganz vorsichtig verkroch ich mich noch weiter hinter die Fahrräder. Die Tür des Schuppen ging auf – Knall! – und wieder zu. Die Schritte kamen näher. Ich hielt meinen Atem an. Dicht vor den Fahrrädern, hinter denen ich mich versteckte, stoppten die Schritte. Mir stockte der Atem, mein Herz klopfte nicht mehr, alles Leben schien aus meinem Körper gewichen zu sein. Es war unheimlich still. Dann hörte ich wieder Schritte und jemand sagte: »Hier ist niemand.« Mit einem Knall fiel die Tür zum zweiten Mal ins Schloss. Wieder war es still. Ich rührte mich nicht und blieb mindestens eine Stunde stocksteif sitzen. Es war Dezember, es regnete, und ich saß in einem dünnen Pullover ohne Jacke in einem zugigen Schuppen, aber ich fühlte die Kälte nicht. Nach einiger Zeit traute ich mich, meine Beine zu strecken. Ich wollte weg. Wohin wusste ich nicht, aber ich wollte weg aus Rijswijk. In einer großen Stadt wie Den Haag würden sie mich nicht finden. Vom Fahrradschuppen aus rannte ich zu dem Wäldchen an der Hinterseite des Hochhauses. Durch das Wäldchen konnte ich unbemerkt aus der Sicht des Hochhauses verschwinden.

Ich lief in Richtung Innenstadt von Rijswijk. Es war ein verkaufsoffener Abend. Das traf sich gut, denn nun konnte ich das Schloss meiner Sparbüchse auf der Bank öffnen lassen. Mit siebenundzwanzig Gulden in der Tasche nahm ich den Bus nach Den Haag. Das war eine nette Stadt. Die Dezemberbeleuchtung verbreitete eine besondere Atmosphäre, und im Kaufhaus war es angenehm warm. Gegen neun verließ ich mit einem Strom Menschen das Warenhaus. Wie von selbst kam ich zum Hauptbahnhof, und es erschien mir logisch, dass ich so weit wie möglich von Rijswijk wegkommen musste. Ich kaufte eine Fahrkarte nach Amsterdam und ging, nach den Anweisungen einer freundlichen Dame, so schnell ich konnte in viel zu großen Stiefeln zum Bahnsteig. Im Zug suchte ich einen Platz in der Ecke beim Fenster und starrte unablässig nach draußen in die Dunkelheit. Ich fühlte, dass mich die Menschen anschauten, aber ich tat, als bemerkte ich es nicht. Auf dem Amsterdamer Hauptbahnhof stieg ich aus. Es waren noch immer Menschen auf der Straße. Ich hielt mich weiter im Bahnhof auf. Wo sollte ich hin? Ich war noch nie allein in Amsterdam gewesen und kannte hier niemanden. Ich fühlte mich wie in Trance. Ich war müde, und mir war kalt, aber ich wollte in keinem Fall nach Hause. In einem Wartesaal auf einem der Bahnsteige weinte ich mich in den Schlaf. Ein schrecklicher Albtraum ließ mich schreiend aufwachen. Ich hatte geträumt, dass ich von meinem Vater und seiner Frau verfolgt würde. Sie schrie an einem Stück: »Sie muss sterben. Ermorde sie!« Das Einzige, was ich in der Dunkelheit sehen konnte, war das Aufblitzen der scharfen Schneide eines Messers, das mein Vater in der Hand hielt. Und wenn das Messer aufblitzte, sah ich genau in seine blutunterlaufenen, aggressiven Augen. Ich wurde durch meinen eigenen Schrei wach und schaute mich ängstlich um. Ich war allein. Im Bahnhof war es still. In meinen Ohren hallte noch mein eigener Schrei. Ich war steif vor Kälte, fühlte aber zur gleichen Zeit, wie mir der kalte Schweiß ausbrach. In dem Abfalleimer neben der Bank sah ich ein halb aufgegessenes Käsebrötchen. Ich nahm es mit und begab mich auf die Suche nach dem Ausgang. Nun war es still auf der Straße. Es gab niemanden, der auf mich achtete oder der mir lästig werden konnte. Gegenüber vom Bahnhof fuhren einige Autos vorbei, und hier und da brannte noch Licht in den hohen Häusern. Ich lief auf die Häuser zu, stieg die Treppe eines Mehrfamilienhauses hinauf und sackte in einer Ecke in mich zusammen. Ich war vierzehn Jahre alt und fiel wie ein Landstreicher auf dem kalten Beton in einen tiefen, ruhelosen Schlaf.

Ich befand mich noch immer in einem tranceähnlichen Zustand und hatte das Gefühl für Zeit und Raum verloren. Als es hell wurde, machte ich mich wieder auf den Weg. Nachdem die Geschäfte wieder geöffnet waren, suchte ich die Wärme der Kaufhäuser. Irgendwo stahl ich eine Jacke, denn in dem dünnen Pullover, den ich trug, konnte ich es unmöglich mehrere Tage aushalten. Ich trank Wasser in öffentlichen Toiletten, fischte mein Essen aus Abfalleimern, schlief unter Torbögen, trieb mich in Geschäften und auf Parkbänken im Zentrum Amsterdams herum. Als ich an einer Bushaltestelle saß, sprach mich eine Frau an. Ich zitterte vor Kälte. Sie fragte mich, wo ich herkäme und wo ich hin wollte. Ich traute mich nicht, ihr zu antworten. Ohne aufdringlich zu sein, fragte sie weiter, und nach einer Weile flüsterte ich: »Ich bin von zu Hause weggelaufen.« Sparsam erzählte ich, dass ich absolut nicht dorthin zurück wollte. »Ich weiß nicht, wo ich hin soll. Die Polizei glaubt mir nicht. Alle bringen mich immer wieder zu meinen Eltern. Ich weiß nicht mehr, was ich tun soll.« All das hatte ich nur leise vor mich hin gemurmelt, aber durch das Reden schien ich ein wenig aus meiner Trance, in der ich mich Tage lang befunden hatte und die mich gegen alle Ängste und alles Übel beschützt hatte, aufzutauchen. Die Frau legte ihren Schal um meine Schultern und nahm mich mit zur Straßenbahn.

»Wir gehen zum JAC [Jongeren Advies Centrum, Jugendberatungszentrum], einem Haus für Kinder wie dich.«

Ich fand das in Ordnung. Die Frau habe ich nie mehr gesehen. Sie lieferte mich beim JAC ab und war weg. Ich war völlig durchgefroren und in jeder Hinsicht verloren. In mir saß kein Funken Gefühl mehr. Ich bekam Tee und eine warme Decke über die Knie und wurde in einen bequemen Sessel gesetzt. Später am Tag kam jemand und wollte alles Mögliche wissen. Als käme ich von einem anderen Planeten, beantwortete ich alle Fragen. Merkwürdigerweise hatte ich dort niemals Angst, dass ich zurückgebracht werden könnte. Hier hatte ich das Gefühl, dass mir geglaubt wurde, dass man Verständnis für meine Situation hatte, im Gegensatz zu allen anderen Malen. Meine Geschichte wurde nicht mit der Bemerkung »typische Pubertätserscheinung« entkräftet. Die Zeit im Jugendhaus machte einen enormen Eindruck auf mich. Es gab noch mehr Kinder. Ich teilte mein Zimmer mit einigen anderen. Alle zusammen erledigten den Haushalt. Als ich mich etwas erholt hatte, hatte auch ich Dienst. Die Leiterin gab mir Kleidung und passende Schuhe. Es war phantastisch in diesem Haus. Jeder, der dort wohnte, hatte zu Hause so viel Schlimmes erlebt. Als Vierzehnjährige läuft man nicht so schnell für immer von zu Hause weg. Wir hatten es nun alle besser, als wir es bei unseren Eltern gehabt hatten. Es herrschte eine ruhige und fröhliche Atmosphäre. In meiner Erinnerung bin ich dort Wochen gewesen, aber es waren höchstens zehn oder vierzehn Tage. Ich war nämlich in Rijswijk gemeldet und fiel damit auch für das JAC unter den Distrikt Den Haag. Ich musste also aus Amsterdam weg. Ich hatte Angst davor zurückzugehen. Ich hatte Angst davor, in Den Haag auf der Straße vielleicht erkannt und zu meinem Vater zurückgebracht zu werden. Die Leiterin versicherte mir, dass gut für mich gesorgt werden würde und dass ich nie mehr gegen meinen Willen nach Hause müsste. Vom Amsterdamer JAC wurde ich zur Stiftung »Release« in Den Haag gebracht. Über diese Einrichtung kam ich zu verschiedenen Aufnahmeplätzen. Zur Stiftung »Release« gehörte eine Reihe von Menschen, die obdachlosen Kindern vorläufig einen Platz in ihrem Heim gaben, bis bekannt war, ob sie wieder nach Hause zurückkehren oder in einem Kinderheim untergebracht werden würden. Meine erste Adresse war eine Familie mit vier Kindern. Ich bekam ein Zimmer auf dem Dachboden und schlief auf einer Matratze auf dem Boden. Angenehm war es dort nicht. Wenn ich morgens aufwachte, hatte ich Tau in den Haaren. Tagsüber half ich bei der Versorgung der kleinen Kinder. Da ich nicht wollte, dass wer auch immer wusste, dass ich in Den Haag war, konnte ich keinen Kontakt mit der Außenwelt aufnehmen. Ich konnte nicht auf die Straße. Wieder war ich gefangen. Außerdem hatte ich in diesem Dachzimmer nichts, kein Radio, keine Bücher, keine eigenen Kleider und kaum Toilettenartikel. So konnte ich es auch nicht aushalten. Nach einigen Tagen beschloss ich, zu meinem elterlichen Haus zu gehen, um etwas Kleidung und einige persönliche Dinge zu holen. Ich hatte einen Augenblick ausgesucht, bei dem ich sicher sein konnte, dass niemand zu Hause war. Telefonisch kontrollierte ich, ob es auch wirklich sicher war. Ich nahm den Bus nach Rijswijk. Bevor ich ausstieg, spähte ich umher, ob auch keine Bekannten zu sehen waren. Ich rannte ohne anzuhalten zu unserem Hochhaus. Mit zitternden Knien steckte ich den Hausschlüssel ins Schloss. Zum Glück: Er hatte das Schloss nicht ausgetauscht. Mein Schlüssel passte noch. Ich schlich wie ein Dieb hinein, ging so schnell ich konnte in mein Zimmer und ... auf meinem Bett lag kein Bettzeug mehr. Mein Schreibtisch war leer, auf dem Bücherregal standen ausschließlich Ayeshas Bücher und andere Kleinigkeiten von ihr. Im Schrank hingen nur Ayeshas Kleider. Es gab nichts, was an mich erinnerte. Unter dem Bett lagen zwei Abfallsäcke. Mit zitternden Händen holte ich sie hervor und knotete sie auf, um zu schauen, was darin war: mein ganzes Hab und Gut. Oben auf lag mein Poesiealbum; mir stiegen die Tränen in die Augen. Ich wollte zwar selbst mit diesen Menschen nichts mehr zu tun haben, aber doch traf mich dieser Schlag hart. Jede Spur meiner Existenz war ausgelöscht, ich war wie ausradiert. Das Einzige, was ich mitnahm, war mein Poesiealbum, den Rest ließ ich liegen. Ich war ungefähr vor vier Wochen aus dem Haus gegangen, und nun existierte Hameeda hier einfach nicht mehr.

Schon bald musste ich zu einer anderen Adresse. Ich wurde bei einem älteren Mann untergebracht, der alleine in einem Haus hinter dem Markt wohnte. Als ich erst einmal wusste, wo alles stand, sagte er mir, dass ich das Reich für mich allein hätte. Er musste für ein paar Wochen für seine Mutter sorgen. Mir machte das nichts aus. Ich fand es in Ordnung. Sobald er weg war, ging ich auf Entdeckungsreise. Es gab einen Plattenspieler und LPs. Er hatte auch einen Fernseher, den ich benutzen durfte. Und: Es gab Rasiermesser. Meine Chance. Endlich würde ich dem überflüssigen Haarwuchs ein Ende machen. Mein kurzes Haar und die magere Gestalt, kombiniert mit dem Schnurrbart und den schwarzen Haaren an Armen und Beinen, entlockten manchen Leuten die Frage: »Bist du ein Junge oder ein Mädchen?« Ich verabscheute diese Frage und die Haare. Das Rasiermesser bot einen Ausweg. Vorsichtig strich ich mit dem Messer über meine Beine. Die Haare ließen sich einfach entfernen. Nach meinen Beinen rasierte ich die Arme und dann, ganz vorsichtig, entfernte ich die Härchen auf meiner Oberlippe. Bewundernd schaute ich mir meine enthaarte Haut an; das fühlte sich viel besser an. Mein Kopfhaar war inzwischen etwas gewachsen. Ganze Tage verbrachte ich in diesem Häuschen völlig abgeschlossen von der Außenwelt. Ich musste abwarten, was die Stiftung »Release« herausfinden würde und wie es für mich weitergehen sollte. Nach einer Weile hielt ich es nicht mehr aus, und ich rief Francis an.

»Hameeda, bist du das wirklich? Alle suchen dich!«, schrie meine Freundin durchs Telefon.

»Pst, nicht so laut. Niemand darf wissen, wo ich bin. Ich darf eigentlich niemanden anrufen, aber ich musste einmal mit jemanden reden. Kommst du zu mir?«

Das brauchte ich Francis kein zweites Mal zu fragen. Noch am selben Tag stand sie bei mir vor der Tür. Mit einem Kleid und LPs, unter anderem von *Grease*. Ausgiebig erzählte sie mir, was seit meinem Verschwinden passiert war. Sie erzählte von den Polizisten, die in der Schule gewesen waren, wie Francis und die anderen Kinder aus meiner Klasse befragt worden waren. Und dann erzählte ich alles, was mit mir passiert war.

»Wirst du auch nichts verraten? Auch nicht deiner Mutter? Die Stiftung ›Release‹ hilft mir, solange ich mich verstecke.«

Francis versprach es, und sie hat ihr Wort gehalten.

Es lag dann auch nicht an Francis, dass ich ein paar Wochen später von der Polizei aufgegriffen wurde. Es war ein schöner Frühlingstag im April. Ich trug das rot geblümte Kleid aus Chiffon, das mir Francis mitgebracht hatte. Obwohl der Eigentümer des Hauses, in dem ich wohnte, regelmäßig vorbeikam und mir etwas Geld gab, um einzukaufen, war ich finanziell nicht sehr gut gestellt. Ich war mit dem Stehlen von kleineren Dingen vertraut und brauchte jetzt Zahnpasta und eine Zahnbürste. In einem Warenhaus sah ich meine Chance. Ich ließ die Sachen in eine Tasche gleiten und verließ den Laden. Während ich mich durch den Verkehr zur Straßenbahnhaltestelle in der Straßenmitte schlängelte, wurde eine Autoscheibe heruntergekurbelt.

»Junges Fräulein, schauen Sie doch mal hierher.«

Reflexartig drehte ich mich um. Ich erschrak, als ich sah, dass mich ein Polizist angesprochen hatte.

»Komm mal her«, sagte er, während er aus dem Auto stieg. »Ich glaube, ich kenne dich. Bist du das?« Er griff nach einem Foto aus seinem Auto. »Wie heißt du?«

»Hameeda Lakho«, antwortete ich.

»In der Tat. Lakho. Du wirst vermisst. Komm doch mal mit.«

Ich musste ins Polizeiauto einsteigen und wurde zur Wache mitgenommen. Ein Polizist nach dem anderen fragte mir Löcher in den Bauch. Auch über die Zahnpasta und die Zahnbürste. Widerwillig erzählte ich das eine oder andere. Ich ließ sie wissen, dass ich untergetaucht war und niemand meine Adresse wissen durfte. Schließlich erschien der Kriminalbeamte Den Boer. Mit ihm hatte ich inzwischen dreimal Kontakt gehabt. Er war vorsichtig und hatte viel Verständnis.

»Hameeda, ich bin froh, dass wir dich gefunden haben. Was hast du vor? Du bist so intelligent, es ging doch so gut in der Schule. Warum wirfst du dein Leben weg? Warum ergreifst du die Chancen, die dir geboten werden, nicht? Warum benutzt du deine Talente nicht?«

Wir redeten lange zusammen, und ich erzählte ihm, dass meine häusliche Situation einfach unerträglich war. Dass ich, seitdem ich meine Eltern verlassen hatte, endlich normal essen konnte, nicht mehr so sehr stotterte, weniger Albträume hatte. Der Kriminalbeamte Den Boer verstand das alles, aber er musste meine Eltern wissen lassen, dass ich bei ihm auf der Wache saß.

»Du bist minderjährig, Hameeda, und auch wenn du für immer von zu Hause wegkommst, haben wir die Mitarbeit deiner Eltern nötig. Ich verspreche dir, dass ich dich nicht aus den Augen lassen und dass wir zusammen mit der Kinderfürsorge eine Lösung für dich suchen werden. Aber jetzt muss ich dich zu deinen Eltern zurückbringen.«

Ich wusste genau, was passieren würde, wenn ich erst einmal wieder in der Wohnung wäre. Den Boer klingelte. Da standen wir: ein großer Polizist und ein kleines Mädchen mit dunkelbraunen Augen, Haaren bis gerade auf die Schultern, in einem leuchtend roten, etwas zu ordinären Kleid. Mein Vater war zuvor angerufen worden und öffnete die Tür. Er begrüßte den Beamten und ignorierte mich völlig. Den Boer rief die ganze Familie zusammen. Auch meine Stiefgroßmutter war dabei. Wir saßen alle um den gläsernen Esstisch im Wohnzimmer. Den Boer forderte mich auf, meine Geschichte, warum ich weggelaufen war, noch einmal zu erzählen. Ich sprudelte meine ganze Kindheit und Jugendzeit hervor. Die Misshandlungen, das Essen von Erbrochenem, das Schneiden der Haare, die Hausarbeit, die vielen Pflichten … Niemand half mir. Meine Eltern widersprachen dem, was ich gesagt hatte.

»Natürlich gibt es hier im Haus ab und zu einen Klaps«, spottete mein Vater. »Was denken Sie, Herr Den Boer, die Mädchen sind wirklich nicht immer einfach. Und Hameeda schon gar nicht.«

Das hatte ich schon einmal mitgemacht. Ein vertrautes Gespräch zwischen Polizei und meinem Vater. Ich fühlte, dass ich letztendlich wieder unterliegen würde, aber ich merkte auch, dass der Kriminalbeamte Den Boer an diesem Abend anders reagierte als die vorigen Male, an denen er mich nach Hause gebracht hatte. Er lachte nicht mit meinem

Vater und ging kaum auf seine lakonischen Bemerkungen über Pubertätserscheinungen ein. Er fragte Zahida und Ayesha nach ihren Erfahrungen. Zahida und auch Ayesha bestritten alles, was ich keine halbe Stunde zuvor öffentlich gemacht hatte. Zahida zog ihre Schultern hoch, und Ayesha schüttelte fortwährend den Kopf. Meine Augen sprühten Feuer. Wie konnten mich meine Schwestern so fallen lassen! Mich einfach als Lügnerin hinzustellen. Hier lag doch auch ihre Chance, um diesem schrecklichen Joch zu entkommen. Ich suchte nach Worten, brachte aber keinen Ton hervor.

Der Beamte Den Boer machte deutlich, dass er die Fürsorge einschalten und dass diese mit meinen Eltern Kontakt aufzunehmen würde. »Herr Lakho, dieser Situation muss Aufmerksamkeit geschenkt werden. Ich werde dafür sorgen, dass Sie und Hameeda so schnell wie möglich mit den Leuten von der Fürsorge bei uns im Büro sprechen können.« Er verließ uns mit ernstem Gesicht. Die Tür fiel zu, und ich wurde nach oben geschickt. Niemand sprach mit mir. Niemand schaute mich an. Zwei Wochen lang saß ich eingeschlossen in meinem Zimmer. Vor meiner Tür wurde einmal am Tag Wasser und trockenes Brot abgestellt. Alle verhielten sich so, als würde ich nicht existieren. Ich war gefangen in einer Maisonnette-Wohnung in einem sauberen Hochhaus in einer ordentlichen niederländischen Stadt. Kein Hahn krähte nach mir, kein Nachbar und niemand sonst, der etwas davon ahnte.

Der Kriminalbeamte Den Boer wusste natürlich von mir. Er wusste sogar mehr, als ich erwartete. Nachdem er unser Haus verlassen hatte und ich nach oben geschickt worden war, führte Ayesha den Hund aus. Es war eine Ausrede, um so schnell wie möglich hinter dem Polizisten herzugehen. Ohne dass ich es wusste, beeilte sie sich, ihm die Wahrheit zu erzählen. Als hätte er gefühlt, dass noch eine Reaktion zu erwarten war, schlenderte Den Boer noch eine Weile um den Block. Es erstaunte ihn nicht, dass Ayesha meine Geschichte bestätigte.

»Hameeda sagt die Wahrheit«, keuchte sie, und weg war sie. Die schreckliche Angst im Nacken, dass mein Vater, meine Mutter oder Großmutter sie in der Nähe des Polizisten sehen könnten.

Den Boer unternahm in der Sache etwas. Er organisierte ein Gespräch mit der Fürsorge, und auf die eine oder andere Weise erfuhr ich, dass meine Eltern dort mit mir zusammen einen Termin hatten. Sie beschlossen, nicht hinzugehen. Am Tag des geplanten Gesprächs musste Zahida Wache halten. Ich überredete sie, mich aus dem Zimmer zu lassen, damit ich zur Toilette konnte, und schlüpfte aus dem Haus, ohne dass sie es bemerkte. Ich ging alleine zur Fürsorge und erzählte meine ganze Geschichte. Sobald ich sie erzählt hatte, beeilte ich mich, wieder nach Hause zu kommen. Mein Vater war zum Glück noch weg, aber Zahida wurde wütend, als sie merkte, dass ich weg gewesen war. Sie packte einen Stock und begann mich unbeherrscht zu verprügeln.

»Was machst du, Zahida, hör auf!«, rief ich, während ich versuchte, mit den Armen meinen Kopf vor ihren Schlägen zu schützen.

Zahida machte weiter. »Wann hörst du endlich auf, Hameeda Lakho, du hast nun wirklich genug angestellt. Bald kommt Papa dahinter, und dann kriege ich auch eins aufs Dach. Und das ist dann deine Schuld.« Und der Stock traf ein letztes Mal hart auf meinem Kopf auf.

Ich fühlte mich schlimmer als jemals. Es war nicht zu fassen, dass ich nun auch von meiner eigenen Schwester zusammengeschlagen wurde. Als mein Vater nach Hause kam,

Pakistan – ein Land voller Gegensätze

Eingewöhnen?
Wer kann das nicht in so
einem schönen Land!

Gastarbeiterfamilie
in den Niederlanden
angekommen

Schlagzeilen aus dem Jahr 1968

Ankunft in den Niederlanden, 1968 (von links: Zahida, Hameeda, Ayesha und Amma)

Amma mit 28 Jahren

Mit sieben Jahren in Rijswijk

Siebzehnjährig, während der Zeit in den Heimen

Modellfotos als Dreiundzwanzigjährige, 1987

Nach der Geburt von Rachel, 1991

Gilmer mit Rachel und Melanie, 1998

Wiedersehen mit Amma nach 29 Jahren, 1997

Mit Ali Nawaz und Yasmin, 1997

Der Hof in Soomar Halepoto, 1998

Große Wäsche in
Tando Mohammed Khan

Amma in ihrer Küche

Lalli auf einem Khat

Treffen mit Lalli
in Pakistan, 1998

Amma, Rachel, Melanie, Hameeda und Lalli

Essen mit der ganzen Familie bei Tante Noora

Mit Yasmin im Haus von Amma
in Tando Mohammed Khan

Mit Amma am Grab von Waheed, 1999

Mit Amma, 2000

witterte er Unheil. Zahida musste ihm beichten, dass ich aus dem Haus entschlüpft war. Als er begriff, dass ich bei der Fürsorge gewesen war, wurde er rasend vor Wut.

»Das ist das letzte Mal, dass du Kontakt mit der Polizei hattest. Das nächste Mal steche ich dich ab. Ich bringe dich um.« Er begann zu schlagen, zog mich an den Haaren nach oben und trat mich die Treppe wieder hinunter. Ich fühlte seine Fäuste überall. Er war von Sinnen. Plötzlich war er anscheinend erschöpft und verließ keuchend die Wohnung.

Ich humpelte die Treppe nach oben in mein Zimmer. Ich konnte nicht liegen, sitzen oder stehen. Ich war gebrochen. Niemand machte sich die Mühe, mein Zimmer abzuschließen. Ich konnte doch nichts mehr machen. Am folgenden Morgen war der Schmerz noch schlimmer, aber ich wusste, was ich zu tun hatte. Nun, mit all meinen Verwundungen, dem geschwollenen Gesicht, den aufgeplatzten Lippen, blauen Augen, verkrustetem Blut auf dem Kopf, nun musste ich zum Kriminalbeamten Den Boer. Wie ich es geschafft habe, weiß ich nicht mehr, aber ich ließ mich aus einem Fenster zur Galerie fallen. Mit einem dumpfen Schlag kam ich auf dem harten Betonboden auf. Nachbarn, die das zufällig sahen, halfen mir auf die Beine und brachten mich zur Polizei. Dort betreute mich der Beamte Den Boer. Ich brauchte nichts zu erklären. Vielleicht bereute er es, dass es so weit hatte kommen müssen. Es wurden Fotos von meinen Verletzungen gemacht. »Du brauchst nicht mehr zurück, Hameeda«, sagte Den Boer. »Dieses Mal suchen wir wirklich eine Lösung.«

Zu Hause in Heimen

Auf der Polizeiwache war nun alles anders. Obwohl ich mich ängstigte und unsicher war, wusste ich genau, dass mich niemand zurückschicken würde. Ein Polizeiarzt hatte meine Verletzungen angeschaut, und es waren Fotos von meinem Gesicht, meinem Rücken und meinen Beinen gemacht worden. Mein Vater würde zur Wache kommen müssen, aber der Beamte Den Boer garantierte mir: »Er bekommt dich nicht mehr mit nach Hause.«

Natürlich hatte ich vor dem Wiedersehen mit meinem Vater Angst, sogar unter Bewachung starker Polizisten. Ich hatte keine Ahnung, wie er reagieren würde. Gegen Abend erschien er. Wahrscheinlich erwarteten der Beamte Den Boer und seine Kollegen einen schuldbewussten, untertänigen Mann, der Reue zeigen würde. Das Gegenteil war der Fall. Ich saß zitternd auf einem harten, geraden Bürostuhl, als mein Vater hereinkam. Er musterte mich mit einem eiskalten, abwertenden Blick. Als ich ihn, gegen alle Regeln, mit meinem zu Brei geschlagenen Gesicht und meinen zugeschwollenen Augen direkt anschaute, explodierte er. »Tot bist du. Tot bist du für mich. Du bist nicht mehr mein Kind und wirst es auch nie wieder sein. Ab jetzt existierst du nicht mehr.« Er spuckte vor mir auf den graublauen Linoleumboden der Polizeiwache. Mit einer aggressiven Geste kam er mir einen Schritt näher. Als ich wieder aufschaute, stürmte er auf mich zu. »Sterben musst du, das will ich!«

Die Polizisten stellten sich ihm in den Weg und hielten ihn auf. Wahrscheinlich hätte er mich dort, in diesem

Moment wirklich umgebracht. »Nie wieder sollst du auch nur einen Fuß in mein Haus setzen. Tot, tot, tot …« Schreiend und schimpfend wurde er weggeführt.

»Geht es wieder besser, Hameeda?«, fragte mich der freundliche Kriminalbeamte.

Tränen rollten mir über die Wangen. Ich hatte Schmerzen, seelisch und körperlich. Ich fühlte mich elend, einsam und verloren, und als sich nun einfach so jemand um mich kümmerte, musste ich weinen. »Nicht so gut«, antwortete ich mit leiser Stimme. »Ich habe Schmerzen, und ich habe Angst.«

»Hameeda, du musst keine Angst mehr haben. Hier kann dir nichts passieren. Niemand wird dich mehr zu deinem Vater zurückschicken, und er kommt hier nicht an dich heran. Dafür sorgen wir schon.«

Ich nickte und schluckte meine Tränen hinunter. So blieben wir eine Weile sitzen. Ich bekam Tee mit einem Keks.

»Was machen wir, Hameeda? Wo möchtest du wohnen? Pflegeeltern gibt es nicht so viele, aber wir können unser Bestes tun, um eine gute Familie für dich zu finden.«

»Nein!«, antwortete ich scharf. »Nein, ich will nicht mehr in eine Familie. Nie mehr. Ich will alleine wohnen.«

Der Beamte Den Boer war zu nett und mitfühlend, um meinen Vorschlag sofort abzulehnen, aber am Ende war es aufgrund der Tatsache, dass ein vierzehnjähriges Mädchen noch nicht alleine wohnen darf, so. »In diesem Fall wird es ein Kinderheim werden. Du bist zu jung, um zur Untermiete zu wohnen. Für heute Abend wird es schwierig. Ich schlage dir vor, dass du hier bleibst. Es ist schon spät.«

An welcher Stelle die Kommunikation nicht klappte, fand man nie heraus, aber der Polizist, der mich an den Beamten des Zellenblocks übergab, vergaß zu sagen, dass ich

Gast sei und nicht als Kriminelle in Haft genommen war. Leider wurde ich als solche behandelt. »Regeln sind Regeln«, wurde mir von einem barschen Polizisten zu verstehen gegeben. »Hier sind Kleider. Umziehen!«

Ich ließ es klaglos geschehen, dass mir die Kleider abgenommen wurden. In dem viel zu großen Gefängnisanzug sah ich idiotisch aus. Die Zelle bestand aus einem Bett, einem Waschbecken und einem Eimer, der als Klo taugen sollte. Die Tür ging zu und wurde abgeschlossen. Ich fühlte mich eingeschlossener als jemals zuvor. Ein grelles Licht brannte mir in den geschwollenen Augen. Ich ließ mich auf die Matratze fallen und drückte mein Gesicht in die Kissen. Wie konnte es nur so weit kommen, dachte ich. Wie kann es passieren, dass er mich zusammenschlägt und ermorden will und ich hinter Schloss und Riegel in einer Zelle lande. Er hat es getan, und ich werde bestraft. Dieser Satz ging mir im Kopf herum, bis ich in einen ruhelosen Schlaf fiel. Er hat es getan, und ich werde bestraft. Er hat es getan, und ich werde bestraft. Er hat es getan, und ich werde bestraft …

Es dauerte einige Tage, bevor für mich eine Unterkunft gefunden war. Die Zeit verbrachte ich in meiner Zelle. Ich bekam Bücher, die ich allerdings kaum las. Ich weinte ununterbrochen. Alle aufgestaute Wut und aller Kummer kamen in Form von Tränen heraus. Schließlich kam jemand und sagte mir, dass es für mich einen Platz im Auffangzentrum der Den Haager Kinderheime in der Celebesstraße gäbe.

Ich wusste von Anfang an, dass ich dort nicht für immer bleiben konnte, aber vorläufig war das mein Zuhause. Dort wohnten zwölf Mädchen zwischen vierzehn und sechzehn Jahren. Ich wurde freundlich begrüßt und mit allen Bewohnerinnen bekannt gemacht. Es waren immer zwei so genannte Mentoren im Haus, um uns zu betreuen. An meinem Ankunftstag waren das Ria und Arie. Ria wurde meine direkte Betreuerin, und wir verstanden uns von Anfang an sehr gut.

»Das ist dein Zimmer, Hameeda.« Wir standen in einem nicht völlig ungemütlichen Raum. Die eine Wand bot Platz für ein Bett, die andere für einen Schreibtisch. »Du darfst es dir selbst einrichten«, fügte Ria vergnügt hinzu. Also legte ich mein Poesiealbum, meinen einzigen Besitz, auf die Ecke des Schreibtisches. »Du hast wirklich überhaupt nichts, Hameeda?«

Ich bestätigte, was Ria schon alles von der Polizei gehört hatte. Ich hatte keine Kleidung, keine Toilettenartikel, keine Bücher, einfach nichts. Ria erklärte mir das Leben im Haus und die Regeln, an die wir uns halten mussten. Ich bekam Kleidergeld, aber ich hatte noch nie Kleider gekauft und fühlte mich sehr unsicher. Im Laden brach ich in Tränen aus, aber mit Rias Hilfe schaffte ich es. Ich musste auch wieder in die Schule. Es war Mai, und seit November hatte ich an keinem Unterricht mehr teilgenommen. Ich wurde in die sechste Klasse der Realschule gesteckt und sollte noch im gleichen Jahr in die siebte kommen.

Im Kinderheim tat ich mein Bestes, um dazuzugehören. Dazugehören, das bedeutete mitzumachen. Und daher schlich auch ich samstagabends die Feuertreppe hinunter, zu einer Zeit, zu der wir eigentlich auf unseren Zimmern zu sein hatten. Heimlich gingen wir zu einem in der Nähe gelegenen Klubhaus oder zu dem angrenzenden Jungenheim. Strafe folgte, aber diese Art Strafen konnte ich aushalten, und es verstärkte das Zusammengehörigkeitsgefühl. Eines Tages schlug eines der Mädchen vor, in der Stadt auf Diebestour zu gehen.

»Oh, das habe ich früher schon manchmal gemacht«, erzählte ich selbstsicher.

In einer kleinen Gruppe zogen wir los und holten unsere kleine Beute ein. Wimperntusche, eine Haarnadel, Nagellack. Wirkliche Mädchendinge, wofür wir auch hätten sparen können, aber Stehlen war abenteuerlicher. Zu Hause versteckten wir alles hinter unseren Schränken. Eine eifersüchtige Mitbewohnerin sah, was wir da machten, und verpetzte uns bei der Leitung. Arie, der Dienst habende Mentor, war wütend und dachte sich eine Bestrafung aus. Er rief die Warenhäuser an und verabredete sich mit den Sicherheitsbeamten und der Polizei. Wir mussten in allen Läden, in denen wir etwas gestohlen hatten, unsere Entschuldigung anbieten. Völlig außer Fassung, standen wir in kleinen Büros von drei Warenhäusern und bekundeten unsere Reue. Es war schrecklich, aber es zeigte Wirkung. Ich war ein für alle Mal genesen. Dieses Spiel war für alle Zeiten ausgespielt.

Mein Leben wurde erträglicher. Ich kam zur Ruhe. Mein Stottern war fast verschwunden, und das Essen machte keine Probleme mehr. Mit den Mädchen aus dem Heim ging ich manchmal ins Kino. Ich tat Dinge, die zu meinem Alter passten. Da ich keinen Kontakt mehr mit meiner Familie hatte – meine Eltern hatten eine Besuchsregelung offiziell verweigert – und ich daher auch niemals Besuch bekam, nahm mich Ria an den Wochenenden ab und zu mit nach Hause. Sie wohnte noch bei ihrer Mutter. Dort wurde ich herzlich aufgenommen. Manchmal gingen wir zum Strand oder auf die Kirmes. Es gefiel mir. Auch Ilona, ein anderes Mädchen aus dem Heim, lud mich manchmal mit zu ihren Eltern ein. Mit Ilona sprach ich über allerlei Pubertätsprobleme und kam schon bald dahinter, dass ich nicht über alles, was sich in der Welt so abspielte, ganz auf der Höhe war. Für Jungen hatte ich mich noch nie interessiert. Ich war viel zu sehr mit mir selbst und meiner Vergangenheit beschäftigt, als mich auf Freunde und meine sexuelle Entwicklung konzentrieren zu können. Einmal saßen wir zu fünft im Wohnzimmer und schwatzten. Es ging um Jungs, Küssen und Miteinander-Gehen.

»Hameeda, bist du schon mal mit einem Jungen im Bett gewesen?«

Erstaunt schaute ich sie an. Ich hatte ab meinem vierten Lebensjahr regelmäßig mit Waheed im Bett gelegen. Meinte sie das? »Ja, mit meinem Stiefbruder lag ich schon im Bett«, antwortete ich ehrlich.

»Mit deinem Bruder? Das tut man doch nicht, verrückt. Ich meine Freunde?«

Ich schüttelte den Kopf. »Nein, nein, außer mit Waheed bin ich noch nie mit einem Jungen im Bett gewesen.« Ich sagte irgendetwas, denn eigentlich hatte ich keine Ahnung, was man in dem Bett, wenn man es denn mal teilte, tun musste. Ich ahnte, dass mehr hinter der Frage steckte, konnte mir aber keinen Reim darauf machen. Weiter zu fragen traute ich mich nicht, aber Zeitschriften boten einen Ausweg, und so langsam verstand ich einigermaßen, woran die anderen Mädchen so sehr interessiert waren.

In der Schule ging es nicht gut. Ich wurde zwar versetzt und ging jetzt in die siebte Klasse, aber mein Einsatz war minimal. Nach all der Auswendiglernerei, zu der mich meine Eltern gezwungen hatten, konnte ich meine Hausaufgaben nicht mehr machen. Ich hatte eine große Abneigung gegen alle Schulbücher. Außerdem hatte ich Konzentrationsprobleme. Sobald ich meine Nase in die Bücher steckte, gingen mir all die Ereignisse der vergangenen Jahre durch den Kopf. Auch nachts kam aller Kummer in Form von Albträumen zurück. Oft wachte ich zerschlagen und depressiv auf. Dann traute ich mich nicht aus meinem Zimmer und blieb der Schule fern. Ich lag dann im Halbdunkel und starrte vor mich hin.

Außerdem fühlte ich mich in der Schule als Außenseiterin. Meine Klassenkameraden wohnten ganz normal bei ihren Eltern, und ich saß in einem Heim. Dafür schämte ich mich. Was würden sie von mir denken, wenn sie wüssten, dass ich in einem Heim aufwuchs? Dieses Gefühl der Scham ließ mich lieber im Halbdunkel in meinem Zimmer liegen, als mich in der Schule blicken zu lassen. Ich machte mir Sorgen über die Zukunft, weil ich innerhalb der nächsten sechs Monate in ein anderes Heim verlegt werden sollte. Das Haus in der Celebesstrasse war ja nur als zeitlich begrenzte Unterbringung bestimmt. Für mich musste nach einer permanenten Lösung gesucht werden. Im September hörte ich, dass es wahrscheinlich Scheveningen werden würde: Claere Fonteine – ein Heim für arbeitende und studierende Mädchen bis einschließlich achtzehn Jahre. Ich scheute schrecklich davor zurück. Ich hatte mich an Ria und an die anderen Mädchen gewöhnt und wollte nicht wieder in eine andere Umgebung, aber ich hatte keine Wahl. Das Heim befand sich in einer großen, prächtigen Villa in der Neuen Park Allee. Nach einem Aufnahmegespräch und einem Probewochenende wurde ich verlegt. Man brachte mich im Obergeschoss des Hauses unter. Mein Zimmer, das ich mit einem anderen Mädchen teilen musste, ging von einem langen Gang ab, wo es noch Zimmer für sechzehn andere Mädchen gab. Im Claere Fonteine waren die schwereren Fälle untergebracht. Kinder, die nicht nur für einige Zeit, sondern für lange von ihren Eltern weg mussten. Die also in einer ähnlichen Situation wie ich waren. Das beeinflusste die Atmosphäre. Es gab viel mehr Leid als in dem anderen Heim, wo die Mädchen nur zeitlich begrenzt wohnten, um sich zum Beispiel von einem tragischen Vorfall in der Familie zu erholen, wodurch das Kind oder die Eltern die Situation zu Hause kurzzeitig nicht mehr bewältigen konnten. Im Claere Fonteine wohnten auch Mädchen, die Opfer von Inzest waren oder die kriminelle oder drogenabhängige Eltern hatten. Die Mädchen hatten nur selten selbst eine kriminelle Vergangenheit, aber viele von ihnen waren schon durch ihr Umfeld mit Kriminalität in Kontakt gekommen. Die Art und Weise, wie mir Normen, Werte und extrem strenge Regeln eingehämmert worden waren, wirkte sich auf meine Entwicklung genau entgegengesetzt aus. Aber jetzt, wo ich anfing, zur Ruhe und zu mir selbst zu kommen, kamen meine sozialen Umgangsformen wieder zum Vorschein. Viele meiner Mitbewohnerinnen verachteten die Regeln des Heims, und das verursachte immer wieder Spannungen. Obwohl ich mich einerseits im Laufe der Zeit zu einer Art Sprecherin der Gruppe entwickelte, war ich auf der anderen Seite eine Außenseiterin. Während der »Hausversammlungen« führte ich meistens das Wort, ich protokollierte und brachte praktische Dinge auf die Tagesordnung. Die anderen wussten nicht, dass man Probleme auch in einem normalen Ton, ohne zu schreien oder zu schlagen, behandeln konnte. Ich wurde für die Rolle, die ich übernahm, sowohl von den Bewohnern als auch der Leitung geschätzt, aber gleichzeitig lachten mich die Mädchen auch aus, weil ich zu ordentlich sprach, in die Realschule ging, keine Freunde hatte, keinen Alkohol trank und nicht rauchte. In ihren Augen war ich zu brav, aber ich wollte nicht so sein wie sie. Obwohl nette Mädchen dabei waren, schämte ich mich dafür, dass ich in einem Heim war. Nach einiger Zeit bekam ich ein eigenes Zimmer und war darüber sehr froh.

»Wo wohnst du eigentlich?«, fragte mich ein Mädchen aus meiner Klasse. »Ich sehe dich immer dicht bei den großen Häusern.« Die Schule war ganz in der Nähe des Heims.

»Oh, in der Neuen Park Allee«, antwortete ich so nonchalant wie möglich und wollte mich schnell aus dem Staub machen.

»Ach, wirklich, in einem von den großen Häusern?«

Ich nickte.

»Dann müssen deine Eltern ja steinreich sein.« Das Mädchen schaute mich bewundernd an.

Das gefiel mir. Warum sollten meine Eltern nicht reich sein, dachte ich. Wenn sie das will.

»Darf ich mal zu euch kommen und schauen?«

Ich erschrak, das wiederum war nicht so gut. »Nein, das geht nicht. Mein Vater ist von königlich-arabischer Herkunft, und wir haben fast immer wichtige Gäste zu Besuch. Unser Haus wird schwer bewacht, und niemand darf einfach so aufs Grundstück. Es gibt nämlich Menschen, die meinen Vater ermorden wollen. Aber darüber spreche ich lieber nicht. Gut?«

Ich sah, wie die Bewunderung meiner Klassenkameradin wuchs. Es kostete mich keine Mühe, mir eine Geschichte auszudenken. Ich hatte noch mehr auf Lager. Manchmal erzählte ich, dass meine Eltern tot waren und dass ich bei einer reichen Familie wohnen würde. Ein anderes Mal, dass ich zur Untermiete wohnte, weil meine Eltern wegen ihrer Geschäfte viel auf Reisen wären. Ich habe selten darüber nachgedacht, ob die Leute meine Geschichten glaubten, solange ich nur nicht erzählen musste, dass ich in einem Heim war, denn das wurde schnell gegen einen verwendet. In der Schule ließ mich der Englischlehrer das deutlich spüren. Als ich einmal meine Hausaufgaben nicht gemacht hatte, eine Fünf bekam und darauf ziemlich gelassen reagierte, sagte er: »Ach ja, in so einem Heim sind sie auch alle gleich.« Ich wurde unter meiner braunen Haut dunkelrot. Die ganze Klasse starrte mich an. Das Rot begann nun auch noch zu glühen. Ich explodierte, aus Ärger, aber vor allem aus Scham. Ziemlich paranoid dachte ich in den Wochen nach diesem Zwischenfall, dass jeder dauernd über mich und das Heim sprach. Ablehnung fühlte sich für mich nicht fremd an. Früher, als ich noch merkwürdig aussah, wurde ich oft ausgelacht. Es hatte immer einen Witzbold gegeben, der dauernd Späße über meine weiten Kleider, meinen Schnurrbart, meine verrückte Mütze oder meine zu kleine Strumpfhose ausdachte. Jetzt sah ich normal aus, aber wieder empfand ich Ablehnung. Ich fühlte mich minderwertig, weil ich in einem Heim wohnte. Ich gewöhnte mich daran, mich abzusondern, reserviert zu reagieren, und ich war immer auf der Hut.

In der Schule hielt ich mich abseits, weil ich nicht mit offenen Karten spielen wollte. Mit manchen Betreuern und Mädchen im Heim knüpfte ich ein freundschaftliches Band, aber oft wurde das bald wieder durchbrochen. Sowohl bei den Bewohnerinnen als auch bei den Betreuern war die Fluktuation groß. Um Enttäuschungen zu entgehen, schloss ich mich ab einem bestimmten Zeitpunkt niemanden mehr an. Immer wieder musste ich Abschied nehmen. Mit der Sozialarbeiterin, die einmal im Monat vorbeikam, verstand ich mich überhaupt nicht. Sie war das Bindeglied zwischen meinem neuen Leben in Scheveningen und meinem alten Leben in Rijswijk; aber ich wehrte mich gegen jede Verbindung zu früher. Sie stellte mir, meiner Ansicht nach, idiotische Fragen, und ich reagierte aufständisch oder wütend. Schließlich blieb sie weg, weil ich mich weigerte zu kooperieren. Seit dieser Zeit hatte ich keinen Besuch mehr. Obwohl ich froh war, dass ich weit weg von meinen Eltern in einem Heim lebte, fühlte ich mich auch schrecklich einsam. Niemand zeigte Interesse oder Anteilnahme für mich. Auch der Kinderschutz nicht. Mein Mentor war nett, aber unsere Gespräche blieben oberflächlich.

Manche Mädchen konnten übers Wochenende nach Hause, zu den Großeltern oder zur Familie, andere blieben in der Neuen Park Allee. Ich natürlich auch.

Eines Samstags kam Cecile auf mich zu: »Kommst du heute Abend mit? Ich kenne ein gemütliches Lokal, wo wir vielleicht auch noch was verdienen können.«

Mein Interesse war geweckt. Ausgehen war schön, und Geld konnte ich immer gebrauchen. Den ganzen Mittag waren Cecile und ich damit beschäftigt, uns zurechtzumachen. Abends nahmen wir die Straßenbahn zum Bahnhof Hollands Spoor. Das gemütliche Lokal war ganz in der Nähe des Bahnhofs in der Poeldijksestraat. Obwohl ich noch nie Prostituierte gesehen hatte, erkannte ich die Situation sofort. Das war nicht meine Auffassung von Gemütlichkeit.

»Huren seid ihr! Ihr endet in der Gosse als dreckige, schmutzige Huren.«

Die Stimme meines Vaters dröhnte mir im Kopf.

Ich fühlte, wie die Angst zuschlug. »Cecile, wohin hast du mich mitgenommen?«, fragte ich erschrocken. »Hier will ich nicht sein.«

»Hah, hah, Hameeda, du bist immer so ordentlich. Ich dachte, ich werde dir mal was anderes zeigen, und wie mir scheint, kannst du hier noch was lernen. Warte hier auf mich. Ich habe noch etwas zu erledigen.«

Tränen stiegen mir in die Augen. Ich wollte ein gewöhnliches, normales Leben führen. Warum ging das nicht? Was mich betraf, konnte sie machen, was sie wollte, aber ohne mich. Ich rannte auf die Straße, sprang in die Straßenbahn, fuhr nach Hause, stürzte in mein Zimmer und heulte mich auf meinem Bett aus. Das Angst einjagende Gefühl, dass mein Vater womöglich noch Recht behalten sollte, stieg in mir auf. »Eine Hure bist du und wirst du immer bleiben!« Wieder hörte ich ihn brüllen und sah mich und meine Schwestern als kleine, unwissende Mädchen vor ihm stehen. Huren! Wir wussten damals noch nicht einmal, was das Wort bedeutete.

Lange Zeit hatte ich keine Ahnung davon, was inzwischen in meinem Elternhaus passiert war. Ich wollte es auch nicht wissen. Mit meinem Vater und meiner Stiefmutter wollte ich nie wieder etwas zu tun haben, und auf meine Schwestern war ich wütend. Wie hatten sie mich gegenüber dem Beamten Den Boer so verraten können? Schon bald bekam ich von Ayesha Briefe. Ich schickte sie ungeöffnet zurück. Manchmal riefen Ayesha oder Zahida an.

»Warum ruft ihr an?«, war das Erste, was ich sie fragte, wenn ich ihre Stimme hörte. »Ich habe euch nichts zu sagen und ihr mir auch nicht.« Dann knallte ich den Hörer wieder auf. Jahre ging das so.

Meinen Vater habe ich in dieser Zeit noch ein einziges Mal getroffen. Mit dem Heim war ein Sommerurlaub in Jersey geplant, wofür ich einen Reisepass brauchte. Weil ich noch minderjährig war, musste mein Vater unterschreiben.

»Ich will nicht zu ihm«, sagte ich zu meiner Betreuerin.

»Lass uns zusammen zu seiner Arbeitsstelle gehen«, schlug sie vor. »Dort kann er dir nichts tun, ich bin dabei, und er muss nur unterschreiben.«

Ich zögerte. Schließlich kannte ich meinen Vater gut genug, um zu wissen, wie aggressiv er sogar im Beisein der Polizei werden konnte. Der Besuch war in der Tat eine Katastrophe. Er schien mich erst nicht zu erkennen, und als ich ihm die Situation erklärte und den Grund für meinen Besuch darlegte, antwortete er mit drohender Stimme.

»Schande, dass du noch immer nicht Selbstmord begangen hast. Tot sollst du sein. Tot bist du. Tot sollst du bleiben. Und wenn du mich noch einmal daran erinnerst, dass du noch am Leben bist, du dreckiges Miststück, dann bringe ich dich um. Dein Leben liegt in meiner Hand. Du bist tot.«

Meine Betreuerin konnte mich nicht schnell genug nach draußen ziehen. Ich war nach diesem Besuch total verwirrt. Nach dem Treffen erschien er jede Nacht in meinen Albträumen. Regelmäßig wurde ich schreiend und schweißgebadet wach, wenn er mich wieder mit einem blitzenden Messer verfolgte. Ich wusste, dass er mich umbringen konnte und dass seine Tat in Pakistan als »Ehrenmord« angesehen werden würde. Töchter kehren sich nicht von ihren Vätern ab. Tun sie das doch, dann müssen sie sterben. In den Niederlanden würde er dafür schwer bestraft werden, und das hielt ihn noch zurück.

Manchmal gingen wir zusammen mit den Jungen eines anderen Heims in Den Haag tanzen. Ein netter Abend in der Disco. Meinen ersten Freund lernte ich aber nicht beim Ausgehen kennen, sondern im Heim; er besuchte dort jemanden.

»Hameeda, kommst du mit zu mir nach Hause, um meine Mutter kennen zu lernen? Hast du dazu Lust?«

Er hatte mir versprochen, dass er nichts über das Heim erzählen würde. Er kam aus einer phantastischen Familie, hatte eine Schwester und einen Schatz von einer Mutter. Obwohl ich wusste, dass ich dafür noch nicht bereit war, hielt ich die Beziehung aufrecht. Ich fand es herrlich, bei ihm zu Hause sein zu können. Dort fühlte ich mich wohl und war, was ich immer sein wollte: ein nettes Mädchen, das in einer gediegenen, warmen holländischen Familie zu Hause war. Er war sehr verliebt, aber mir stand meine Vergangenheit im Weg, sie blockierte meine Gefühle, ich konnte mich nicht öffnen und war oft depressiv. Er merkte schnell, dass die Liebe einseitig war, auch wenn ich das Gegenteil behauptete. Ich wollte bei ihm bleiben, weil ich seine Mutter nicht verlieren wollte. Doch verstand ich, dass das nicht so weitergehen konnte. Während der Weihnachtstage, die wir bei ihm verbrachten, ging er mit seiner Familie irgendwohin zu Besuch. Ich blieb zu Hause. Ich war depressiv und hatte noch immer die Drohungen meines Vaters im Ohr. Seine Stimme schallte mir im Kopf: »Schande, dass du noch keinen Selbstmord begangen hast. Tot sollst du sein!« Ich folgte der Stimme in meinem Kopf. Ein Versuch mit zwei Röhrchen starker Schlaftabletten misslang. Im Krankenhaus spülten sie mir in letzter Minute den Magen aus. Ich sehnte mich nach ewiger Ruhe und empfand den missglückten Versuch als Enttäuschung. Nachdem ich aus dem Krankenhaus kam, wurde meine Tat mit beinahe tödlichem Ausgang mit keinem Wort erwähnt. Niemand traute sich, das Thema anzuschneiden. Auch mein Freund und seine Familie nicht. Schließlich beendete er die Beziehung.

Als ich sechzehn war, fand ich einen Job in einem Souvenirladen auf der Palace Promenade in Scheveningen. Ich fand es phantastisch. Nun musste ich nicht den ganzen Samstag und Sonntag im Heim verbringen. Außerdem verdiente ich etwas Geld, und es machte mir Spaß.

»Kannst du auch am verkaufsoffenen Abend kommen?«, fragte mich mein Chef schon bald.

Immer öfter ging ich nach der Schule in den Laden. Für meine Hausaufgaben hatte und nahm ich mir keine Zeit mehr. Es ging nicht gut in der Schule. Ich blieb in der siebten Klasse sitzen, schaffte das Jahr darauf die Achte und dann die Neunte, fiel aber durch die Abschlussprüfung in der Zehnten. Der Rektor hatte Verständnis für meine Situation.

»Hameeda, versuche es noch einmal. Mach die Schule fertig, das ist wichtig für deine Zukunft.«

Mit ihm traute ich mich, über meine Vergangenheit und mein Leben im Heim offen zu reden. »Es ist, als ob ich nicht mehr lernen kann. Ich musste so viel auswendig lernen. Natürlich will ich die Schule abschließen. Aber die Hausaufgaben, die sind am schwersten. Die anderen Mädchen lernen auch nicht, es ist immer Krach auf dem Gang, und es passieren schreckliche Dinge.« Ich konnte gerade noch ein Schluchzen unterdrücken. Eine Woche zuvor hatte ich meine Nachbarin blutend im Badezimmer gefunden. Sie hatte sich die Pulsadern aufgeschnitten.

Der Rektor schlug vor, dass ich bei ihm und seiner Frau wohnen sollte. »Zieh für ein Jahr bei uns ein. Meine Frau sorgt gerne für dich, und du hast die Ruhe, um dein Examensjahr erfolgreich abzuschließen. Ich rede mit dem Heim, das wird kein Problem sein.«

Während er sprach, schaute ich zu Boden. Ein Schauer lief mir über den Rücken. Nie, nie, nie wieder wollte ich eine Mutter. Die schönen Gefühle für meine eigene Mutter waren verblasst; die Erinnerung an meine Stiefmutter hingegen war zu frisch, um zu jemandem Vertrauen haben zu können. Ich wollte nur eins: so schnell wie möglich allein wohnen.

In der Schule ging es weiterhin nicht gut, aber ich entwickelte mich auf allerlei anderen Gebieten. Ich interessierte mich für Kosmetik und Fotografie, ich machte einen Kurs zum Model/Mannequin; dort lernte ich, bei Modeshows in eleganten Schritten über den Catwalk zu schreiten. Ich meldete mich bei Modelagenturen an und wurde zu Fototerminen eingeladen. Über diese Agenturen lernte ich Mädchen kennen, die wie ich bei Modeshows mitmachten. Sogar an einer Misswahl nahm ich teil. Die Nebenverdienste waren interessant, aber ich suchte vor allem nach der Bestätigung, dass ich nicht mehr hässlich war, dass ich mit anderen Mädchen wetteifern und sogar gewinnen konnte.

Ich arbeitete, so viel ich konnte, und traf regelmäßig interessante und freundliche Menschen. Inzwischen hatte ich auch einen Job in einer Boutique, und ich lernte, mich nach meinem eigenen Geschmack zu kleiden, und entwickelte einen eigenen Stil. Eines Tages kamen ein paar Jungs und ein Mädchen herein. Sie sahen gut aus und hatten sichtlich Spaß miteinander. Ich wurde sofort von ihrer Fröhlichkeit angesteckt. Einer der Jungen schaute mich an, zog seine Augenbrauen hoch und wandte sich wieder seinen Freunden zu. Schon bald sah ich seinen Blick wieder in meine Richtung wandern und mich aufmerksam betrachten.

»Kann ich dir helfen?«, fragte ich.

Er kam auf mich zu, schaute mich noch einmal intensiv an, und auf einmal blitzten seine Augen auf. »He, he, nun weiß ich es. Wir sind zusammen auf die Schule gegangen. Auf die Grundschule und auf die ROS, aber auf einmal warst du weg. Du bist doch Hameeda Lakho!?«

Ich schaute den netten dunklen Jungen an, der vor mir stand. »Ja, ich bin Hameeda. Aber wie heißt denn du?«

Gilmer nannte mir seinen Namen. Wir kramten in Erinnerungen. Er erinnerte sich noch gut, wie Ayesha und ich als kleine ausländische Mädchen alle Aufmerksamkeit auf uns zogen. »Ich fand euch so interessant.«

Wir redeten eine Weile, und Gilmer versprach, dass er zurückkommen würde. Und das tat er auch. Wir gingen aus, wurden Freunde, und nach einiger Zeit hatten wir eine Beziehung. Gilmer wohnte noch bei seiner Mutter und seinen Brüdern, aber er hatte sich auf eine Wohnungsliste setzen lassen. Die Zeit, dass auch ich alleine wohnen sollte, rückte näher. Ich war achtzehn Jahre alt und musste vor meinem neunzehnten Geburtstag eine Wohnung gefunden haben. Inzwischen war ich im Heim in die Abteilung »Begleitetes Wohnen« umgezogen. Ich wohnte quasi selbständig, nur wurde noch ein Auge auf mich geworfen. Ich musste nun selbst kochen, waschen und haushalten. Gilmer half mir bei meinem Antrag auf Sozialhilfe und bei der Wohnungssuche, die allerdings erfolglos blieb. So schien es nur logisch, als Glimer eine Zweizimmerwohnung im Zentrum Den Haags gefunden hatte, mit ihm zusammenzuziehen. Es war ja nur vorläufig. Im August wurde ich neunzehn, und dann musste ich das Claere-Fonteine-Heim verlassen. Ich war in diesem Sommer zum zweiten Mal durch meine Abschlussprüfung gefallen, hatte über eine Zeitarbeitagentur Arbeit gefunden und zog bei Gilmer ein.

Obwohl ich sie nicht häufig sah, sprach ich zu dieser Zeit wieder regelmäßig mit meinen Schwestern. 1981, drei Jahre nachdem ich von zu Hause weggelaufen war, konnte ich den Mut aufbringen, zu ihnen wieder Kontakt aufzunehmen. Die Wut hatte sich aufgelöst, und Ayeshas Briefe kamen weiterhin. Sie war nach einer schweren Zeit Ende 1979 auch weggelaufen. Sie fand bei Zahida Unterschlupf, die einige Monate zuvor von meinem Vater auf die Straße gesetzt worden war. Seit zwei Jahren waren wir also alle drei frei, aber wir waren anscheinend in unserer Vergangenheit gefangen. Zuerst erkannte ich Ayesha nicht. Erst als sie zu sprechen anfing, wusste ich, dass es meine Schwester war. Sie erzählte, dass mein Vater Zahida im wahrsten Sinne des Wortes aus dem Haus geprügelt hatte, als sie einmal zu spät kam.

»Aber warum bist du weggegangen?« Die Antwort auf diese Frage konnte ich mir selbst denken, aber ich fragte mich, was sie dazu gebracht hatte, wirklich den letzten Schritt zu wagen. »Bist du auch hinausgeschmissen worden?«, fragte ich.

Erst jetzt fiel mir auf, dass Ayesha noch immer den gleichen Tick hatte. Sie kaute keine Nägel, sondern probierte, mit den Zähnen an der Nagelhaut zu kauen. Mein Vater konnte darüber wütend werden. Sobald er es sah, schob sie ihre Hände schnell unter die Beine. Jetzt, wo ich sie anschaute, während sie am Kauen war, reagierte sie auf die gleiche Weise. Sofort setzte sie sich auf ihre Hände. Das irritierte mich.

»Vor mir brauchst du keine Angst zu haben«, sagte ich beinahe böse, »aber erzähl jetzt mal: Warum hat er dich aus dem Haus geworfen?«

Ayesha schaute mir in die Augen und sagte dann mit leiser, bebender Stimme: »1979 wurde ich verheiratet.«

Vor Staunen klappte mir der Unterkiefer herunter.

»Ich sollte mit einem alten pakistanischen Mann verheiratet werden. Zusammen mit Papa, unserer Stiefmutter und Waheed bin ich nach Pakistan gereist. Nach Tando Mohammed Khan, wenn dir das noch etwas sagt. Am Tag, als es so weit sein sollte, wurde die Heirat verhindert.«

Ich hörte aufmerksam zu, traute mich kaum, ihre schwache Stimme zu unterbrechen, und zog daher nur fragend meine Augenbrauen hoch: »Wer hat die Heirat verhindert?« Als sie nicht reagierte, bohrte ich weiter: »Wer hat verhindert, dass du mit einem alten Kerl verheiratet wirst?«

Ayesha schaute mich geradeheraus an und sagte laut und deutlich: »Amma.«

Erst dachte ich, du musst dich verhört haben. Dann schoss mir der Gedanke durch den Kopf, dass sie vielleicht Lalli meinte. Es dauerte einen Moment, bevor ihre Antwort zu mir durchdrang. »Amma?«, wiederholte ich ungläubig.

»Amma«, bestätigte Ayesha.

Amma lebt!

Vor Überraschung blieb mir der Mund offen stehen. »Amma lebt?«

Ayesha nickte und zog die Schublade eines Kästchens, das neben ihr stand, auf. Sie holte ein Päckchen heraus und gab es mir. In der weißen pakistanischen Schachtel lagen ein kleiner Spiegel und eine Kette. Ich erkannte die schimmernden Gegenstände sofort. Mit dem Spiegel hatte ich früher immer gespielt, und die Kette war von Amma. »Von Amma«, sagte Ayesha. »Für dich.«

Tränen stiegen mir in die Augen. Allerlei Gefühle durchströmten mich. Ich fühlte Glück, aber auch Wut. »Warum hat sie nie etwas von sich hören lassen? Und Yasmin, hast du sie auch gesehen? Wusste sie sofort, wer du warst?« Ich feuerte viele Fragen auf Ayesha ab.

Nachdem sie mir versichert hatte, dass es Amma und Yasmin gut ging, fragte sie, ob ich die ganze Geschichte hören wollte.

»Natürlich, ich will alles hören.« Aber eigentlich wollte ich selbst Fragen stellen. Es gab so viele Fragen. Fragen, die ich jahrelang verdrängt hatte. Erst zuhören, ermahnte ich mich. Ayesha fing an zu erzählen.

»So wie ich gerade gesagt habe, ist Zahida nicht lange, nachdem du für immer weg warst, im wahrsten Sinne des Wortes aus dem Haus geschmissen worden. Es war schrecklich. Eines Samstagabends musste sie um zehn Uhr zu Hause sein und kam erst um halb elf. Du weißt, was ein solcher Regelverstoß bedeuten konnte. Vater wurde aggressiv und schickte Zahida in ihr Zimmer. Mitten in der Nacht wurde ich wach, weil ich etwas gehört hatte. Ich schlich aus dem Bett und lauschte. Auf einmal begriff ich, dass es Zahida war, die weinte. Ich gab vor, ich müsse zur Toilette, und schlich aus meinem Zimmer. Zahida lag auf dem Boden. Voller Abscheu sah ich, wie der Kerl auf sie einschlug. Er hörte nicht auf zu treten und zu schlagen. Er war völlig außer sich und steigerte sich so in seine Raserei hinein, dass er sie letztendlich hinausschmiss. Es war mitten in der Nacht. Sie ist dann zu Tom gelaufen, einem Freund von ihr, der in Delft wohnt. Stunden hat sie dazu gebraucht.«

»Wo wohnt Zahida denn jetzt?«, unterbrach ich Ayeshas Erzählung. Jahrelang hatte ich an meinen Schwestern kein Interesse, aber nun, da ich Ayesha gegenübersaß, wollte ich alles wissen.

»Zahida wohnt bei Tom. Erst haben sie noch bei seinen Eltern gewohnt, aber nun haben sie eine eigene Wohnung. Es geht ihr ganz gut. Du kannst dir vorstellen, dass auch Zahida für Vater ab diesem Moment gestorben war. Und so blieb ich als Einzige übrig. Ich war jetzt noch das einzige Hindernis, vor allem für die Frau. Sie machte mir das auch nur allzu gerne deutlich. Einmal schrie sie mir ins Gesicht: ›Die Einzige, mit der ich jetzt noch eine Last habe, bist du. Aber lange wohnst du hier nicht mehr!‹ Die Person hat es uns immer übel genommen, dass wir ihr Leben durcheinander gebracht haben. Sie wollte selbst noch ein Kind, aber er fand das zu viel. Noch eines dazu. Oft schrie sie, dass es meine Schuld war, dass sie keine eigene Familie haben konnte. Ich fühlte mich mit jedem Tag unglücklicher, nachdem ihr beide aus dem Haus wart. Mit Zahida hatte ich heimlich Kontakt. Dir habe ich geschrieben, aber du hast nichts von dir hören lassen.«

Meine Augen begannen zu funkeln. Ich schaute meine Schwester scharf an. »Wundert dich das, nachdem ihr zwei mich hängen gelassen habt. Ich hatte absolut keinen Bedarf mehr an Menschen, die mich im Stich ließen.«

Ayesha schüttelte den Kopf. »Du weißt nur die Hälfte, Hameeda. An diesem Abend, als der Beamte Den Boer dich nach Hause gebracht hatte, bin ich hinter ihm hergelaufen. Ich habe so getan, als müsse ich den Hund rauslassen. Zum Glück ging Den Boer noch vor dem Haus auf und ab. Er wusste sehr gut, dass bei uns wirklich was nicht stimmte, aber er konnte noch nicht eingreifen. Das Einzige, was ich zu ihm sagte, war: ›Hameeda sagt die Wahrheit.‹ Mit kurzem Kopfnicken zeigte er, dass er mich verstanden hatte. Später, als du dann weg warst, sind Zahida und ich noch einmal zur Polizei gegangen, um alles genau zu erzählen. Den Boer versprach uns, dass du in Sicherheit seist.«

Ayesha probierte von meinem Gesicht abzulesen, ob diese Geschichte mich zufrieden stellte. Das tat sie im Prinzip schon, aber ich hatte so viele widersprüchliche Gefühle und so viele Fragen, die sich in meinem Kopf drehten. Das Durcheinander wurde immer größer. Ayesha nahm den Faden ihrer Geschichte wieder auf. »Zu Hause wurde es immer schlimmer, ich wurde geschlagen und getreten, so oft, wie sie Lust dazu hatten. Sie sagten immer, dass sie mich auch für tot erklären würden, wenn ich mich nicht besser benehmen würde. Ab einem bestimmten Moment war ich willenlos und vollkommen leblos. Mein Gefühl war tot, und nichts konnte mir noch etwas anhaben. Ich reagierte nicht mehr auf ihn und nicht mehr auf sie. Da war wirklich der Teufel los, aber das war mir vollkommen egal.«

Ich verstand genau, was sie durchgemacht hatte. Mir war ja schließlich das Gleiche passiert.

Ayesha erzählte weiter: »Eines Tages sagte er, dass wir zu viert nach Pakistan gehen würden. Er wollte seinen Vater, unseren Großvater, besuchen, der ernstlich erkrankt war. Als die Sommerferien anfingen, reisten wir ab. Er, die Frau, Waheed und ich. Nach Pakistan.« Ayesha schlug ihre Augen nieder.

Ich hätte ihr die Worte am liebsten aus der Nase gezogen. Amma, Amma, schwirrte es mir durch den Kopf. »Und dann? Wann hast du Amma denn gesehen?«

Ayesha ließ sich nicht hetzen. Vor zwei Jahren hatte sie mir das alles geschrieben; ich schickte die Briefe ungeöffnet zurück. Nun musste ich Geduld haben. »Die ersten Tage wohnten wir in Karatschi«, fuhr Ayesha fort, »bei unserem Großvater in Bakra Pri. Opa war sehr krank und alt, aber auch entsetzlich froh, uns zu sehen. Nach einer knappen Woche reisten wir nach Tando Mohammed Khan weiter.« Zu Lalli, dachte ich. »Über eine holprige, staubige Straße näherten wir uns dem Dorf. Ein Auto, Fremde, ein ehemaliger Nachbar mit seiner weißen Frau: Wir waren Sehenswürdigkeiten. Ich war erstaunt. Welches Interesse und so viele fremde Menschen! Als ich meinen Blick über die herbeigeströmte Menge gleiten ließ, um zu schauen, ob ich Lalli noch erkannte, sah ich eine kleine Frau, die rief: ›Ayesha, Ayesha.‹ Die Stimme. Die Augen. Sie sagte noch viel mehr, aber ich verstand sie nicht. Ich zögerte, aber innerhalb einer Sekunde wusste ich, wer da stand: Amma. Sie hat sich wirklich überhaupt nicht verändert.«

»Wirklich nicht?« Ich saß auf meiner Stuhlkante. »Ist sie noch unsere gleiche, liebe Amma?« Sie lebt also. Während mich eine warme Welle des Glücks durchströmte, fühlte ich gleichzeitig auch das eiskalte, ernüchternde und unterschwellige Gefühl: Warum hat sie uns im Stich gelassen?

»Oh, Hameeda, sie war so glücklich, mich zu sehen. Aber viel Zeit, um sie zu umarmen, hatte ich nicht, denn die Frau tat gerade so, als wäre ich ihre Tochter und ihr Besitz. ›Benimm dich‹, zischte sie. Ich war verdutzt. All die Aufmerksamkeit, Lalli, Amma, Yasmin – sie war auch da – und ein Junge ungefähr so alt wie Waheed, der dauernd ›sister, sister‹ zu mir rief und an meinem Arm hing.«

»Wer war denn das?«, wollte ich wissen.

»Unser jüngster Bruder. Ali Nawaz.«

Nun verstand ich auf einmal gar nichts mehr. »Ein Halbbruder?«

»Nein, nein«, sagte Ayesha, »unser echter Bruder. Ein Kind von Amma und Vater. Amma war schwanger, als sie die Niederlande verließ. Wir zogen zu viert bei Lalli, Amma, Yasmin und Ali Nawaz ein. Amma versuchte alles, dass es ihr Mann mit seiner weißen Frau bequem hatten. Es war schrecklich anzusehen, wie unsere Stiefmutter es genoss, Amma als Arbeitstier zu benutzen. Amma wusch und kochte den ganzen Tag. Zu meinem Entsetzen durfte sie nicht mit uns am Tisch essen. Manchmal kam sie nachts heimlich zu mir und streichelte meine Haare. Erinnerst du dich noch an das Gefühl, wie sie mit ihren Fingern unsere Haare drehte? Sie gab mir geräuschlose Küsse, und dann umarmten wir einander. Vater durfte nichts hören, denn er wollte nicht, dass Amma und ich zusammen waren. Ich gehörte zu ihm und seiner Frau. Beinahe jeden Tag kamen Menschen aus dem Dorf, um mit unserem Vater zu reden. Dort war er wirklich der große Mann. Er hatte es im Westen geschafft. Eine weiße Frau, ein eigenes Haus, Auto und ein Geschäft. Er zeigte Fotos herum und ließ seine Bank- und Kreditkarten sehen. Du hättest ihn prahlen und aufschneiden hören sollen. Er erzählte jedem, dass er Millionär sei. Ich verstand die Sprache nicht, aber begriff, dass er kräftig angab. Immer öfter tauchte derselbe Mann auf. Lalli zog mich einmal hinter einen Trennvorhang, um mir durch ein Loch diesen Mann zu zeigen. Es stellte sich heraus, dass er der Sohn eines Bruders von Opa war. Ich verstand nicht, warum das so interessant war, bis unsere Stiefmutter mit einem gemeinen, selbstüberzeugten Lächeln erklärte, dass ich mit dem alten Mann verheiratet werden sollte. Wirklich, Hameeda, ich verstand kaum, was das bedeutete. Natürlich wusste ich vage etwas über arrangierte Ehen und dass das in Pakistan ganz normal war, aber was wissen wir nun über pakistanische Gebräuche? Außerdem fühlte ich mich überhaupt nicht pakistanisch. Wir sind nicht mit der Kultur, nicht mit dem Glauben, mit nichts aus dem Land aufgewachsen. Schließlich informierte unser Vater erst Amma in Sindhi und dann mich, dass er diesen Mann für mich gefunden habe. Ich dürfe glücklich sein, dass es jemanden gab, der so eine Hure, wie ich es war, heiraten wolle. Das Letzte sagte er übrigens nur auf Holländisch. Ich heulte und schrie, dass ich so einen alten Mann nicht heiraten wolle. Dass ich nicht in Pakistan bleiben, sondern nach Holland, zu Zahida und dir, zurück wollte. Natürlich war ich froh, bei Amma zu sein, aber ich fühlte mich in diesem Land mit den fremden Menschen, der fremden Sprache und fremden Gebräuchen nicht wohl. Sie sind dort so arm. Amma lebt unter schrecklichen Umständen, und es ist so dreckig auf der Straße. Ich gehöre nicht dorthin. Die Niederlande sind meine Heimat. Ich schrie und schrie und wurde völlig panisch. Das machte ihn wütend. Er schlug und trat mich und konnte nicht mehr aufhören. Doch Amma wurde auch wütend.

Sie schimpfte ihn aus, während seine weiße Frau dabeistand. Amma lebt nach islamischen Regeln. Für sie ist es normal, zu gehorchen und sich unterwürfig zu verhalten, und ihr Mann ist für sie heilig. Auch die pakistanischen und islamischen Gebräuche sind ihr vertraut. Wenn Yasmin das Heiratsalter erreicht, wird sie sich wahrscheinlich nicht gegen eine arrangierte Heirat wehren. Aber in meinem Fall konnte sie es nicht gutheißen. Wenn ich verheiratet werden würde, musste ich für immer in Pakistan bleiben. Nach der Trauung würde ich zur Familie meines Mannes gehören, und dann müsste ich, genauso wie Amma es immer getan hatte, für meinen Mann, seine Eltern und seine Söhne sorgen. Anscheinend machte Amma ihrem Mann deutlich, dass es idiotisch war, ein niederländisches Mädchen, das kein Sindhi sprach und die Gebräuche nicht kannte, an einen Pakistani zu verkuppeln. Als Antwort erhielt auch sie eine Tracht Prügel. Ich weinte – nicht wieder, nicht wieder diese Szenen!«

Ayesha schlug ihre Hände vors Gesicht, und auch mir war noch deutlich in Erinnerung, wie er vor Jahren unsere Amma zugerichtetet hatte.

»Eines Tages gingen sie zu dritt, Papa, seine Frau und Waheed, nach Karatschi. Ich durfte bei Lalli und Amma bleiben«, fuhr Ayesha mit ihrer Geschichte fort. »Obwohl Amma und ich nicht miteinander sprechen konnten, verstand ich viel von dem, was sie mir sagen wollte. Sie fragte nach dir und Zahida, sie machte mir deutlich, dass sie uns alle drei sehr vermisste und dass sie uns sehr liebte. Ich fragte sie mit Gebärden: ›Warum hast du nie geschrieben?‹ Sie zuckte mit den Schultern und schüttelte den Kopf. Dann zog sie mich am Arm zu einer großen Kiste. Sie holte drei Stapel selbst genähter Kleider hervor. ›Zahida‹, sagte sie und wies auf den ersten Stapel: ›Ayesha, Hameeda.‹ Ich schaute mir die Stapel genauer an und erkannte, dass es pakistanische Kinderkleider in verschiedenen Größen waren, die in den schönsten Farben erstrahlten. Jedes Jahr hatte sie sie in der Hoffnung, dass wir kommen würden, für uns genäht. Yasmin und Ali Nawaz kannten unsere Namen auch. Amma sprach über uns. Sie gab mir Dinge, die sie im Lauf der Zeit für mich, für dich und Zahida gesammelt hatte. Sie verstand nicht, warum wir dachten, dass sie tot sei. Sie wusste alles über uns. Sie hatte Fotos. Zu dritt am Weihnachtsbaum, in der Schule, in unseren schönsten Kleidern. Dieser Kerl, unser Vater, hatte sie anscheinend immer darüber informiert, wie es uns ging. Wieder fragte ich sie, warum sie uns denn nie ein Zeichen gegeben hatte. Sie schüttelte noch einmal den Kopf und machte ein Geldzeichen mit den Fingern. Erst dachte ich, dass sie kein Geld hatte, um etwas zu schicken. Nach längerem Rätseln wurde mir aber klar, dass sie kein Geld mehr bekommen hätte, wenn sie versucht hätte, mit uns Kontakt aufzunehmen. Sie musste warten, bis er uns mitbrachte. Und mit frohem Gesicht wies sie auf mich, als wollte sie sagen: Und siehst du, da bist du auch.

Wie sehr sie auch sonst gehorchte, es gelang ihr, in Zusammenarbeit mit einem der weisen Männer des Dorfes die Heirat zu verhindern. ›Keine Heirat, aber auch kein Holland!‹, schrie Vater, begreifend, dass er verloren hatte. Bis zum letzten Tag wusste ich nicht, ob ich wieder mit zurück durfte. Er sprach nicht mit mir und nicht mit Amma. Im Streit reisten wir ab. Er war wütend, dass es mit der Heirat nicht geklappt hatte, und sah das als Gesichts- und Ehrverlust. Seine pakistanische Frau hatte über ihn gesiegt! Diese Person, unsere Stiefmutter, hatte es gründlich satt, dass ich noch immer da war; sie hatte sich eine Reise ohne Rückfahrkarte für mich vorgestellt. Amma durfte zur Strafe nicht mehr in meine Nähe. Wenn ich nicht in Pakistan bleiben wollte, durfte ich auch die Wärme meiner Mutter nicht mehr spüren. Erst einen Tag vor unserer Abreise teilte er mir mit, dass ich mit zurück durfte. Die letzte Nacht verbrachten wir wieder in Bakra Pri in Karatschi bei Opa. Wie Amma es fertig brachte, weiß ich nicht, aber sie war auf dem Flughafen, als wir abflogen. Dort drückte sie mir etwas in die Hand und machte mir deutlich, dass ich ihr schreiben müsse. Sie hatte mir die Adresse von Tante Noora gegeben. Yasmin, die schon ein bisschen Englisch sprach, würde Amma die Briefe vorlesen. Auch du und Zahida solltet schreiben. Wir umarmten einander, so lange wir konnten, und dann musste ich gehen. Die ganze Reise haben Vater und seine Frau kein Wort gesprochen. Zu Hause wurden sie schrecklich böse. Ich weigerte mich, noch etwas zu sagen. Da noch immer Ferien waren, saß ich ganze Tage in meinem Zimmer und schrieb Strafarbeiten. Seite um Seite. Außer den Strafarbeiten schrieb ich auch in ein Heft, warum ich so wütend auf sie war und warum ich nichts mehr sagte. All meine Wut habe ich in dieses Heft geschrieben. Vier Wochen saß ich in meinem Zimmer. Waheed stellte mir zweimal am Tag Wasser und Brot vor die Tür.

Erst nach den Ferien durfte ich wieder vor die Tür, um in die Schule zu gehen. Ich plante meine Flucht. Ich wollte meine Sachen in einen Abfallsack stopfen und Zahida und Tom fragen, ob sie mich abholen könnten. Zahida hatte schon sehr oft gesagt, dass ich bei ihr und Tom wohnen dürfte. Während ich den Hund ausführte, rief ich Zahida an, um mit ihr zu verabreden, wann sie kommen sollten. Was ich nicht bemerkt hatte, war, dass Papa mir gefolgt war. Auf einmal stand der schreckliche Kerl in voller Größe vor der Scheibe der Telefonzelle. Ich erschrak mich zu Tode. Er schleifte mich nach Hause und fing an zu schlagen. An diesem Abend habe ich meine Sachen gepackt. Sobald sie am folgenden Morgen zur Arbeit waren, wollte ich weggehen. Aber was passierte?«

Ich schüttelte den Kopf.

»Er ging an diesem Morgen nicht zur Arbeit, sondern kam in mein Zimmer. Als er die Müllbeutel sah, riss er sie auf und fragte, was ich damit wollte. Ich zitterte und sagte nichts. Er sah meine Bücher, Reisepass, Toilettenartikel, und es wurde ihm klar, dass ich weg wollte. Das wurden die letzten Prügel. Ich konnte noch einen Sack mitnehmen, als ich aus unserem elterlichen Haus flüchtete. ›Unrecht schlägt den eignen Herrn. Lies in meinem Heft, warum ich weggehe‹, rief ich, als ich mit meinem Müllsack wegrannte.«

Einen Moment war es still. Also, dachte ich, Ende 1979, ein Jahr, nachdem ich für immer das Haus verlassen hatte, waren auch Zahida und Ayesha geflüchtet. Ayesha wohnte eine Weile bei Zahida und Tom, aber schon bald zeigte sich, dass es für alle besser war, wenn sie sich selbst ein Zimmer suchen würde. Und so wohnte sie nun in Leiden in einer Dachgeschosswohnung. Ich war erstaunt, überrumpelt und wollte nach Hause, um alles zu überdenken. Ayesha und ich verabredeten, dass wir uns in einigen Tagen mit Zahida treffen würden.

Zahida hatte eine gemütliche Wohnung und einen netten Freund. Wir machten Fotos, weil wir wieder zusammen waren, und fühlten uns in gewisser Weise glücklich. Und doch stimmte etwas nicht zwischen uns. Obwohl wir froh waren, dass Amma und Yasmin noch lebten und wir einander wieder näher kamen, wurde die Spannungen zwischen uns immer größer. Die schmerzhafte Erinnerung an unsere gemeinsame Jugend stand zwischen uns. Wir wollten alle drei nicht darüber sprechen, und so schwiegen wir und ließen zu, dass unsere Vergangenheit wie eine große, dunkle Wolke über unseren Köpfen hing. Die Begegnungen verliefen zäh, und immer öfter bildeten sich lange Pausen, wenn wir zusammen waren. Die Folge war, dass wir einander auswichen. Ayesha schrieb Briefe an Amma. Sie bat uns, auch zu schreiben, aber Zahida und ich hatten Angst vor dem Kontakt. Auf der einen Seite war ich froh, dass meine liebe Amma noch lebte, auf der anderen Seite fühlte ich mich von ihr im Stich gelassen. Unbewusst gab ich ihr die Schuld für unsere schreckliche Kindheit und Jugend. Ayesha konnte hundertmal erklären, dass sie keinen Kontakt mit uns aufnehmen durfte, weil unser Vater sonst die dringend nötige Unterstützung von neun Gulden im Monat für Yasmin und Ali Nawaz gestrichen hätte. Doch war das bisschen Geld wichtiger als ihre drei Töchter? Ich schrieb zwar, aber nicht nach Pakistan. Ich schrieb stundenlang. All meinen Kummer, meine Wut und mein Unverständnis brachte ich zu Papier.

Schließlich wollte Ayesha Fotos von mir und Gilmer, damit sie sie Amma schicken konnte. Ich suchte einige Modefotos heraus und steckte noch ein Urlaubsfoto von Gilmer und mir dazu, auf dem wir uns während eines Essens fröhlich zuprosteten. Von Ayesha erfuhr ich die Reaktion meiner Mutter, und die machte mich rasend. Ayesha solle mir Respekt beibringen. Wie könne ich nur solche engen, unanständigen Kleider tragen? Und seit wann trank eine moslemische Frau Alkohol? Auch Gilmer wurde von Amma abgewiesen. In Pakistan und nach den Regeln des islamischen Glaubens heiratet man nämlich niemand aus einem anderen Stand, einer anderen Kaste oder mit einem anderen Glauben, anderer Hautfarbe oder einer anderen Rasse. Gilmer erfüllte also keine der Bedingungen, die Amma an einen passenden Partner für mich stellte.

»Wie kann sie es wagen?«, schnaubte ich Ayesha an. »Sie ist wohl verrückt! Sie lässt uns hier sitzen, geht selbst zurück nach Pakistan, bekommt Geld für ihre Kinder, und inzwischen werden wir dauernd geschlagen, verprügelt und aus dem Haus geworfen. Wenn wir dann alles aus eigener Kraft ein bisschen unter Kontrolle bekommen, traut sie sich, das zu missbilligen. Sie kennt mich noch nicht einmal. Ich will überhaupt nichts mehr mit ihr zu tun haben!« Während ich diese Worte aussprach, brach ich weinend zusammen.

Ayesha nahm mich in den Arm. Ich schüttelte sie ab. »Du schreibst diese braven, dummen Briefchen mit: ›Wie geht es dir?‹ und ›Mir geht es gut‹. Nie wird darin gesagt, wie schlecht uns der Kerl behandelt hat, nur weil Amma noch immer daran hängt, dass sie ihren Mann und wir unseren Vater respektieren müssen. Respekt! Respekt! Wenn ich für diesen Kerl eines nicht fühle, dann ist es Respekt!«

Ayesha war milder und antwortete: »Hameeda, Amma weiß es nicht besser. Sie denkt, dass er hier gut für uns gesorgt hat. Du kannst es ihr nicht übel nehmen.«

Das allerdings tat ich. Ich verstand es nicht und war wütend. Ich wollte ihr nicht schreiben. Regelmäßig versuchte Ayesha mich zu überzeugen, Amma ein Lebenszeichen zukommen zu lassen. Ich konnte es nicht mehr, aber die Sehnsucht nach meiner Mutter und nach Mutterliebe wurde davon nicht weniger. Darum schlug ich 1988 meinen Schwestern vor, Amma, Yasmin und Ali Nawaz in die Niederlande zu holen. Ayesha und Zahida waren enthusiastisch. Wir würden zusammen die Flugtickets bezahlen und für eine Unterkunft sorgen. Ayesha schrieb sofort einen Brief.

Es kam auch sofort eine Reaktion aus Pakistan: ein strenger Drohbrief in der Handschrift meines Vaters, worin er allen Kontakt und alle Korrespondenz mit unserer Familie in Pakistan verbot. Er schieb: »Die pakistanische Gemeinschaft weist euch ab. Ihr gehört nirgends mehr hin!« Er drohte, uns zu ermorden. Nicht nur uns, sondern auch Amma. Wir verstanden gar nichts mehr. War er dort, wohnte er in Tando? Später hörten wir, dass die Briefe regelmäßig durch Lalli und einen Freund meines Vaters abgefangen wurden. Der Freund hatte den Auftrag bekommen, Amma im Auge zu behalten, und so war mein Vater, der in den Niederlanden wohnte, vollständig über unsere Korrespondenz mit Amma auf dem Laufenden. Manchmal empfing Ayesha von Amma einen kurzen Brief, worin sie meldete: »Schreib nicht. Er ist hier.« Obwohl wir drei nicht viel von den pakistanischen Bräuchen wussten, war uns bekannt, dass Blutrache dort noch vorkam. Mein Vater würde nicht davor zurückschrecken, seiner Frau oder seinen Töchtern den Garaus zu machen. Wie oft hatte er nicht damit gedroht? Wir hatten Angst, dass er Amma etwas antun könnte, daher stellte auch Ayesha den Briefwechsel ein. Als Ayesha einige Zeit später doch wieder eine Karte zu Tante Noora schickte, bekam sie wieder Antwort von meinem Vater. Er schrieb nur einen Satz: »Amma ist tot.« Wir wussten, dass wir das nicht unbedingt wörtlich nehmen mussten, hatten aber trotzdem ein beklemmendes Gefühl. Dieser Mann war zu allem fähig. War Amma noch am Leben? Wieder folgten Jahre der Unsicherheit.

Weil ich immer wissen wollte, wo mein Vater sich aufhielt, rief ich regelmäßig unsere alte Telefonnummer an. Wenn einer von beiden abnahm, legte ich sofort wieder auf. Ich hatte dann genug erfahren. Einmal bekam ich Waheed an die Leitung. Ich fragte, wie es ihm ging. Er klang vertraut, aber auch sehr ängstlich. Er dürfe nicht mit mir sprechen, sagte er. Ich solle nicht wieder anrufen.

Die Drohbriefe meines Vaters hatten dafür gesorgt, dass meine Ängste und Albträume in voller Stärke wiederkehrten. Es wurde noch schlimmer, nachdem ich meinem Vater einmal zufällig in einem Laden begegnet war. Plötzlich sah ich ihn. Ich stand dort wie angewurzelt. Ohne eine Spur von Scham fing er mitten im Geschäft an, mich lauthals zu beschimpfen. Es war, als wäre die Zeit stehen geblieben. Sieben Jahre waren plötzlich spurlos ausgelöscht.

»Dreckige Hure. Wie kannst du es wagen, mir unter die Augen zu treten?«

Nach dem ersten Schreck ließ meine Erstarrung nach, und ich rannte aus dem Laden. Tränen rollten mir über die Wangen. Zitternd lief ich zu Gilmer, der in der Nähe arbeitete. Stockend erzählte ich von der Begegnung.

Gilmer wurde wütend. »Ist der Kerl verrückt geworden! Kann er dich nicht endlich in Ruhe lassen! Ich will nicht, dass du noch einmal von ihm beschimpft wirst, und das werde ich ihm selber sagen.«

Ich konnte Gilmer nicht davon abhalten, und eigentlich wollte ich das auch nicht. Zusammen fuhren wir zu dem Hochhaus. Ich klingelte. Als mein Vater mich sah, wollte er die Tür zuschmeißen, aber Gilmer setzte seinen Fuß dazwischen. Ich sah am Blick meines Vaters, dass er Angst hatte. Angst vor dem großen, starken und wütenden Mann, der vor ihm stand. Gilmer teilte ihm mit, dass schreckliche Dinge passieren würden, wenn mein Vater es sich einfallen lassen sollte, mir noch einmal lästig zu werden. Das war's. Wir drehten uns um und gingen weg. Zwei Jungen kamen uns entgegen. Einer davon war Waheed, den ich erst nicht erkannte, und ein kleinerer Junge. Hinter uns hörte ich meinen Vater rufen: »Greift sie. Ermordet sie!«

Meine Stiefmutter erschien in der Tür. Als ich mich umdrehte, stand sie dicht hinter mir und fing an, wild an meinen Haaren zu ziehen. Mein Haar, dachte ich.

»Bleib von meinen Haaren weg, Scheißweib«, schrie ich. »Du hast doch, was du wolltest! Du hast uns alle zur Tür hinausgejagt. Der Kerl, hinter dem du her warst, war verheiratet und hatte vier Kinder, aber du wolltest ihn für dich, oder nicht?«

Ein gehässiges Lachen war ihre Antwort. »Ihr wolltet doch selbst weg. Alle. Und jetzt seid ihr auch weg. Für immer. Ihr seid tot, und wir haben unsere eigene Familie mit zwei prächtigen Jungs!« Sie wies auf Waheed und den anderen Jungen. Ich hatte anscheinend noch einen Halbbruder bekommen.

Inzwischen stürzten sich Waheed und mein Vater auf Gilmer. Ich hatte Angst, dass Gilmer etwas passieren könnte, und versuchte, die Frau von mir wegzuschieben. Es entwickelte sich eine gewalttätige Rangelei, die nur dank der Nachbarn und der Polizei ohne größere Folgen verlief. Alle zusammen mussten wir mit auf die Wache. Gilmer und ich wurden in einem Zimmer verhört, meine Eltern und Halbbrüder in einem anderen Raum. Nach einiger Zeit kam der Polizist, der meine Eltern verhörte, in unser Zimmer.

»Deine Eltern sind sehr wütend«, sagte er zu mir mit ernstem Blick. »Sie wollen Anzeige wegen schwerer Misshandlung erstatten.«

Mir entglitt ein schrilles Lachen. »Ha, ha. Ja, ja. Sie wollen Anzeige erstatten, weil wir sie misshandelt haben. Unglaublich! Wissen Sie, was Sie tun müssen? Die Akte von Hameeda Lakho in Ihrem Archiv suchen und den Kriminalbeamten Den Boer dazuholen. Er kann Ihnen ganz genau erzählen, wer, wann und wie misshandelt wurde. Eine Anzeige! Wenn sie nicht aufpassen, dann zeige ich sie an wegen jahrelanger Misshandlung. Sagen Sie ihnen das.«

Der Polizist war während meines Ausbruchs einen Schritt zurückgewichen. »Wie du willst«, sagte er. Er schaute zu seinem Kollegen. Auf seinem Gesicht konnte man die Frage ablesen: Habe ich was verpasst? Nicht viel später streckte er seinen Kopf wieder zur Tür herein und meldete, dass meine Eltern von einer Anzeige abgesehen hätten.

Die Begegnung mit meinem Vater, meiner Stiefmutter und Waheed hatte mich angegriffen. Meine Nächte wurden immer öfter durch die schrecklichsten Albträume gestört, und ich fühlte tiefen Kummer. Kummer, weil Waheed, den ich wie einen Bruder geliebt hatte, sich bedingungslos für sie entschieden hatte. Er war für mich zu einem Fremden geworden. Ich fühlte mich depressiv, ängstlich und unruhig. Keinen Moment konnte ich mich entspannen. Ich war in meinen eigenen Gefühlen gefangen. Wieder fühlte ich mich eingeschlossen. Eine Gefangene meiner selbst, meiner eigenen Emotionen und meiner Vergangenheit.

Der Streit beginnt

Das Leben ging weiter. Alle drei Schwestern wohnten wir allein und führten unser eigenes Leben. Zahida wurde Lehrerin, heiratete Tom und bekam zwei Kinder. Ayesha machte eine Ausbildung zur Sozialarbeiterin und kümmerte sich um von zu Hause weggelaufene Kinder. Als sie schwanger wurde, ließ der zukünftige Vater sie sitzen. Ich wohnte mit Gilmer zusammen und arbeitete über Zeitarbeitagenturen als Sekretärin. Viele Betriebe, Botschaften und Behörden habe ich von innen gesehen. Ich wurde regelmäßig gefragt, ob ich nicht eine feste Anstellung haben wollte, lehnte aber immer ab. Die Vorstellung, mich an einen Chef fest zu binden, war mir unangenehm, ich hätte mich zu eingeschränkt gefühlt. In Bezug auf Freiheit und Unfreiheit war ich übersensibel. Ich wollte mich von niemandem an die Kette legen lassen. Meine Beziehung mit Gilmer war dadurch nicht immer einfach. In all den Jahren hatte ich nie gelernt, Menschen zu vertrauen. Ich hatte eine Mauer um mich herum aufgebaut, um andere auf sicheren Abstand zu halten. Die Erziehungsmethoden meines Vater und seiner Frau hatten bei uns einen tief verwurzelten Minderwertigkeitskomplex bewirkt, der inzwischen bei jeder von uns einigen Schaden angerichtet hatte. Ich war unsicher. Bei allem. Auch darüber, ob ich ein Kind wollte oder nicht. Gilmer wollte gerne, aber ich zweifelte und hatte Angst vor der Verantwortung. Obwohl ich nach vielen Gesprächen und langem Nachdenken noch immer zweifelte, stimmte ich dann doch zu. Gilmer und ich beschlossen zu heiraten. Das klingt einfacher, als es war, denn als wir die Papiere dafür in Ordnung brachten, stellte sich heraus, dass ich keine Geburtsurkunde besaß, die aber für ein Aufgebot nötig gewesen wäre. Es gab noch andere Möglichkeiten, nämlich entweder vier Personen anzugeben, die zu meiner Geburt eine eidesstattliche Versicherung ablegen konnten, oder, sollte ich solche Personen nicht benennen können, selbst eine eidesstattliche Versicherung abzugeben, dass ich nicht vier solche Personen aufweisen konnte. Ich wollte, genau wie meine Schwestern, diesen Eid ablegen; Zahida und Ayesha meinten, das wäre überhaupt kein Problem. Leider war die Prozedur geändert worden, und alles lief nun über den »Ausschuss zur Prüfung der Nationalität« des Standesamtes. Das hätte Monate gedauert. Der kürzeste Weg aber waren die Zeugen. Doch woher sollte ich diese bekommen? Kontakt zu meinem Vater wollte ich nicht. Meiner Mutter zu schreiben traute ich mich nicht. Wir wussten noch nicht einmal, ob Amma noch lebte, denn seit dem letzten Drohbrief hatten wir nichts mehr von ihr gehört. Als es mir doch besser schien, noch eine Weile mit dem Baby zu warten, wurde ich schwanger. Die Heirat wurde auf die lange Bank geschoben.

Meine Schwangerschaft ließ bei mir viele Emotionen an die Oberfläche kommen. Ich hatte für das Kind in meinem Bauch zärtliche Gefühle, aber ich hatte auch Angst. Angst, ich könnte, als Folge meiner Vergangenheit, keine gute Mutter sein. Ich vermisste meine eigene Mutter, um von ihr zu lernen. Ich suchte nach einem Vorbild, aber ich fand keins. In diesen Monaten realisierte ich erst, dass ich allein auf der Welt war und nirgendwohin gehörte. Ich war zwar in Pakistan geboren, aber von dem Land, der Bevölkerung und seinen Traditionen wusste ich nichts. Ich hatte darüber auch nie etwas wissen wollen. Meine Eltern hatten mich westlich erzogen, ich ging auf niederländische Schulen, und ich fühlte mich auch holländisch. Meine Heimat hatte mich nie interessiert. Vor allem, um die Erinnerung an meinen Vater zu verdrängen, hatte ich mich von meinem kulturellen Hintergrund distanziert. Meine Wurzeln kannte ich nicht, und das rächte sich jetzt. Gilmer erzählte begeistert über die Erinnerungen an sein Vaterland Surinam. Er liebt sein Land, sein Volk und die Fröhlichkeit seiner Mutter und seiner Geschwister. Er würde unserem Kind von seinen Großeltern erzählen können. Aber ich? Was konnte ich erzählen? Mein Baby würde halb pakistanisch sein. Und ich, als Vollblut-Pakistani, verleugnete und verdrängte meine Herkunft. Diese Gedanken nagten an mir und wurden nach der Geburt von Rachel noch stärker.

Die Geburt dauerte lange und war unglaublich schwer. Ich verlor mehr als drei Liter Blut, weil die Plazenta sich nicht lösen wollte und operativ entfernt werden musste. Am 11. Juni 1991 wurde Rachel geboren: ein Geschenk des Himmels. Ich war unglaublich stolz auf mein kleines Mädchen. Gilmer war ein strahlender Vater. Ich war sehr glücklich über Rachel, aber sehr unglücklich über mich selbst. Die ersten Monate mit ihr waren anstrengend. Sie weinte sehr viel und hielt uns Tag und Nacht in Atem. Ich fühlte mich schlapp, hatte psychisch enorme Probleme und konnte die Situation nicht länger ertragen. Da ich Krankengeld bezog, sprach ich regelmäßig mit der Betriebsärztin. Bei ihr traute ich mich, über meine Vergangenheit zu sprechen, und sie sorgte dafür, dass ich zu einem Psychiater des Regionalen Instituts für ambulante Psychiatrie (RIAGG) kam. Ich hatte professionelle Hilfe nötig, aber in dieser Phase stellte sich die Therapieform, die bei RIAGG angewendet wurde, als nicht wirkungsvoll heraus. Ich wurde von Tag zu Tag depressiver und konnte mein Kind nicht länger stillen. Dadurch ging es mir noch schlechter, und ich stellte die Besuche beim Psychiater ein. Damit war das Problem natürlich nicht gelöst. Schon früher, während meines Aufenthalts im Kinderheim, hatte ich angefangen, meine Geschichte zu Papier zu bringen. Jetzt hatte ich wieder das Bedürfnis zu schreiben. Die Ankunft von Rachel hatte bei mir nicht nur viele Emotionen an die Oberfläche gebracht, sondern auch viele Fragen aufgeworfen. Vor allem Fragen an meine Mutter. Ab der ersten Sekunde, als ich das kleine, süße Baby in meinen Armen hielt, konnte ich mir nicht vorstellen, es jemals wieder loszulassen. Sofort, trotz meiner Erschöpfung, fühlte ich die Verbundenheit. Eine starke Verbundenheit, die mich aber nicht einengte. Rachel löste in mir die schönsten Muttergefühle aus, aber gleichzeitig dachte ich auch an mich selbst als Kind. Wie konnte eine Mutter ihr eigenes Kind weggeben? Wie hatte meine Mutter mich jemals im Stich lassen können? Wie konnte sie mich und meine Schwestern den Launen dieses aggressiven Mannes überlassen? Diese und noch mehr Fragen ließen mich nicht los. Ich wollte Antworten. Zum ersten Mal wollte ich wirklich alles wissen. Meine Wut war verschwunden. Mein Ärger von früher war Unverständnis und dem zwingenden Bedürfnis, die Wahrheit zu erfahren, gewichen. Ich suchte nach meiner Vergangenheit. Und wenn nicht für mich, dann auf jeden Fall für mein Kind.

Alles, wofür ich mich in meinem Leben geschämt hatte, forderte jetzt meine Aufmerksamkeit. Ich las über das Leben in Pakistan. Erst jetzt erfuhr ich, in welcher Sprache mir meine Mutter Liebkosungen ins Ohr geflüstert hatte. Bücher, Zeitschriften und Dokumentationen erklärten mir die engen Familienbande innerhalb der pakistanischen Gesellschaft. Ich bekam eine Vorstellung von der Untertänigkeit und der Folgsamkeit der Frauen, fühlte Abscheu vor dem rücksichtslosen Verhalten der Männer. Langsam, aber sicher betrachtete ich es als Wunder, dass wir, Zahida, Ayesha und ich, noch lebten. Vor allem englische Dokumentationen boten Einsichten in das schwere Leben pakistanischer Frauen. Damals wie heute werden jährlich Tausende Morde im Namen der Ehre begangen. Um die Ehre der Familie wiederherzustellen, morden Ehemann, Vater oder Bruder. Eine untreue Frau, eine weggelaufene Tochter, eine ungehorsame Ehefrau: Sie alle laufen Gefahr, auf schrecklichste Weise, zum Beispiel durch Steinigung oder Erdrosslung, ums Leben gebracht zu werden. Auch furchtbare Verstümmlungen mit Salzsäure kommen regelmäßig vor.

Obwohl der Islam es nicht vorschreibt, besitzt die Verkuppelung eine feste Tradition in Pakistan. Manche Tochter, die sich weigert, auf ihren Vater zu hören, und ihrem Herzen folgt, muss mit dem Tod oder ernsthaften Verstümmelungen bezahlen. Vor allem fundamentalistische Moslems plädieren für die Purdah: die totale Absonderung der Frau. Die Frau, die in Purdah lebt, bewegt sich ausschließlich in abgegrenzten Bereichen und erscheint nur nach Billigung von Vater, Bruder oder Mann in der Öffentlichkeit, und dann auch nur von Kopf bis Fuß verschleiert.

»Wie schrecklich es sein muss, dort zu leben«, sagte ich einmal zu Ayesha, als wir uns zusammen solch eine Dokumentation angeschaut hatten. »Hast du das in Pakistan auch gesehen?«

Ayesha erzählte mir, dass dort, wo Amma wohnte, die Regeln weniger streng waren. »Amma trug zu Hause normale pakistanische Kleidung«, erzählte Ayesha. »Zwar mit einer Dopatta um den Kopf, aber damit brauchte sie nicht Gesicht und Augen zu bedecken. Außerhalb des Hauses war sie verschleiert, aber eigentlich kam sie nicht viel nach draußen.«

Gilmer kaufte mir einen Computer, und ich fing an, meine Lebensgeschichte aufzuschreiben. Das wurde die Basis für dieses Buch. Schreiben half mir, die schmerzlichen Erinnerungen zu verarbeiten, anstatt sie zu verdrängen. Meine Kindheit wiederzuerleben machte mich oft traurig, aber auch rebellisch. Die Kampfbereitschaft nahm zu, nachdem unsere zweite Tochter, Melanie, 1994 geboren wurde. Die Liebe und Sorge, die ich für meine Töchter fühlte und geben konnte, hatte ich selbst nie erfahren. Wenn ich meine Kinder offen und unbesorgt spielen sah, war ich glücklich. Zugleich realisierte ich, wie viel ich vermisst hatte, wie viel mir vorenthalten worden war. Ich akzeptierte das Stillschweigen über die körperlichen und seelischen Misshandlungen, die wir als Kinder erleben mussten, nicht mehr. Ich war auf Vergeltung aus. Ironischerweise hatten mich mein Vater und meine Stiefmutter auf die Idee gebracht, Anzeige zu erstatten. Als wir nach der Schlägerei vor ihrer Wohnungstür auf der Polizeiwache saßen, war ich noch nicht bereit, meinen Vater anzuklagen, aber jetzt war die Zeit reif, den Kampf aufzunehmen.

Während des Schreibens kamen immer mehr Fragen an die Oberfläche. Ich suchte Antworten. Zufällig arbeitete während dieser Zeit ein pakistanischer Mann bei Gilmer im Büro. Er gab für die Kinder regelmäßig Geschenke mit, weil er meinte, zwischen uns bestünde ein Band. Eines Tages erzählte Gilmer, dass Nadir im Urlaub nach Pakistan fahren würde.

»Kann er etwas mitnehmen?«

Gilmer schaute mich fragend an. »Was meinst du, etwas Spezielles aus Pakistan?«

Ich schüttelte den Kopf. »Nein, könnte Nadir einen Brief zu Amma bringen? Ich traue mich nicht, ihr etwas zu schicken. Wir wissen nicht einmal, ob sie noch lebt, und wenn sie noch lebt, wo sie wohnt. Vielleicht, wenn er in der Nähe ist, kann er in Tando fragen, ob sie noch dort ist.«

Nadir versprach, dass er nach meiner Mutter auf die Suche gehen würde. Tagelang arbeitete ich an einem Brief. All meine Gefühle, meine Gedanken und meine Fragen standen darin. Die Zeit, Dinge zurückzuhalten, war vorbei. Die Wochen, die Nadir in Pakistan verbrachte, schienen ewig zu dauern. Ich war gespannt auf die Reaktion meiner Mutter und wollte Erklärungen. Ich hatte das Gefühl, dass nur sie etwas gegen meine permanente Unruhe tun konnte. Nadir kam zurück. Mit meinem Brief. Wegen einer Überschwemmung hatte er Tando nicht erreichen können. Meine Enttäuschung war unbeschreiblich. Ich wollte nun alles wissen und nahm das Risiko auf mich, den Brief an die Adresse zu schicken, die Ayesha noch hatte. Es kam keine Antwort. Das machte mir Angst.

»Ist Amma nun wirklich tot?«, fragte ich meine Schwestern auf einer Geburtstagsfeier. »Ich bekomme keine Antwort auf meinen Brief.«

Zahida zuckte mit den Schultern. Ayesha wusste es ebenso wenig.

»Wollt ihr Amma eigentlich treffen?«, fragte ich sie geradeheraus.

Zahida antwortete ausweichend. Ayesha gab ehrlich zu, dass sie sich seit dem Treffen 1979 damit abgefunden hatte, dass Amma in Pakistan wohnte und wir hier. »Das starke Verlangen, das du jetzt fühlst, kenne ich nicht mehr. Das hatte ich vor meiner Reise nach Pakistan.«

Für uns war das ein ziemlich offenes Gespräch. Zum ersten Mal in meinem Leben erfuhr ich, was meine Schwestern beschäftigte. Später, am gleichen Tag, rief Zahida mich an, um mir zu sagen, dass sie mein Bedürfnis, Amma zu treffen, teilte.

»Ist das dein Ernst?«, fragte ich sie. Als sie die Frage bejahte, lud ich sie und Ayesha ein, am folgenden Tag zu mir zu kommen. Ich hatte nämlich eine Idee.

Am folgenden Abend saßen sie erwartungsvoll auf dem Sofa. »Was für einen Plan hast du, Hameeda?«, fragte Ayesha neugierig.

»Warte einen Moment.« Ich schaltete den Videorecorder ein. Debby Petter erschien auf dem Schirm.

»Die kenne ich«, sagte Zahida. »Die ist doch von diesem schrecklichen Programm. Von ›Spur weg‹ oder so.«

Ayesha sagte lachend zu meiner Schwester: »Falsch. Nicht ›Spur weg‹, sondern ›Spurlos‹. Da geht es um die Suche von vermissten Freunden und Familienangehörigen …« Das Lachen blieb ihr in der Kehle stecken, und sie wandte sich zu mir. »Das meinst du doch nicht ernst? Willst du etwa …?« Ayesha vollendete ihren Satz nicht.

Ich nickte und machte den Fernseher wieder aus. »Ich muss und werde Amma finden. Wir müssen wissen, ob sie noch lebt oder nicht. ›Spurlos‹ ist vielleicht eine Methode, die uns helfen kann. Ich kann zumindest schreiben.«

Wir sprachen noch eine Weile darüber und beschlossen, dass ich Kontakt aufnehmen sollte. Nicht lange, nachdem ich meinen Brief abgeschickt hatte, bekam ich Antwort. Meine Anfrage würde sorgfältig geprüft werden. 1996 wurde ich durch eine Redakteurin von ›Spurlos‹ angerufen.

»Sie haben vor einer Weile eine Anfrage bei uns eingereicht. Stimmt das?« Nachdem ich das bestätigt hatte, fragte die Frau, ob sie einen Termin für ein Treffen mit mir und meinen Schwestern vereinbaren könnte. »Wissen Sie, Frau Lakho«, sprach sie weiter, »wir wollen Ihnen gerne helfen. Ihre Geschichte hat uns sehr betroffen gemacht. Natürlich müssen wir die Sache erst gründlich durchleuchten, denn Pakistan ist nicht das angenehmste Land, um nach einer Person zu suchen. Kennen Sie die Situation in Ihrem Heimatland?«

Jedes Mal, wenn mich jemand auf meine Herkunft ansprach, lief mir ein Schauer über den Rücken. Ich merkte dann, dass meine Wurzeln anscheinend nicht in den Niederlanden lagen, obwohl ich hier schon rund dreißig Jahre lebte. Ich versprach, dass ich meine Schwestern anrufen würde, um ein Treffen zu verabreden.

An einem Mittwoch fand die erste Begegnung statt. ›Spurlos‹ wollte zu Zahidas Wohnung kommen. Die Redakteurin, mit der ich zuvor telefoniert hatte, führte auch das Einführungsgespräch. Mit Zahida und Ayesha zusammen hatte ich das Treffen vorbereitet. Wir wussten, dass wir zu dritt bei der Ausstrahlung anwesend sein mussten. Die Redakteurin erklärte uns die Arbeitsweise von ›Spurlos‹.

»Wir planen, in Zusammenarbeit mit der Stiftung ›Terre des Hommes‹ auf die Suche nach Ihrer Mutter zu gehen. Weil wir von der Drohung wissen und nicht auf dem Laufenden sind, wo Ihr Vater wohnt, und nicht wissen, ob Ihre Mutter noch lebt, werden wir sorgfältig und vorsichtig vorgehen müssen. In Pakistan ist ein Mord schnell und unbemerkt ausgeführt.«

Wir nickten. Davon wussten wir schon seit Jahren.

»Natürlich werden wir mit einem Dolmetscher arbeiten müssen. Auf jeden Fall dann, wenn Ihre Mutter gefunden sein sollte und wir sie in die Niederlande einladen können.«

Stell dir doch nur vor, dachte ich, stell dir doch vor, dass ich Amma in der Sendung in die Arme schließen könnte. Wird sie froh sein? Werde ich weinen? Ich war so aufgeregt und fühlte mich gleichzeitig nervös.

»Warum nicht im Fernsehen?«, hörte ich die Redakteurin auf einmal sagen.

Jäh erwachte ich aus meinem Tagtraum. »Was ist los?«, fragte ich.

Ayesha schaute mich mit großen Augen an. »Ja, ich weiß nicht, ob ich wirklich in die Sendung will.«

»Ja, was«, ich wurde wütend, »wenn du nicht ins Fernsehen willst, dann gibt es auch keine Suche.«

Die Redakteurin nickte zustimmend. »Es war abgesprochen, dass Sie in die Sendung kommen.«

Ich hatte es gründlich satt. Warum musste Ayesha nun alles verderben? Endlich wurde etwas getan, und sie machte es wieder zunichte. Die Redakteurin schlug vor, dass wir noch einmal miteinander ausführlich darüber sprechen sollten, und sie wollte dann gerne wieder von uns hören. Meine Wut und Enttäuschung waren riesengroß.

»Kannst du nicht auch mal an Zahida und mich denken? Du hast Amma gesehen, aber wir nicht. Wir wollen die Wahrheit wissen, egal wie die auch sein sollte.«

Ich rief ›Spurlos‹ wieder an. Mein Antrag war inzwischen in einer weniger dringenden Schublade gelandet, aber die Redakteurin versprach zu prüfen, ob es möglich wäre, auch jemand ohne Sendung aufzuspüren.

Diesen Sommer hörten wir weiter nichts. Im Herbst hatten wir andere Dinge im Kopf. Zahida ließ sich scheiden. Tom hatte eine andere Beziehung und wollte weg. Meine älteste Schwester hatte psychische Probleme. Ich fuhr von Rijswijk nach Zwolle, um für sie zu sorgen. Sie lag nur im Bett, aß und trank nichts. Ich hatte Angst, dass sie und ihre

Kinder verwahrlosen würden, wenn sie sich weiter so apathisch verhielt.

»Zahida, komm schon! Du musst dich jetzt zusammennehmen, die Kinder brauchen dich.« Ich konnte kaum zu ihr durchdringen. Ich blieb eine Woche bei ihr, musste aber dann zu meiner eigenen Familie zurück. Zahida kam eine Woche mit, um wieder zu Kräften zu kommen. In dieser mühsamen Zeit lernte sie einen Mann kennen: Erik. Er war Journalist und lauschte gespannt Zahidas Geschichte über unsere Vergangenheit.

»Du musst dorthin«, sagte er. »Warum bist du noch nie selbst in Pakistan gewesen?«

Angst um unser und Ammas Leben hatte uns bislang davon abgehalten, Tickets zu kaufen und Richtung Osten zu fliegen. Zahida fühlte jetzt keine Angst mehr. Der Bruch mit Tom und die schreckliche Zeit danach hatten sie hart und gefühllos gemacht. Sie beschloss, zusammen mit Erik nach Karatschi zu reisen.

»Wo gehst du hin?«, fragte ich nochmals, als Zahida mich anrief und mir erzählte, dass sie kurz vor Weihnachten abreisen würde.

»Karatschi.«

Ich hatte es also richtig verstanden. Meine Hände wurden klamm. Ich war nervös. Sie kaufte also einfach ein Ticket und flog zu Amma. Von Ayesha hatte sie ein Foto von 1979, auf dem Amma, Yasmin und Lalli zu sehen waren. Ich wollte mit, hatte aber Angst. »Zahida, du musst die Botschaft und das Konsulat informieren, dass du nach Pakistan gehst. Sorge dafür, dass es Menschen gibt, die wissen, dass es euch gibt, denn bevor du dich wehren kannst, haben sie dich da aus dem Weg geräumt. Vergiss die Drohbriefe nicht. Und rufe das Außenministerium an, bevor du abreist.«

Zahida versprach es. Sie würde mich über ihren Aufenthaltsort auf dem Laufenden halten. Zahida und Erik reisten ab, und ich blieb zurück. So fühlte ich im wahrsten Sinne des Wortes – zurückgelassen. Ich traute mich nicht mehr aus dem Haus, als sie unterwegs waren. Wie von der Tarantel gestochen sprang ich auf, wenn das Telefon klingelte. Aber es war nie Zahida, die anrief. Ich konnte dem Postboten die Post aus den Händen reißen, aber es kam kein Brief. Fast jeden Tag rief ich Ayesha an, um zu hören, ob sie Neuigkeiten hatte. Kein Wort. Dann kam ein Postkarte mit einer Straßenansicht von Karatschi. Mit zitternden Händen drehte ich die Karte um und las: »Amma gefunden. Es geht ihr gut. Bis bald. In Liebe, Zahida.« Ich drehte die Karte nochmals um. Hatte ich vielleicht etwas übersehen? Nochmal lesen: »Amma gefunden. Es geht ihr gut. Bis bald. In Liebe, Zahida.« Mein erster Impuls war, die Karte zu zerreißen.

»Sie ist anscheinend verrückt geworden«, sagte ich zu Gilmer. »Versteht sie wirklich nicht, dass ich vor Neugier fast verrückt werde. Warum ruft sie nicht an? Warum schreibt sie nicht mehr?«

Gilmer konnte mich einigermaßen beruhigen. Die Zeit bis zu ihrer Rückkehr in die Niederlande schien ewig zu dauern. Zahida hatte anscheinend Zeit und Abgeschiedenheit nötig, das Wiedersehen mit Amma zu verarbeiten. Auch nach ihrer Rückkehr brauchte sie noch einige Tage, bevor sie mich anrufen konnte. Ihr war es anscheinend kaum möglich, diese besondere Erfahrung mit mir oder Ayesha zu teilen.

»Es geht ihr gut«, sagt sie nur. »Ich soll dich grüßen.«

Ich verstand überhaupt nichts mehr. Als hätten wir vorigen Monat noch alle zusammen bei meiner Mutter Tee getrunken, so sprach sie über ihr Treffen mit Amma. Ohne

Emotionen, ohne das kleinste Gefühl. Tonlos. »Ich soll dich grüßen.« Ich hatte meine Mutter fast dreißig Jahre lang nicht gesehen! Jahrelang lebte ich in der Angst und der Vorstellung, dass sie tot war. Ich dachte, dass ich keine Mutter mehr hatte. Meine Unruhe nahm zu. Ich jagte hinter Zahida her. Ich verlangte von ihr, dass sie ihre Erfahrung, die Fotos und Videos mit mir teilte.

»Ich bestimme selbst, wann ich die Fotos entwickeln lasse und die Videos zeigen will«, sagte sie irritiert am Telefon. »Wenn du deine Mutter sehen willst, dann geh doch selbst nach Pakistan.«

Ich war entsetzlich wütend. Ich weinte. Was war nicht alles in unserem Leben schief gelaufen? Als Kinder wurden wir misshandelt. Körperlich und seelisch. Alles war uns genommen worden: unsere Mutter, unsere kleine Schwester, unsere Kindheit, unsere Jugend und das Schlimmste von allem: unser Zusammengehörigkeitsgefühl. Jede Spur von Einfühlungsvermögen fehlte. Zahida schloss sich vollkommen ab. Sie wollte nicht teilen. Oder besser: Sie konnte nicht teilen. Es war lange her, dass ich mich so einsam gefühlt hatte. Wieder war ich allein. War Zahida allein. War Ayesha allein. Wieder saß jede von uns mit ihrem Kummer in ihrem eigenen Zimmer. Eigentlich hatte sich nur sehr wenig seit unserer Kindheit verändert.

Einige Tage später kam ein Brief mit einer pakistanischen Briefmarke. Mein Herz stand still. Auf der Fußmatte lag ein Luftpostbrief, der in einer sehr bekannten Handschrift an mich adressiert war. Es war die Handschrift meines Vaters. Was verschwieg Zahida? Ich zitterte am ganzen Körper, als ich den Brief öffnete. Meine Augen suchten nach einer Drohung und nach dem Namen des Absenders. Ali Nawaz? Der Brief kam nicht von meinem Vater, sondern von meiner

Mutter. Das heißt: von meinem Bruder. Ali Nawaz hatte den Brief geschrieben, und anscheinend hatte er die gleiche Handschrift wie mein Vater. Nachdem ich mich von dem Schreck erholt hatte, begann ich zu lesen. Und wieder. Und wieder. Ali Nawaz schrieb wunderschön. Über Amma, das unerwartete Wiedersehen mit seiner ältesten Schwester, über die Amma so viel erzählt hatte. Er schrieb über ihr Leben in Pakistan und dass Amma ihre drei ältesten Töchter jeden Tag vermisste. Ich las aus seinen Worten, dass Yasmin und er täglich an unsere Existenz erinnert würden, aber es klang kein Tadel aus seinen Worten. Er beendete den Brief mit der Bitte: »Hameeda, schreibst du uns? Amma möchte gerne von dir hören und ist bereit, auf alle deine Fragen zu antworten.«

Tränen rollten mir über die Wangen, ich konnte nicht aufhören zu weinen. Es war, als öffnete dieser simple Satz den Deckel einer riesigen Kiste mit krampfhaft unterdrückten Gefühlen. »Sie ist bereit, auf alle deine Fragen zu antworten ...« Würde ich jemals Ruhe finden? In diesem Augenblick verstand ich, dass nur Amma mir meine Unruhe nehmen konnte. Sie war die Einzige, die mich erlösen konnte.

Ende Januar 1997, an Melanies Geburtstag, schrieb ich spätabends einen langen Brief. Alles, was ich erlebt hatte, stand darin. Meine Wut, die erlittenen Grausamkeiten, das Leben in Heimen. Ich schloss den Brief mit der Frage, ob sie zu dritt – Amma, Yasmin und Ali Nawaz – in die Niederlande kommen wollten. Die Antwort kam schneller, als ich erwartet hatte und lautete: Ja! Nach fast dreißig Jahren würde ich meine Mutter wiedertreffen. Sorgfältig arbeitete ich einen Plan aus. Wir würden die Tickets bezahlen und dafür sorgen, dass sie in Karatschi abgeholt werden konnten. Ali Nawaz sollte Visa, Reisepässe und Versicherung besorgen.

Wir würden alle drei für einen von ihnen bürgen. Beim Standesamt mussten wir unsere Bürgschaften und die der Bank hinterlegen. Ich schickte Ali Nawaz eine vollständige Übersicht. Eines Abends im Februar läutete das Telefon. Es war Ali Nawaz. Der Bruder, den ich noch nie gesehen hatte, mit dem ich aber durch Briefe und Telefon inzwischen viel Kontakt hatte und zu dem ich eine starke Verbundenheit fühlte. Seine Stimme war freundlich.

»Hameeda, are you there?«, fragte er. »Can you hear me? Hold on. Here is Amma.«

Ich saß auf der Kante des Sofas und zerquetschte beinahe den Telefonhörer. Mir stiegen Tränen in die Augen. Meine Umgebung verschwamm mir vor den Augen. Ich hörte ein Knacken in der Leitung und dann ... eine leise Stimme.

»Hameeda?« Stille. »Hameeda?«

Ich schluckte, aber ich hatte einen Kloß im Hals. Ich konnte nichts sagen.

Noch einmal hörte ich eine warme, liebe Stimme: »Hameeda?«

Niemand konnte meinen Namen so aussprechen wie Amma. Sehr leise und mit dünner Stimme antwortete ich: »Amma ...«, während mir die Tränen über die Wangen rollten.

Im Juli sollte das Wiedersehen stattfinden. Die verbleibenden Monate führte ich eine ausführliche Korrespondenz mit Pakistan. Yasmin und Ali Nawaz schrieben im Namen Ammas und sich selbst, und ich richtete meine Briefe an alle drei. Ein Teil meiner Fragen wurde damals schon beantwortet. In jedem Fall wurde eine Vermutung bestätigt: Mein Vater hatte andauernd gelogen. Zu uns über Amma und Yasmin, zu Amma über uns. Laut meiner Mutter musste er aus Pakistan wegen betrügerischer Praktiken flüchten. Zehn

Jahre lang hatte er das Land meiden müssen, um nicht ins Gefängnis zu kommen. Was wir von ihm ertragen mussten, war nur die Spitze des Eisbergs gewesen. Aber schon diese Spitze war genug Grund, ihn fallen zu lassen. Der Besuch meiner Mutter würde noch viel mehr düstere Details ans Licht bringen. Ich war dazu bereit, meinen Vater vor den Richter zu bringen und meine Mutter an mein Herz zu drücken.

Das Wiedersehen

Im ersten Halbjahr 1997 konnte ich an nichts anderes als an das Wiedersehen mit meiner Mutter denken. Schon im Voraus hatte ich Pläne gemacht, um unsere Familie so gut wie möglich zu empfangen. Amma, Yasmin und Ali Nawaz sollten bei jeder von uns zwei Wochen wohnen. Ayesha beherbergte sie die ersten zwei Wochen, danach sollten sie zu Gilmer und mir kommen und dann bei Zahida wohnen. Daran sollte sich eine zweite Runde in dieser Reihenfolge anschließen, und dann wären die drei Monate auch schon um. So war die Arbeit und Fürsorge verteilt, und wir konnten einander in unserer eigenen Umgebung kennen lernen. Ich wollte im Haus alles bis ins Kleinste vorbereitet wissen. Auch die Organisation des Willkommensfestes hielt Ayesha und mich beschäftigt. Zahida war daran weniger beteiligt. Sie versuchte, sich nach ihrer Scheidung wieder zurechtzufinden. Die Organisation rund um das Wiedersehen sorgte für Ablenkung. Mich damit zu beschäftigen brachte mich auf andere Gedanken. Auf der einen Seite freute ich mich darauf, meine Mutter zu treffen, aber auf der anderen Seite hatte ich Angst vor einer riesengroßen Enttäuschung. Vielleicht waren wir zu lange getrennt gewesen, um unsere Beziehung wieder aufleben zu lassen. Vielleicht fühlten wir nichts mehr füreinander. Außerdem blieb die dauernde Unsicherheit, ob Amma die Antworten auf meine Fragen geben könnte. Ob sie mir bei der Suche nach Gerechtigkeit helfen konnte und wollte. Ich hoffte, dass ich in ihr etwas von mir selbst wiederfinden würde und dass sie die Tür zu Ruhe und Glück für mich öffnen könnte. Ich hoffte auch, dass sie mir den Weg zeigen konnte, nach dem ich seit dem Moment, an dem wir – Amma, Zahida, Ayesha, Yasmin und ich – auf Schiphol angekommen waren, bewusst und unbewusst gesucht hatte.

Der 4. Juli 1997 war ein Freitag und ein wunderschöner Sommertag. Um fünf Uhr hatte ich mich leise aus dem Bett geschlichen. Gilmer und die Kinder schliefen noch tief und fest. Ich konnte nicht mehr schlafen und wollte mich in Ruhe ankleiden und zurechtmachen. Meine Kleider hatte ich sorgfältig ausgesucht, ich war beim Frisör gewesen, das Auto funkelte, die Mahlzeit war vorbereitet: Amma konnte kommen. Ich wusste, dass sie zu dritt unterwegs und sicher aus Pakistan abgereist waren. Ali Nawaz hatte alles bis ins Kleinste geregelt. Niemand, noch nicht einmal Lalli, wusste etwas von ihrer Reise in die Niederlande. Wir hatten Angst, dass mein Vater die Gelegenheit bekommen könnte, die Reise zu verhindern. Alles war heimlich organisiert worden. Amma hatte Lalli erzählt, dass sie zusammen mit Yasmin und Ali Nawaz die Familie in Karatschi besuchen würde. Es war nichts Ungewöhnliches, dass sie längere Zeit bei Tante Noora verbrachten. Von Karatschi aus waren sie nach Abu Dhabi geflogen, wo sie fast fünf Stunden Aufenthalt hatten, bevor sie über Paris nach Amsterdam weiterreisen sollten. Ali Nawaz hatte am vorigen Abend aus Abu Dhabi angerufen und gemeldet, dass sie Pakistan ungestört und sicher verlassen hatten.

Gegen halb sieben klingelte es. Ayeshas Tochter Saima stürmte auf der Suche nach ihren Cousinen herein.

»Bist du nervös?«, fragte Ayesha, während sie mich mit einem kritischen Blick musterte.

»Ja«, war meine kurze Antwort. »Ja.« Und ich atmete noch einmal tief durch.

»Alles läuft nach Plan«, sagte Ayesha, bevor sie in ihr Auto stieg.

»Mach dir keine Sorgen. Um Viertel vor acht landet das Flugzeug in Amsterdam.«

Ich winkte ihr, sich zu beeilen. Hintereinander fuhren wir zum Flughafen. Es war noch früh, als wir dort ankamen. Der Informationstafel entnahmen wir, dass wir in Ankunftshalle 1 warten mussten. Wir waren ein fröhliches Empfangskomitee. Melanie und Rachel trugen bunte Kleider, und alle drei Kinder hatten bunte Blumensträuße in den Händen. Zahida, ihren neuen Freund Erik und ihre Kinder Nazir und Fazila konnten wir noch nicht entdecken. Ungeduldig schaute ich zum x-ten Mal auf die Anzeigetafel. Warten war schwer, vor allem die letzten Stunden.

»Mama, ich muss mal.« Rachel zog an meinem Arm.

»Nicht so ziehen, Rachel.« An einem Arm hing Melanie, am anderen Rachel. Zu dritt gingen wir auf die Suche nach einer Toilette. Als wir zurückkamen, stand Gilmer am Monitor und machte mir ein Zeichen.

»Ach nein, haben sie Verspätung?«

»Ja, es kann noch eine ganze Weile dauern. In Paris wird gestreikt. Sie sind dort zwar gelandet, aber noch nicht abgeflogen. Die erwartete Ankunftszeit ist jetzt Viertel nach neun.«

Aus Viertel nach neun wurde halb zehn, Viertel vor zehn, zehn. Die Kinder amüsierten sich prima. Ich saß herum. Um zehn nach zehn kam plötzlich eine neue Mitteilung.

»Wir stehen hier falsch«, rief Gilmer erstaunt. »Flug GF19 von Gulf Air landet um halb elf, und wir müssen zur Ankunftshalle 2.«

Während er das sagte, packte er seine Videokamera ein und spornte uns zur Eile an. Einen Moment lang war er in Panik.

»Wo sind Saima und Rachel?« Sie kamen gerade um eine Ecke gerannt. Und da sahen wir auch Zahida, Erik und die Kinder kommen. Sie wussten vom Teletext schon längst von der Verspätung.

»Idiotischer Zustand, verdammt. Erst warten wir hier Stunden, und dann müssen wir uns doch noch beeilen, um pünktlich zu sein.« Nörgelnd mahnte ich Melanie zur Eile.

Ayeshas Freund Gerrit, der auf Schiphol arbeitet, hatte es eingerichtet, dass Ayesha direkt am Flugzeug auf Amma, Yasmin und Ali Nawaz warten konnte. Ich blieb mit Gilmer, unseren Kindern und den anderen in der Ankunftshalle. Die Gedanken wirbelten nur so durch meinem Kopf. Ich fühlte mein Herz schlagen. Es dauerte eine Ewigkeit, und noch war nichts zu sehen.

»Wirklich, typisch Ayesha, dort im Verbindungsgang stehen zu bleiben und zu schwatzen«, brummte ich vor mich hin.

Rachel und Melanie fühlten meine Anspannung. »Ich bin so neugierig auf Oma, Mama. Sie ist jetzt fast da, oder?«

Ich merkte, dass meine Töchter mir Halt gaben. Ab und zu drückte ich ihre Hände und bekam dann einen leichten Druck als Antwort zurück. Ich spähte auf der Suche nach einer kleinen, schmalen Frau in pakistanischer Kleidung durch die Glasscheiben. Und dann sah ich sie, Amma am Arm von Ayesha, gefolgt von Ali Nawaz und Yasmin. Ich schaute starr vor mich hin. Sie sahen mich noch nicht, und ich hatte genug Zeit, sie zu betrachten, aber ich traute mich kaum. Ali Nawaz und Yasmin waren groß und überragten Amma. Redend und lachend sah ich sie näher kommen, um dann wieder aus meinem Gesichtsfeld zu verschwinden. Ich hatte erwartet, dass ich weinen würde, aber es kam keine Träne. Ich stand wie versteinert da und wartete darauf, dass sie durch die Schiebetüren kommen würden. Die automatischen Türen öffneten und schlossen sich und ließen mein Herz jedes Mal beinahe still stehen. Wieder gingen sie auf, wieder war es ein Unbekannter. Und dann standen Amma, Ayesha, Yasmin und Ali Nawaz dort. Mein Bruder in westlicher Kleidung, schwarze Hose mit seidenem Oberhemd. Yasmin trug dunkle Kleidung und war zum Teil verschleiert. Amma war gekleidet wie Yasmin, im Shalwar-Kamis, aber aus viel hellerem, feinerem Stoff in weiß-grünen Farbtönen. Ihr goldener Schmuck funkelte im Kunstlicht. Zahida und Erik, die unsere Mutter vor einem halben Jahr gesehen hatten, gingen sofort auf Amma zu; Zahidas Kinder folgten ihrer Mutter dicht auf den Fersen. Ich umarmte Ali Nawaz, den ich durch den Briefwechsel gut kennen gelernt hatte. Danach begrüßte ich Yasmin. Meine Mutter wurde von allen umringt. Wie in Trance schaute ich sie an. Ich hatte Amma sofort erkannt. Natürlich war sie älter geworden, und doch war sie die Gleiche geblieben. Amma suchte zwischen den Menschen nach mir, und dann sah ich, dass sie ihre Augen auf Melanie richtete und sie anstarrte. Unsere jüngste Tochter drehte sich verlegen zu mir um. Rachel brach das Eis und ging auf ihre Oma zu. Erst jetzt konnte meine Mutter ihren Blick von Melanie lösen und mich anschauen. Ich ging auf sie zu, und ohne Worte umarmten wir einander. Amma. Da war sie also. Meine Mutter. Ich nahm Melanie auf den Arm, damit auch sie ihrer Oma guten Tag sagen konnte.

Yasmin übersetzte und erklärte, dass Amma mich in Melanie wieder erkannt hatte. »So wie Melanie jetzt aussieht, hat sie dich zum letzten Mal gesehen. Einen Moment dachte sie, dass Melanie Hameeda wäre.«

Amma und ich umarmten einander wieder. Ich holte Gilmer dazu, hob die Kinder hoch, die Blumen überreichten. Später, auf dem Video, sah ich, dass andere Menschen unserem Wiedersehen zuschauten. Wir blockierten den Durchgang, bemerkten es aber nicht. Wir gingen völlig ineinander auf. Amma wollte sich eine Zigarette anstecken, also gingen wir nach draußen. Und dort fing die ganze Begrüßung von vorne an. Wir mussten einander berühren, um uns selbst davon zu überzeugen, dass das kein Traum war. Wir waren glücklich, zusammen zu sein. Gilmer filmte, Erik machte Fotos, die Kinder spielten Fangen. Es war hektisch, aber ich war unendlich erleichtert, dass sie mit heiler Haut in Holland angekommen waren. Vor mir lagen drei Monate, in denen meine Mutter für mich erreichbar war. Ich genoss diese Sicherheit und merkte, wie die Eile und Getriebenheit zu fragen und zu wissen einem Gefühl der Ruhe Platz machten.

Der 4. Juli wurde ein richtiger Festtag. Wir fuhren mit drei Autos hintereinander zu Ayeshas Haus in Leiden.

»Mein Haus ist nicht weit von Rijswijk, wo Amma gewohnt hat«, erklärte Ayesha Yasmin.

Als Amma den Namen Rijswijk hörte, sagte sie zu Yasmin, dass sie dann noch mindestens drei Stunden unterwegs wären.

»Aber nein«, antwortete ich Yasmin, als sie fragte, ob wir noch so lange brauchen würden. »Aber woher weiß Amma das denn? Warum sagt sie das?«

»Sie erinnert sich an die Fahrt vor neunundzwanzig Jahren.«

Lange konnte ich nicht darüber nachdenken, denn wir waren angekommen. Ali Nawaz saß bei uns im Auto. Bei Ayesha war die ganze Straße verziert. Überall hingen Fahnen.

»Willkommen in Holland, Amma«, sagte ich, als wir in Leiden ankamen.

»So war es vor neunundzwanzig Jahren auch. Damals war auch ein Fest, als wir aus Pakistan in Rijswijk ankamen«, erinnerte sich Amma.

Ob das stimmte, fragte ich mich. Ob sie sich einfach was ausdenkt, oder übersetzt Yasmin es vielleicht nicht richtig? Ich konnte mich nicht an ein Fest erinnern.

Ayesha hatte ihr Haus gemütlich hergerichtet. Es gab eine Kleinigkeit zu essen und viele Geschenke. Für Zahida, Ayesha und mich hatten Amma und Yasmin Shalwar-Kamis und Dopattas in schönen, ausdrucksstarken Farben ausgesucht, die wir, wie Amma uns durch Zeichen deutlich machte, sofort anprobieren mussten. Sie half mir beim Anziehen; Zahida und Ayesha wollten es nicht. Es gab auch Stoffe in verschiedenen Farben. Ehrlich gesagt hatte ich keine Ahnung, was ich damit anfangen sollte. Schon an den Geschenken konnte man sehen, dass wir in verschiedenen Welten lebten. Es wurden Fotos gemacht und noch mehr Videoaufnahmen. Schließlich wurde beschlossen, den Ankömmlingen ein paar Stunden Ruhe zu gönnen, bevor wir mit der ganzen Familie zu Tisch gehen sollten. Zahida und Ayesha halfen Ali Nawaz, Yasmin und Amma, sich im Haus zurechtzufinden. Für Amma war Ayeshas Badezimmer eine Sehenswürdigkeit und außerdem gefährlich, denn in so einer Badewanne konnte man ertrinken. Zahida half ihr, beim Baden ihre Ängste zu überwinden.

Inzwischen traf ich alle Vorbereitungen für das Festmahl. Gilmer holte die Gerichte, die ich vorbereitet hatte, in Rijswijk ab, und Ayesha und ich deckten den Tisch. Wir sprachen kaum. Beide waren wir beschäftigt und in Gedanken versunken.

Das Begrüßungsmahl wurde ein Fest. Ayesha und ich hatten unser Bestes gegeben, um pakistanisch zu kochen. Natürlich waren die Fleischbällchen und Curry-Gerichte von rituell geschlachteten Tieren. Wir hatten Salate und viel frisches Obst vorbereitet. Amma nickte zustimmend, als sie sah, was ihre Töchter gekocht hatten. Wir strahlten wie kleine Kinder, als wir begriffen, dass sie uns ein Kompliment machte. Die Verwirrung war darum umso größer, als Amma kurze Zeit später anscheinend etwas gar nicht gefiel.

»Maani. Maani? No Maani?« Die Handflächen nach oben gedreht und die Arme über sich ausgestreckt, schaute Amma mit fragendem Blick von mir zu Yasmin, zu Ayesha. »No Maani?« Ich schaute auf dem Tisch herum auf der Suche nach dem, was ihr fehlte.

»No Pakistan bread?«, fragte Yasmin.

Ayesha und ich mussten lachen. Kein pakistanisches Brot, wie hatten wir das vergessen können.

Yasmin erklärte es: »Amma ist daran gewöhnt, mit einem Stückchen Maani das Gemüse und das Fleisch zu essen.«

Schnell holte Ayesha Brot auf den Tisch. Als die erste Aufregung vorbei war, genoss Amma sichtlich alle Gerichte. Wir sprachen über alles und jeden. Die Gespräche nahmen schneller, als ich gedacht hatte, eine ernste Wendung. Nach dem Treffen von Zahida und Amma und der Korrespondenz, die ich mit Ali Nawaz geführt hatte, wussten wir zwar etwas mehr voneinander, aber das meiste aus unserer Vergangenheit war doch noch unbekannt. Amma war davon überzeugt, dass Zahida als Lehrerin, ich als Ärztin und Ayesha als Anwältin arbeitete.

»Warum denkt sie das?«, fragte ich Yasmin.

»Von Baba«, antwortete meine Schwester.

»Na ja«, ich schlug die Hände vors Gesicht. Ein lautes Lachen schallte durchs Zimmer.

Ayesha schlug mir auf die Schulter.

»Von Baba wohlgemerkt. Der Mann weiß nicht mal mehr, dass es uns gibt.«

In Sekunden erschien in den Augen meiner Mutter eine dunkle Glut. Streng sagte sie ein paar Worte zu Ali Nawaz und Yasmin. Sie hatte verstanden, dass wir unseren Vater, ihren Mann, auslachten. »Respekt vor eurem Vater!«, befahl sie uns.

»Respekt? Respekt?«, brach es aus Ayesha heraus. »Der Mann verdient alles, aber keinen Respekt.«

Ali Nawaz hatte Amma über unsere schreckliche Vergangenheit bei Baba und der niederländischen Frau erzählt, aber Amma akzeptierte seine Geschichte nicht. Sie war daran gewöhnt, zu ihrem Mann zu stehen, und obwohl sie, entgegen der pakistanischen Praxis, regelmäßig Streit mit ihm hatte und für ihre Kinder eingestanden war, blieb er für sie als ihr Ehemann unantastbar. Und doch hatte es das letzte Mal, als sie ihn sah, einen großen Streit gegeben.

Mein Vater hatte Pakistan einige Male besucht. Während seiner Besuche wohnte er bei Lalli und Amma. Aus Ali Nawaz' Berichten wusste ich, das er von dem Geld, dass er in Holland verdiente, in und um Tando Mohammed Kahn Häuser gekauft hatte. Außerdem musste er in Pakistan seinen Verpflichtungen nachkommen. Für Zahida als auch Ayesha hatte er die Nikkha, die Bereitschaft, seine Töchter einem bestimmten Mann zur Frau zu geben, rückgängig machen müssen. Meine Mutter hatte sich geweigert, ihre ältesten Töchter verkuppeln zu lassen. Was mit Zahida und Ayesha nicht machbar gewesen war, musste mit Yasmin und Ali Nawaz glücken. Mein Vater hatte ohne das Wissen meiner Mutter Nikkha für Yasmin und Ali Nawaz geschlossen. Seine Kinder würden an einen Bruder und eine Schwester aus Lallis Familie verheiratet werden. Anfänglich waren Amma, Yasmin und Ali Nawaz gegen diese Ehen. Amma wollte, dass ihre Kinder erst ihre Studien abschließen konnten. Yasmin hatte die pakistanischen Bräuche mit der Muttermilch eingesogen und schließlich gelassen den Mann akzeptiert, der für sie bestimmt war. Bei Ali Nawaz war es anders. Er war mit der Wahl seines Vater überhaupt nicht einverstanden und kämpfte dagegen. Aber Ali Nawaz' Weigerung bedeutete, dass auch Yasmins Heirat nicht durchführbar war. So war das in Pakistan, und es wäre eine Schande für meinen Vater gewesen. So kam es zu Streit zwischen Vater und Sohn. Mehr oder weniger wegen Yasmin hatte Ali Nawaz der Heirat zugestimmt, und seine zukünftige Braut zog bei Amma, Lalli und Ali Nawaz ein. Aber Ali Nawaz wollte weiter nichts mit ihr zu tun haben, ignorierte sie vollkommen, und Amma bekam Mitleid mit dem Mädchen, da sie in Ali Nawaz' Haus nicht glücklich werden konnte. Mein Vater wurde wütend, als er hörte, dass Ali Nawaz seiner Braut keine Aufmerksamkeit schenkte und sie nie anfasste. Er reiste sofort nach Tando. Obwohl Ali Nawaz mindestens genauso groß war wie mein Vater, wurde er als erwachsener Mann doch noch geschlagen. Ali Nawaz' Braut war verzweifelt, unternahm einen Selbstmordversuch, und da sahen alle Parteien ein, dass es besser war, die beiden wieder zu trennen.

»Unser Vater fühlte sich in seiner Ehre sehr gekränkt. Ich als sein Sohn hätte meinem Vater gehorchen müssen. Aber ich verweigere eine Ehe gegen meinen Willen, egal wie hart er auch zuschlägt ...« Ali Nawaz schnaubte abwertend. »Aber das waren sicher die letzten Prügel. Ich habe ihm deutlich machen können, dass er mir keine Ehe aufzwingen konnte.«

Mein Vater und seine Familie hatten keinen guten Ruf im Dorf. Sie waren als aggressiv bekannt. Ali Nawaz war aber überhaupt kein Schläger, und Nachbarn und Freunde standen für ihn ein. Das, was mein Bruder erzählte, passte genau in das Bild, das ich von meinem Vater hatte. Ich war erstaunt, dass mein Vater nicht nur unser Leben manipulierte, sondern sich auf Abstand auch in die Leben von Amma, Yasmin und Ali Nawaz einmischte.

Obwohl Amma die schlechten Seiten ihres Mannes kannte, hielt sie immer zu ihm. Sie verstand nicht, wie wir in dieser Art über ihren Mann sprechen konnten. Sicher wusste sie von den Streitereien zwischen ihrem Mann und ihrem Sohn, aber sie erwartete, dass sie sich während des Besuchs in Holland wieder vertragen würden.

»Wann sehen wir Baba?«, fragte sie Ayesha.

Meine Schwester musste lachen. »Amma, ich habe meinen so genannten Vater schon zwanzig Jahre nicht gesehen. Du verstehst überhaupt nichts.«

Meine Mutter war verwirrt. Ich bezweifle, ob sie wirklich nicht wusste, was sich abspielte, oder ob sie es die ganze Zeit nur verdrängt hatte. Wir hörten, dass unser Vater all die Jahre über uns sprach, als sehe er uns täglich. Er berichtete dauernd, wie gut er alle Angelegenheiten für uns regelte. Von Anfang an hatte er meiner Mutter verboten, Kontakt mit uns aufzunehmen.

»Es ist wichtig, dass sie ein neues Leben aufbauen, dass sie westlich sein können.«

Nach einiger Zeit sagte er, dass wir Ammas Sprache nicht mehr sprachen und daher eine Kommunikation unmöglich war. Meine Mutter müsste Geduld haben, denn eines Tages würde er ihre Töchter nach Pakistan mitbringen. Und meine Mutter hatte Geduld gehabt, mehr, als mir lieb war. Ali Nawaz erklärte, dass Amma keine Wahl gehabt hatte. Wenn sie uns geschrieben hätte, hätte er ihr seine Unterstützung gestrichen. Ohne das Geld hätte sie nicht überlebt. Außerdem wollte Amma, dass es Yasmin und Ali Nawaz mindestens so gut haben sollten wie wir in Holland. Im Nachhinein betrachtet hatten sie es viel besser.

Meine Mutter hatte es geschafft, dass sie in Hyderabad auf die Schule gehen konnten. Yasmin studierte Biologie und Ali Nawaz Informatik. Beide arbeiteten nun als Wissenschaftler an der Universität. Sie gehörten zur Mittelschicht. Meine Mutter konnte mit Recht stolz sein, weil sie die Studienkosten mit der kleinen Unterstützung meines Vaters, aber vor allem durch ihre eigene harte Arbeit zusammenbekommen hatte. Nun sorgten Yasmin und Ali Nawaz für sie. Amma hatte eine gute Beziehung zu meiner jüngsten Schwester und meinem Bruder. Sie sprachen die gleiche Sprache und hatten ihr ganzes Leben zusammen verbracht. Ab und zu korrigierte sie Yasmin und Ali Nawaz, als wären sie noch Kinder. Obwohl Ammas Beziehung zu uns, ihren älteren Töchtern, anders war, schenkte sie auch uns Mutterliebe. Sie ließ uns ihre Wärme und ihren Stolz deutlich spüren und hielt auch mit ihrer Kritik nicht zurück. So informierte sie sich schon bald, ob Gilmer, Gerrit und Erik auch Muslime geworden wären. Ich schaute sie erstaunt an.

»Gilmer? Moslem? Amma, ich bin ja noch nicht einmal Moslem. Wir sind überhaupt nicht in der Tradition und der Lehre erzogen. Ich akzeptiere ja kaum noch, dass ich Pakistani bin. Nein, Gilmer ist kein Moslem.«

Anfänglich wurden darüber Witze gemacht. Amma erklärte vergnügt, wie Gilmer beschnitten werden müsste. Zu mir sagte sie, dass ich von Geburt an Muslimin sei und das auch immer bleiben würde. Der Ton, in dem sie das sagte, gefiel mir nicht, und es kostete mich keine Mühe, mit ihr darüber zu diskutieren.

»Amma, wir leben in einer anderen Welt. Wir sind erwachsene, westliche Menschen. Nimm Gilmer und mich so, wie wir sind.«

Sie schaute mich durchdringend an und verstand auch ohne Übersetzung, was ich ihr sagen wollte. Die Beziehung zu uns war anders als die zu Yasmin und Ali Nawaz. Ich sehnte mich zwar nach der Billigung meiner Mutter. Ich wollte, dass sie stolz auf mich war. Ich wollte sie mit aller Liebe umgeben und für sie sorgen, aber auf Tadel von ihr wartete ich nicht. Ich hatte mir selbst die Regeln des Lebens beibringen müssen, und dazu hatte ich jetzt keine Mutter mehr nötig. Wir lebten in andern Welten, nicht nur physisch, sondern auch psychisch.

Zu meinem Vater fühlte ich nie eine Verbundenheit. Ich muss noch sehr jung gewesen sein, als ich schon wusste, dass aus dieser Beziehung nicht Gutes erwachsen konnte. Vielleicht war ich gerade zehn oder elf, als ich definitiv einen Punkt hinter das Kapitel »Vater« gesetzt habe. Obwohl ich nie das Bedürfnis gespürt hatte, Kontakt aufzunehmen, so wollte ich doch immer wissen, wo er wohnte. Auch Ali Nawaz hatte mit meinem Vater gebrochen, fühlte aber trotzdem ebenfalls das Bedürfnis zu wissen, wo er war. Vom ersten Tag an, den er in den Niederlanden war, versuchte Ali Nawaz unseren Vater anzurufen. Er wollte ihn wissen lassen, dass er mit Amma und Yasmin bei uns zu Besuch war, ihm deutlich machen, dass sein Spiel ausgespielt war. Drei Wochen lang erreichte er niemanden. Es war ein beruhigender Gedanke, dass mein Vater vielleicht in Urlaub sein könnte. Wir wollten vermeiden, ihm während unserer Ausflüge in die Arme zu laufen. Denn neben unseren Gesprächen und unserem Beisammensein ließen wir unsere pakistanische Familie alle niederländischen Attraktionen sehen. Jeden Tag besuchten wir eine andere Sehenswürdigkeit, die Miniaturstadt Madurodam, ein Eis auf dem Scheveninger Pier, die Amsterdamer Grachten, die Mühlen von Kinderdijk.

Meine Mutter, Ali Nawaz und Yasmin nahmen alle neuen Eindrücke in sich auf. Täglich musste Amma Ängste überwinden: Rolltreppen, Türen, die automatisch aufgingen, Parkautomaten, aus denen Zettelchen kamen. Die Niederlande waren voller Überraschungen. Ali Nawaz wusste manchmal nicht, wo er hinschauen sollte. Barbusige Sonnenanbeterinnen am Strand und sparsam gekleidete Damen hinter den Fenstern des Rotlichtviertels »de Wallen«, wo wir zufällig vorbeikamen, alles war neu für ihn. Wir besuchten Antwerpen und fuhren ein Wochenende nach Paris. Damit erfüllten wir einen von Ammas großen Wünschen: den Eiffelturm zu sehen.

Während unserer Ausflüge und beim Essen hörten wir viel von- und übereinander. Ich fragte Amma, so viel ich konnte. Noch immer beschützte sie meinen Vater, wenn ich ihn des Betruges beschuldigte.

»Er hat es zu eurem Besten getan, Hameeda. Glaube das doch.«

Ich wusste es besser und Ali Nawaz auch, aber für Amma blieb es schwer zu akzeptieren, dass ihr Mann jedem, auch seiner eigenen Frau und seiner Mutter, Lügen erzählt hatte. Ich bat sie oft, sich zu erinnern, auch an ihren Aufenthalt in den Niederlanden. Sie sprach gern darüber, und immer wieder kamen neue Fakten ans Licht. Eines Tages fragte sie jemand von uns, ob wir die Zeitungsartikel noch hätten, wo die Ankunft von ihr mit ihren vier Töchtern beschrieben wäre.

»Zeitungen?«, fragte ich. »Welche Zeitungen?«

»Oh, Hameeda, es waren doch so viele Fotografen und Journalisten auf den Beinen, um über unsere Ankunft zu berichten. Es war damals etwas sehr Besonderes, dass ein Pakistani so reich war und seine Familie nachkommen lassen konnte.«

»Aber welche Zeitungen denn, Amma?«

Amma schüttelte den Kopf. Wie konnte sie das auch wissen. Ich beschloss, es beim Gemeindearchiv zu probieren und die lokalen Zeitungen von 1968 und 1969 zu durchforschen. Amma erinnerte sich nicht, in welchem Jahr wir in die Niederlande gekommen waren, wohl aber, dass es bei unserer Ankunft nass und kalt gewesen war. Eine neue Form der Aufregung ergriff mich. Ich hatte das Gefühl, dass ich etwas Wichtigem auf der Spur war. Am Tag darauf ging ich ins Gemeindearchiv. Ich fing mit dem »Rijswijkse Courant« von 1968 an. Ein Archivmitarbeiter legte das schwere Buch vor mir auf den Tisch.

»Was wollen Sie denn finden im Rijswijker Archiv vor dreißig Jahren?«

»Vielleicht mich selbst«, sagte ich mit gedämpfter Stimme. Mit feuchten Händen schlug ich Seite um Seite um. In der Zeitung wurde es Herbst. Die politischen Neuigkeiten nahmen zu, Plastikmüllsäcke kamen auf, ein Prinz wurde geboren und ... plötzlich stieß ich auf den bewussten Artikel:

Pakistanische Familie durch Personal der Firma Van der Heem wieder vereint

Für den Pakistani Khan Hussain war es ein unvergessliches Ereignis, als am vergangenen Mittwoch seine Frau

und seine vier Töchter, dank der spontanen Aktion des Personals, des Vorstands und der Direktion der Firma Van der Heem N. V. in Den Haag, für immer in die Niederlande kamen. Für die Familie stand in der Jozef-Israel-Allee 230 in Rijswijk eine vollständig eingerichtete Wohnung bereit.
Nachdem er eine höhere Schulausbildung in Pakistan erhalten …

Meine Augen flogen über das vergilbte Zeitungspapier. Khan Hussain: Das war er. Hussain, so hatten wir auch noch geheißen. Was bedeutete das? Wie war ich eigentlich selbst angemeldet? Wir mussten also als Hussain ins Land gekommen sein. Warum hatte mein Vater seinen Nachnamen dauernd verändert? Ich nahm das Buch, machte Kopien und ging nervös, aber entschlossen zum Einwohnermeldeamt.

Schnaubend stand ich dem Beamten gegenüber. Ich wies mit dem Finger auf die Kopie des Zeitungsartikels und sagte: »Das bin ich. Hier geht es um mich. Ich habe Hussain, Kahn und Mohammed geheißen, und jetzt ist mein Name Lakho. Ich will jetzt wissen, wie mein Vater, meine Schwestern und ich hier eingetragen sind. Ich will wissen, ob unsere Namensänderungen offiziell registriert sind. Ich will einen Auszug aus dem Standesamtregister von meinem Vater. Ich will wissen, wer ich auf dem Papier bin und welchen Namen ich zu tragen habe.«

Der Beamte hatte versucht, mich mit Einwänden zu unterbrechen, hielt aber den Mund, als mein Ton mit jedem Satz schriller und zwingender wurde. Er fing an zu suchen und fand viel. Nervös überflog ich die Papiere. Im Melderegister hieß ich anfänglich Hussain; später war dieser Name durchgestrichen und durch Lakho ersetzt worden. Der

Name meines Vaters wurde von Khan Mohammed in Ghafoor Hussain geändert. Die Änderungen wurden vermutlich während unserer Einbürgerung am 18. Juli 1973 vorgenommen. Nervös suchte ich weiter. Ich hatte dem Beamten die Akte meines Vater aus den Händen gerissen und las nun den äußerst höflichen Antrag meines Vaters vom 7. April 1970 auf Namensänderung. In dem Brief gab er an, dass Hussain, wie in seinem Reisepass vermeldet war, nicht sein Nach-, sondern sein Vorname sei. Die Namensänderung wäre von Bedeutung für seine Kinder, schrieb er weiter. Der Brief war unterzeichnet mit »Hussain alias Hussain Ghafoor Lakho«. Neben der Heiratsurkunde meines Vaters und meiner Stiefmutter vom 27. Dezember 1972 stieß ich auch auf eine Scheidungsurkunde von meinem Vater und meiner Mutter.

»Wie? Das muss Amma sein. Geschieden?« Ich erschrak, als ich mich selbst laut reden hörte.

Der Beamte tat, als würde er nichts bemerken. Er hatte unzweifelhaft zu viele Papiere aus den Händen gegeben. Ich las weiter und entdeckte, dass die Akte aus Karatschi kam. Es stand nicht nur darin, dass mein Vater und meine Mutter am 6. April 1972 offiziell geschieden worden waren, sondern auch, dass meine Mutter offiziell Abstand von ihren drei Töchtern nahm. Mein Vater verpflichtete sich, monatlich sechzig Rupien Alimente für Yasmin und achtzig für Amma zu zahlen, vorausgesetzt, dass Amma nicht wieder heiratete. Ali Nawaz wurde nicht erwähnt. Ich fühlte, wie mir der kalte Schweiß ausbrach.

»Amma geschieden ... Das weiß sie nicht.«

Ich bat den Beamten, die Dokumente zu kopieren, und das tat er. Ich dankte ihm mit meinem freundlichsten Lächeln. Das war unbeschreiblich. Völlig außer mir kam ich zu Hause an. Ich redete an einem Stück. Erst einmal verstand Gilmer überhaupt nichts davon, bis er aufmerksam die Papiere durchlas.

»Jetzt will ich allem auf den Grund gehen. Der Kerl hat einfach sein ganzes Leben lang jeden für blöd verkauft. Erst lässt er uns glauben, dass unsere Mutter tot sei. Ihr erzählt er, wir lebten hier harmonisch und in Wohlstand. Inzwischen hat er Amma so weit bekommen, dass sie für seinen Sohn sorgt, während sie schon mehr als fünfundzwanzig Jahre von ihm geschieden ist. Der Kerl ist verrückt. Verrückt!«

Später rief ich meine Schwestern an. Ayesha war fassungslos. Zahida konnte es nicht glauben.

»Bevor ich es Amma erzähle, will ich erst noch die anderen Zeitungen sehen.«

Am folgenden Tag stand ich zehn Minuten vor der Öffnungszeit vor den Türen der Königlichen Bibliothek in Den Haag. Ich wusste jetzt, dass unser Ankunftstag Mittwoch, der 16. Oktober 1968, war. In der Bibliothek gab es keine dicken, schweren Bücher mit gebundenen Zeitungen, sondern hier bekam ich alle Zeitungen, die ich sehen wollte, auf Microfiches. Mit Hilfe des Bibliothekars hatte ich unter anderem »Het Binnenhof«, »Het Vaderland« und den »Haagsche Courant« angefordert. Ich schob die Seiten eine nach der anderen weiter. Die Berichte flogen an mir vorbei. Ich war, wenn überhaupt möglich, noch nervöser als am vorigen Tag. Ich wusste nun sicher, dass ich mehr erfahren konnte. Auf einmal sah ich mich Auge in Auge mit mir selbst. Im »Het Binnenhof« vom Mittwoch, den 16. Oktober 1968, waren Fotos abgedruckt. Eine kleine, schmale Amma umringt von drei Mädchen in zu dünnen pakistanischen Kleidern. Neben ihr steht mein Vater mit Yasmin auf dem Arm. Die Überschrift lautete:

Pakistanische Familie in Rijswijk eingewöhnen? Wer kann das nicht in so einem schönen Land!
Die überglückliche Familie Hussain, die heute Morgen aus Pakistan in Rijswijk ankam, bekommt den echten Schlüssel von G. Kok, Sekretär des Vorstandes der Firma Van der Heem, überreicht. Frau Hussain und die vier Kinder waren in weiß-blaue, exotische Gewänder gehüllt, die Nationaltracht in West-Pakistan. (...) Das Gepäck der Familie bestand aus drei Koffern. Alle anderen erforderlichen Dinge wurden dank der spontan ins Leben gerufenen »Hussain-Aktion« zusammengetragen.

Die Zeitung »Het Vaderland« titelte »Haager Bürger führen pakistanische Familie zusammen«. Im »Niewe Haagse Courant« wird auf ähnliche Weise berichtet, und der »Haagsche Courant« öffnet mit »Tausenddreihundert Den Haager helfen pakistanischer Familie«.

In fast allen Artikeln wurde erklärt, wie mein Vater in die Niederlande kam. Nach dem Abitur in Pakistan versuchte er, in England einen Studienplatz zu bekommen. Die strengen Einwanderungsgesetze machten es ihm unmöglich, nach Großbritannien zu gehen, und er kam über Deutschland in die Niederlande. Hier fand er Arbeit in der Holzfabrik Van der Heem in Rijswijk. Vier Jahre lang hatte er seine Frau und seine Kinder nicht gesehen. Im Sommer 1967 reiste er nach Pakistan. Seine Kollegen hatten Mitleid mit dem einsamen Pakistani, der ohne Familie durchs Leben kommen musste. Spontan gründeten sie ein Aktionskomitee. Innerhalb kurzer Zeit lagen die Tickets bereit, und eine Wohnung in der Jozef-Israel-Allee stand vollständig eingerichtet zur Verfügung. Niemand wusste, dass mein Vater schon lange eine niederländische Freundin und einen Sohn hatte. Die

Aktion seiner Kollegen hatte ihn sicher überrumpelt. Die Frage ist, ob er damit glücklich war.

Ich war ganz erfüllt von meinen Entdeckungen. Noch nie hatte ich Fotos von mir selbst als Vierjährige an der Hand von Amma gesehen. Ich fand die Situation fast lächerlich. Mein Vater, der in den Niederlanden ein neues Leben angefangen hatte, wurde unfreiwillig mit der Ankunft seiner pakistanischen Familie überrascht. Ich musste es Amma erzählen. Sie hatte ein Recht darauf zu erfahren, dass sie all die Jahre geschieden war. Ein Viertel ihres Lebens hatte sie ihm geopfert, um für seine Mutter zu sorgen. Vor ein paar Tagen hatte Amma noch gesagt, dass Baba ihr Ehemann sei.

Abends ließ ich meine Familie die Zeitungen sehen. Alle außer Zahida schauten die Artikel an. Sie konnte es nicht ertragen und gab die Kopien weiter. Amma erkannte die Fotos sofort. Sie wusste noch genau, wie unsere Kleider aussahen und wer alles dabei gewesen war. Vorsichtig, aber unmissverständlich erzählte ich ihr, dass sie 1972 von Ghafoor Hussain Lakho geschieden worden war, und ich ließ sie die Unterlagen aus Karatschi sehen. Sie schaute mich ungläubig an, richtete ihren Blick dann auf Yasmin, die ihre Augen niederschlug.

»Amma, weißt du etwas davon? Weißt du, dass du unterschrieben hast und dass du auf Zahida, Ayesha und mich verzichtet hast?«

Amma schlug die Hände vors Gesicht.

»Amma, wusstest du das?« Ich hatte solche Angst, dass sie ja sagen würde, dass auch sie uns immer angelogen hatte.

Aber Amma sagte nicht ja. Sie schüttelte den Kopf mit ihrem pechschwarzen Haar, das in einem straffen Zopf zusammengehalten wurde. Als sie die Hände wieder wegnahm, sah ich ihre Tränen. Sie weinte, ohne einen Laut von sich zu geben. Mit traurigen Augen schaute sie mich an. Sie machte sich keine Mühe mehr, ihre Tränen zu bezwingen. Sie strömten ihr über die Wangen, das Kinn entlang, über den Hals. Mit gebrochener Stimme sagte sie: »Ich will ihn sehen und sprechen. Wir gehen zu ihm.«

Die Konfrontation

»Ich kann nicht geschieden sein«, sagte Amma kopfschüttelnd. »Das stimmt einfach nicht. Ich habe mein ganzes Leben für Lalli gesorgt. Es geht einfach nicht.« Meine Mutter war eine gebrochene Frau. Sie konnte nicht akzeptieren, dass ich die Wahrheit sagte. Die Scheidungsurkunde, die in Englisch abgefasst worden war, konnte sie nicht lesen, also war sie für Amma kein Beweis. Außerdem wurde diese Frau Hussain genannt, und das wäre schließlich nicht ihr Name. Nach ihrer Überzeugung war sie noch immer verheiratet. Ich hatte sie mit meinen Neuigkeiten völlig überrumpelt, und obwohl ich Mitleid mit ihr hatte, war ich erleichtert, dass sie mit meinem Vater nicht unter einer Decke gesteckt hatte. Meine Mutter war nicht nur gebrochen, sondern auch wütend. »Ich will mit ihm sprechen, ich will ihn sehen, und ich will, dass wir alle zu ihm gehen.« Zwischen ihren Weinkrämpfen zeigte sie Konfrontationslust. Sie wollte nicht nur von mir, sondern vor allem von ihm hören, was in der Vergangenheit genau passiert war.

Wir machten einen Plan. Ali Nawaz telefonierte weiter und versuchte zu jeder Tages- und Nachtzeit, meinen Vater zu erreichen. Am Morgen des ersten August wurde plötzlich der Hörer abgenommen. Ali Nawaz legte sofort wieder auf.

»Er ist zu Hause«, sagte er mit bedeutungsvollem Blick.

»Ist er da?«, fragte Amma sofort. »Dann stehen wir heute Abend bei ihm vor der Tür.«

Wir wussten inzwischen genau, in welchem Haus er

wohnte und wie wir eventuell die Notausgänge erreichen konnten. Alles war gut vorbereitet.

»Nimm das Gespräch auf«, sagte Gilmer zu mir.

Der Rekorder war in meiner Tasche, aber im wichtigen Moment vergaß ich dann auf den Knopf zu drücken. Wir wollten zu fünft zu seiner Wohnung gehen. Amma, Yasmin, Ali Nawaz, Ayesha und ich. Zahida kam nicht mit. Sie wollte meinen Vater nicht sehen. Gerrit, Ayeshas Freund, würde in der Nähe warten. Amma und Yasmin waren pakistanisch gekleidet. Ayesha hatte sich bewusst sehr herausfordernd angezogen, und ich trug eine schwarze Hose und einen schwarzen Rollkragenpullover.

»Du siehst ja wie ein Ninja aus«, sagte Ali Nawaz, als er mich sah. »Hast du vor, dich zu schlagen?«

Er hätte von unserer letzten Begegnung hören sollen. Ich fühlte eine tief verwurzelte Verachtung für meinen Vater. Ich hatte den Hass schon längst hinter mir gelassen. Hass hatte mich daran gehindert, ein unbesorgtes Leben zu führen. Es war eine Emotion, die mich zu viel Energie gekostet hatte. Ich sah meinen Vater als eine armselige, verächtliche Kreatur. Ich hörte es gerne, wenn meine Mutter sagte, dass ich meinem Vater absolut in nichts glich. Mein Vater hatte in seinen Wutanfällen meiner Mutter oft vorgeworfen, dass wir alle von einem anderen Mann gezeugt worden waren.

»Amma, kann es nicht stimmen?«, fragte ich manchmal scherzend. »Hast du dich in Dubai nicht vielleicht mit einem Scheich getroffen, und ich bin eigentlich eine arabische Prinzessin?«

Meine Mutter strich mir dann über die Haare, während sie mich zurechtwies. »Hameeda, Hameeda, wir Moslemfrauen kennen nur einen Mann. Dein Vater ist mein Ehemann und der Erzeuger aller meiner Kinder. Ob du das willst oder nicht. Du bleibst mein kleines Mädchen mit einer zu lebendigen Phantasie. Ein Mädchen, das die Welt verändern will, wenn sie ihr nicht gefällt.«

Im Auto, auf dem Weg zum Haus meines Vaters, war die Atmosphäre zum Zerreißen gespannt. Amma und Yasmin hielten sich gut, aber Ayesha, Ali Nawaz und ich waren hypernervös. Gerrit blieb beim Eingang des Wohnblocks stehen. Ich drückte auf eine beliebige Klingel. »Guten Morgen, gnädige Frau, könnten Sie die Eingangstür öffnen. Ich will meine Freundin besuchen, aber sie ist noch nicht zu Hause.«

Der Türöffner summte, und die Tür ging auf. Wir gingen zum Aufzug. Meine Knie gaben bei jedem Schritt nach. Wir mussten in die zweite Etage. Jetzt sah ich auch auf Ammas Gesicht die Anspannung. Amma schickte Yasmin und Ali Nawaz vor. Sie selbst ging zwischen Ayesha und mir auf die Wohnungstür ihres Mannes zu. Um Punkt zehn drückte Ali Nawaz auf die Klingel. Mein Vater öffnete die Tür. Mit einem Blick nahm er uns wahr. Seine Augen schossen schreckhaft hin und her. Es fiel mir auf, dass er viel kleiner war, als ich ihn in Erinnerung hatte. Amma begrüßte ihn auf Sindhi, und automatisch grüßte mein Vater in ihrer Sprache zurück. Er schaute Yasmin an und fragte: »Wo ist Fahad?«

Yasmin antwortete ordentlich, dass Fahad, ihr Ehemann, in Tando Mohammed Khan geblieben war.

Ich sah, wie mein Vater nachdachte. »Warum hast du nicht angerufen, dass du in den Niederlanden bist?«, fragte er meine Mutter. »Und«, auf Ayesha und mich weisend: »Wer ist das?«

Das war die dümmste Frage, die er hatte stellen können. Der Blick und die ganze Haltung meiner Mutter veränderten sich von einer Sekunde zu anderen. Sie nahm Ayesha und mich am Arm und schob uns nach vorne. Wir standen direkt vor ihm. Er schaute ängstlich, hielt seinen Blick aber starr auf Amma gerichtet.

»Das sind deine Töchter Ayesha und Hameeda.«

Er wich in den Flur zurück. Amma ging zwischen uns durch auf ihn zu. Sie ließ ihn im Flur stehen und steuerte aufs Wohnzimmer zu, Ayesha und mich mit sich ziehend. Meine Stiefmutter saß auf einem Stuhl am Esstisch. Als sie die pakistanische Delegation hereinkommen sah, erstarrte sie. Sie brachte kein Wort heraus, und mein Vater fing an zu schreien: »Nimm die Huren mit. Sie sind ungehorsam gewesen. Ihr seit tot für mich. Tot!«

Seine Frau stand auf. Ihr Stuhl fiel um. Mein Vater ergriff meine Mutter und setzte sie mit nicht allzu viel Mühe vor die Tür. Wir folgten ihnen aus Angst, dass er sie über das Geländer schmeißen könnte. Meine Mutter schaute ihn nur an. Sie brauchte mit ihrem ehemaligen Mann nicht mehr zu reden. Er hatte in dem Augenblick, als er Ayesha und mich nicht erkannte, zugegeben, dass er gelogen hatte. Amma erzählte später, dass sie sofort an seinen Augen gesehen hatte, welchen Geschichten sie glauben musste. Für Amma hatte diese Konfrontation ihre Aufgabe erfüllt. Wir gingen zusammen in Richtung Aufzug. Als ich merkte, dass mein Vater uns folgte, verlor ich meine Selbstbeherrschung.

»Hiermit kommst du nicht durch!«, schrie ich. »Du wirst dafür büßen, für alles, was du Amma und uns angetan hast.«

Er reagierte kaum auf meine Worte, sagte aber zu Amma, dass er allein mit ihr sprechen wolle. Er stieg mit uns in den Aufzug. Einen Augenblick schaute ich Ayesha an und sagte: »Alle Schuld rächt sich auf Erden.«

»Ja, für dich schon«, sagte Ayesha spottend.

Seine Augen sprühten Feuer, als er sagte: »Erweise deinem Vater Respekt.«

Ayesha lachte ihm ins Gesicht, aber Amma machte ihr ein Zeichen, dass sie still sein sollte. Wir hatten unserer Mutter versprochen, ruhig zu bleiben; das war ihre Konfrontation. Später haben wir uns über die Worte meines Vaters fast krankgelacht, aber in diesem Moment standen wir verwirrt zwischen den vier Aufzugswänden. Ich war froh, als ich den Lift verlassen konnte und Gerrit draußen stehen sah. In der Halle fing mein Vater an zu schimpfen. Wieder unterzeichnete er unser Todesurteil und nahm jetzt auch Amma in seine Litanei mit auf. Aber meine Mutter ließ sich von ihm nicht beirren. Ihr war deutlich, dass er immer gelogen hatte. Sie war dreißig Jahre lang zum Besten gehalten worden. Aufrecht sagte sie: »Du wirst dich verantworten müssen.«

Schreiend und schimpfend stieg er wieder in den Aufzug, zwischendurch dröhnte sein höhnendes Lachen durch die Halle.

Im Auto war es mucksmäuschenstill. Amma war verwirrt. Dieser Schlag traf sie härter, als wir erwartet hatten. Wir wussten schließlich schon lange, wie er wirklich war. Sie nicht. Ihr ganzes Leben hatte sie an ihren Mann, der sie ein halbes Jahrhundert betrogen hatte, geglaubt. Sie fühlte sich mürbe und zerschlagen. Die folgenden Tage war sie völlig apathisch. Sie weinte, rauchte und schlief. Es schien, als wäre sie in Trance. Ähnliches galt für Ayesha und mich. Als wir zu Hause ankamen, legte ich mich aufs Sofa, rollte mich ein und wäre am liebsten unsichtbar gewesen. Ich dachte, ich würde mich als Sieger fühlen, nachdem wir ihm gezeigt hatten, dass wir sein Spiel durchschauten. Aber ich fühlte mich leer und depressiv, und das würde noch einige Zeit anhalten.

Ein paar Tage nach dem Treffen kam meine Mutter wieder ein bisschen zu sich selbst. Sie rief mich zusammen mit Yasmin und Ali Nawaz zu sich. Sie sah müde und zerschlagen aus. Ihre Hände zitterten, als sie ihr Haar zurückstrich. Sie krallte ihre Finger ineinander und versuchte auf diese Art, sich unter Kontrolle zu halten. Dann schaute sie mich an.

»Ich bitte dich um Vergebung. Ich fühle mich schuldig, weil ich nie eingesehen habe, was für ein Rohling euer Vater war. Manche Dinge wusste ich nicht, vor anderen habe ich vielleicht die Augen geschlossen. Ich hoffe, du kannst mir vergeben.«

Sicher wollte ich ihr vergeben, aber erst wollte ich noch viel mehr wissen. Und Amma war bereit, alles zu erzählen, was sie früher vor uns verborgen gehalten hatte. Erst jetzt enthüllte sie die kriminelle Vergangenheit meines Vaters.

»Das erste Mal flüchteten wir aus Dubai. Euer Vater war dort an einem Versicherungsbetrug beteiligt und musste von jetzt auf gleich zurück nach Pakistan. Auch da hatte die Polizei ihn im Auge. Das war auch der Grund, dass er Pakistan, gleich nach deiner Geburt, Hameeda, verließ. Er war mit einem falschen Reisepass unter dem Namen Hussain aus Pakistan geflüchtet. Nach Monaten des Herumstreunens kam er über Deutschland in die Niederlande. Er hatte für die Reise von seinem Cousin Geld gestohlen. Ich wusste nicht, ob ich ihn jemals wiedersehen würde. Monate hörte ich nichts von ihm, aber dann nahm er wieder Kontakt zu Lalli und mir auf. Er hatte Arbeit in den Niederlanden gefunden. Mit keinem Wort erwähnte er mich oder seine Töchter. Drei Jahre später kam er kurz zu Besuch. Er blieb lang genug bei uns, um mich mit Yasmin zu schwängern. Und dass das passiert ist – darüber bin ich sehr froh.« Amma nahm Yasmins Hand. »Ganz unerwartet bekam ich Nachricht, dass ich in die Niederlande kommen sollte. Mit Blick auf eure Zukunft und auch für eure Gesundheit wollte ich das. Doch warum es nun auf einmal möglich war – ich hatte keine Ahnung. Während seines Blitzbesuchs 1967 war euer Vater in dieser Beziehung noch sehr zurückhaltend gewesen. Aber ich war froh und bildete mir ein, dass er sich nach seiner Familie sehnte. Und so reisten wir in die Niederlande ab. Alles fing so schön an.«

Dank der Zeitungsartikel kannten wir inzwischen den Ablauf des 16. Oktobers.

»So wie ihr selbst nur zu gut wisst, ging es hier in den Niederlanden schon bald schief. Euer Vater war vor vollendete Tatsachen gestellt worden. Ich verstehe das erst jetzt. Damals dachte ich, dass er genug Geld verdient hatte, um für uns zu sorgen, und dass er uns selbst in die Niederlande geholt hatte. Das Gegenteil war der Fall. Andere hatten für ihn entschieden. Er erdachte einen Plan, womit er sein Leben mit seiner holländischen Freundin fortsetzen konnte, ohne seine Kollegen vor den Kopf zu stoßen. Ihr musstet also bleiben, aber ich musste zurück. Schon bald holte er euch von mir weg, und obwohl ich es schrecklich fand, akzeptierte ich seine Begründung, dass ihr die Sprache lernen müsstet. Ich war über die Schläge besorgt, die ihr bekommen würdet, denn ich hatte am eigenen Leib gespürt, wie brutal er sein konnte. Er duldete keine Widerrede oder Ungehorsam. Als ihr nachts nicht mehr nach Haus kamt, habe ich ihn angefleht, mich zu euch zu bringen. Ich wurde fast wahnsinnig ohne meine Kinder. Monate später durfte ich euch eine halbe Stunde sehen. Das war das letzte Mal, dass ich meine Töchter als Kinder treffen sollte.«

Es fiel mir nicht schwer, mich in Ammas Schmerz zu versetzen. Wie schlimm würde ich es selbst finden, wenn ich jetzt Abschied von Rachel und Melanie nehmen müsste, um sie erst als Erwachsene wiederzusehen.

»Aber Amma, wie bist du damals nach Pakistan gekommen?«

Amma seufzte tief. »Es war ein Albtraum. Hinterher betrachtet ähnelte die Reise einer Entführung. In Rijswijk wurde ich eurem Vater stets lästiger. Ich wollte meine Töchter zurück. Inzwischen traute ich mich auf die Straße und hatte den festen Plan, euch zu finden. In den Niederlanden konnte ich mich nicht so recht eingewöhnen. Die Sprache war mir vollkommen fremd, und ich hatte Heimweh. Ich sehnte mich nach euch, aber auch nach unserm Hof, nach Lalli und nach unserem alten, vertrauten Leben. Das Heimweh kam eurem Vater wie gerufen. So hatte er eine Erklärung gegenüber seinen Kollegen. Nachdem ich euch gesehen hatte, brachte uns ein Taxi zum Bahnhof. Ich hatte Yasmin auf dem Arm, aber weiter hatte ich nichts dabei. Die Sachen, die wir aus Pakistan mitgebrachten hatten, lagen noch in Rijswijk. Am Hauptbahnhof stiegen wir in einen Zug nach Deutschland. Ich weinte und fragte euren Vater, ob wir wirklich nach Pakistan fuhren. Er beruhigte mich wieder, dass wir Lalli holen würden, damit ich jemanden hätte, der mir mit den Kindern helfen konnte. Ihr solltet bei mir wohnen, und euer Vater wollte zwischen zwei Frauen pendeln. Ich schluckte diese Geschichte, denn ich wollte gerne daran glauben. Siebzehn Tage dauerte die ganze Rückreise. Es muss der Sommer von 1969 gewesen sein. In Pakistan wurde mir sofort klar, dass weder Lalli noch ich, noch Yasmin nach Holland zurückkehren sollten. Euer Vater reiste alleine ab und ließ mich schwanger zurück. Er hatte mir den Reisepass weggenommen. Im Frühjahr wurde Ali Nawaz geboren.«

»Aber warum hast du nicht sofort geschrieben? Du hättest doch Kontakt zu uns aufnehmen können?«

»Das durfte ich nicht. Aber ich habe es doch getan, doch anscheinend habt ihr all meine Briefe und Päckchen nie empfangen.«

»Nein, natürlich nicht«, fiel ich Amma ins Wort, »uns wurde erzählt, dass ihr verunglückt wärt. Post kam also sowieso nicht.«

»Ihr dachtet, dass ich tot sei, aber ich verstand nicht, warum ich nie etwas von euch hörte, meinen Kindern. Euer Vater schrieb, dass es in der Schule gut ging. Er schickte Fotos, und ich bekam den Eindruck, dass ihr mich langsam, aber sicher vergessen hattet. Ich bat ihn regelmäßig, euch zu sagen, ihr solltet schreiben. Jedes Jahr versprach er mir, meine Kinder nach Pakistan zu bringen. Jedes Jahr war ich bereit, meine Töchter zu empfangen. Aber es passierte nie. Ich akzeptierte mehr oder weniger, dass ihr ein anderes, westliches Leben führt, worin es keinen Platz mehr für mich gab. Aber ich hielt die Erinnerung an euch wach.«

Ali Nawaz und Yasmin, die abwechselnd Ammas Geschichte übersetzten, bestätigten das. »Es gab keinen Tag, an dem eure Namen nicht gefallen wären. In Gedanken war Amma immer beschäftigt, eure Ankunft vorzubereiten. Sie erzählte Yasmin und mir dauernd von den Unterschieden und Übereinstimmungen zwischen uns und unseren drei Schwestern.«

Ich stieß meinen Bruder an. Mit Ali Nawaz fühlte ich mich verbunden. Wir verstanden einander, ohne etwas zu sagen. »Also hattest du die Nase von uns unsichtbaren Schwestern voll?«

Er lachte und winkte ab, als Amma Luft holte, um ihre Geschichte zu Ende zu erzählen.

»Und dann kam Ayesha, und ihr wusstet, dass Yasmin und ich noch lebten. Yasmin und Ali Nawaz sprachen noch kein Englisch, und ich verstand nichts von dem, was Ayesha mir versuchte zu erklären. Ich war froh, dass eine Art Briefwechsel in Gang kam. Von Zahida und Hameeda hörte ich nichts, und das fand ich merkwürdig. Nun weiß ich, warum das so war.«

»Aber warum unterschriebst du Briefe, worin wir mit dem Tod bedroht wurden oder selbst für tot erklärt wurden?«

Amma schüttelte wieder den Kopf. »Ich war mit eurem Vater einer Meinung, dass ein Moslem nicht jemand anderen Glaubens heiraten konnte. Aber glaubt mir, ich habe nie einen Brief geschrieben, worin ich euch für tot erklärte. Nie. Ich liebe euch viel zu sehr.«

Ich ließ sie die schrecklichen Briefe voller Drohungen und Beschuldigungen sehen, aber Amma wusste nichts davon. Mein Vater hatte sie geschrieben und im Namen meiner Mutter unterschrieben. Hiermit hatte er den Kontakt zwischen unserer Mutter und uns wieder für viele Jahre unterbrochen.

Mir wurde schwindlig von all den Dingen, die meine Mutter uns erzählt hatte. Ihre Geschichte hatte Licht ins Dunkel gebracht, und meine Fragen waren beantwortet. Ich wusste genug und fühlte mich in meinem Entschluss, meinen Vater vor Gericht zu bringen, bestärkt. Er sollte für das, was er uns angetan hatte, büßen. Die Antworten meiner Mutter hatten mir meine innere Unruhe zum Teil genommen, aber noch nicht ganz. Wohl wusste ich jetzt, dass sie uns nie freiwillig im Stich gelassen hatte. Sie war gezwungen worden, uns bei meinem Vater zurückzulassen. Ich fing wieder an zu schreiben. Kein Detail durfte in meiner Lebensgeschichte fehlen.

Mein Vater hatte nach dem Treffen die Hände auch nicht in den Schoß gelegt. Sofort hatte er Lalli geschrieben, und seine Mutter wusste inzwischen, dass Amma bei uns in den Niederlanden war. Lalli war immer meines Vaters Handlanger in Pakistan gewesen. Sie fing Ammas Post ab, und Menschen aus dem Dorf lasen ihr den Inhalt vor. Manchmal vernichtete sie die Briefe, manchmal gab sie die Post an meine Mutter weiter. Lalli ließ meinen Vater wissen, was im Dorf geschah. Zahidas Besuch zum Beispiel wurde sofort weitergeleitet. Amma war sich nicht sicher, ob Lalli von der Scheidung wusste, aber das konnte sie sich kaum vorstellen. In Pakistan ist es üblich, dass eine Frau bei ihren Schwiegereltern einzieht und dort den Haushalt versorgt. Sie wäscht und kocht nicht nur für ihre eigene Familie, sondern auch für ihre Schwiegereltern und andere Familienmitglieder, die noch im elterlichen Haus wohnen. Scheidungen kommen manchmal in Pakistan vor, und eine Scheidung bedeutet, dass die Frau das Haus ihrer Schwiegereltern verlässt. Die Schwiegermutter lässt sich nicht von einer Frau versorgen, die durch ihren Sohn abgewiesen wurde. Lalli und mein Großvater waren schon Jahre geschieden. Mein Vater war Lallis einziger Sohn, und daher wohnte seine Frau bei ihr im Haus. Amma hatte beinahe ihr ganzes Leben für Lalli gesorgt. Es gab Jahre, in denen sie redlich miteinander auskamen, aber es war immer eine Hassliebe gewesen. Lalli wählte immer die Seite ihres »reichen« Sohns in Holland, während meine Mutter zwischen der Liebe zu ihren Kindern und den Verpflichtungen, die ihre Religion in Hinsicht auf ihren Mann vorschrieb, hin und her schwankte.

Ungefähr eine Woche nach der Konfrontation mit meinem Vater und nach unseren Gesprächen begann Amma zu begreifen, dass sie keinen eigenen Ort mehr zum Leben hatte. »Es ist mein Haus, aber Lalli wohnt auch dort. Ich kann nicht mehr zurück zu ihr. Jedes Mal, wenn ich sie anschaue, würde ich an ihren Betrug erinnert werden. Ich fühle mich von eurem Vater missbraucht. Er hat mir mein Leben genommen. Erst nahm er mir meine drei Töchter und dann auch noch die Chance auf ein eigenes Leben. Ich war in einer Welt gefangen, die er für mich kreiert hatte. Und natürlich passte es ihm gut, dass ich für seine Mutter sorgte. Seine niederländische Frau kam dafür nicht infrage, und als Sohn musste er seinen Verpflichtungen gegenüber seinen Eltern nachkommen. Durch seinen Verbleib in den Niederlanden ließ er sie schon im Stich. Die Tatsache, dass die Nikkah zweimal und schließlich sogar dreimal widerrufen wurde, machte sein Ansehen in der Moslemgemeinschaft auch nicht besser.«

Mein Vater hatte, was das betraf, von seinem pakistanischen Dorf keinen Respekt mehr zu erwarten. Von männlicher Macht war bei ihm keine Rede mehr. Möglicherweise gewann er in den Augen der Gemeinschaft wieder etwas an Respekt, wenn er mit uns brach, uns ablehnte und uns für tot erklärte. In seinen Drohbriefen legte er nur zu gern aus, was mit uns ungehorsamen Ausreißern in Pakistan passieren würde, und tat damit sein Bestes, uns von dort fern zu halten. Mein Vater schrieb auch Drohbriefe im Namen meiner Mutter, in denen er deutlich machte, dass wir auch von ihr abgewiesen wurden, vom ganzen Dorf und von der Familie. Wenn wir Pakistan besuchen sollten, erwartete uns Zurückweisung und der Tod. Für solch einen »Ehrenmord« würde mein Vater kaum bestraft werden; jedoch würde er an Ansehen gewinnen. Zu Recht hatten wir vor der Gefahr, der wir in Pakistan ausgesetzt waren, jahrelang Angst gehabt, aber alle drei hatten wir diese Angst überwunden. Er konnte uns seinen Willen nicht mehr aufzwingen, nicht mit Stockschlägen, nicht mit Beschimpfungen und auch nicht mit Drohungen.

Auch meine Mutter empfand das so, aber sie hatte ein Problem: Wohin sollte sie gehen? Als meine Mutter Lalli anrief, stellte sich heraus, dass die Verleumdungskampagne schon auf Hochtouren lief. Mein Vater hatte Lalli und andere Leute aus dem Dorf wissen lassen, dass wir Huren seien und uns mit anderen Rassen einließen. Sogar mit weißen Männern und Negern. Nochmals bekräftigte mein Vater, dass er von uns Abstand genommen hätte, und er gab vor, dass er daran zweifelte, ob wir überhaupt seine Töchter sind. Er wollte Ammas Haus verkaufen, damit sie und Ali Nawaz auf der Straße stehen würden. Lalli konnte bei ihrer Familie einziehen. Meine Mutter hörte sich dies gelassen an. Ali Nawaz und Amma beschlossen, doch nach Hause zurückzukehren und an Ort und Stelle zu sehen, wie sich die Sache entwickeln würde.

Ihr Aufenthalt in den Niederlanden ging seinem Ende entgegen. Wieder wurden wir gezwungen, Abschied zu nehmen. Wir bangten um Ammas Leben. Ali Nawaz versicherte uns, dass er jemanden anheuern würde, um Amma beschützen zu lassen. Ich fühlte mich machtlos und hatte Angst, meine Mutter noch einmal zu verlieren. Aber wir wussten jetzt, dass wir füreinander da waren. Alle zusammen verabschiedeten wir unsere Familie. Es war eine herrliche Zeit gewesen mit mühsamen und sehr emotionalen Phasen. Wieder war deutlich geworden, wie schlecht Zahida, Ayesha und ich als Schwestern miteinander auskommen konnten. Amma hatte die Spannungen zwischen uns gefühlt und war darüber sehr traurig. Es hatte vor ihren Augen Streitereien und Missverständnisse gegeben. Jahrelang hatten wir nicht so dicht aufeinander gesessen wie in diesen drei Monaten, und alle drei hatten wir es als einengend empfunden. Die Anwesenheit von Amma hatte uns toleranter gemacht, aber grundlegend konnte Amma unsere schwierige Beziehung kaum verändern.

Während dieser Monate und vor allem nach der Konfrontation mit meinem Vater hatten unsere Pläne, ihn vor Gericht zur Verantwortung zu ziehen, weiter Gestalt angenommen. Außerdem mussten Schritte unternommen werden, um für Amma, Yasmin und Ali Nawaz permanente Visa zu erhalten.

»Ab jetzt will ich nicht mehr gezwungen sein, zwischen meinen Kindern zu wählen«, erklärte Amma, als wir vorschlugen, dass sie in den Niederlanden bleiben sollte, um Schwierigkeiten im Dorf aus dem Weg zu gehen. »Schwierigkeiten gehe ich nicht mehr aus dem Weg. Ich will die Möglichkeit haben, alle meine Kinder zu treffen. Ich lasse mich nicht zwingen, jetzt von Ali Nawaz und Yasmin Abschied nehmen zu müssen, ich will euch alle regelmäßig sehen können.«

Das Wiedersehen mit meiner Mutter hatte mir gut getan. Auf der einen Seite war ich ruhiger und selbstsicherer geworden. Auf der anderen Seite streitbarer und fanatischer. Ich fand, dass wir als Familie genug gelitten und ein Recht darauf hatten, zusammen zu sein. Außerdem fühlte ich, wie die Kraft in mir wuchs, meinen Vater und seine Frau für alles, was sie uns angetan hatten, büßen zu lassen. Indem ich meinen Vater angriff, hoffte ich, dass er meine Mutter in Ruhe lassen würde. Ich sprach nicht oft über meine Jugend, aber wenn ich jemandem etwas erzählte, erhielt ich immer öfter den Rat, Anzeige gegen meinen Vater zu erstatten. Menschen wurden wütend, wenn sie meine Geschichte hörten, und versicherten mir, dass mein Vater und seine Frau dafür gerade stehen müssten. Ich stieß auch auf Unglauben, dass nie jemand etwas von den Misshandlungen und dem Arrest gemerkt haben sollte. Im Nachhinein verstehe ich das selbst nicht und merke, dass ich für Misshandlungen anscheinend einen siebten Sinn habe. Manchmal sehe ich bei Rachel und Melanie in der Schule ein Kind, das das gleiche Verhalten zeigt, das ich von mir selbst kenne, und das regelmäßig einen Tag krank ist – vielleicht, um Wunden heilen und Schwellungen zurückgehen zu lassen. So ein Kind behalte ich im Auge, weil ich davon überzeugt bin, dass viele Kinder, sowohl von holländischen als auch ausländischen Eltern, hinter unsichtbaren Gittern leben. Auch aus diesem Grund fühle ich mich dazu verpflichtet, unsere Geschichte öffentlich zu machen. Mein Vater und meine Stiefmutter müssen büßen.

Schon einige Monate vor dem Besuch meiner Familie war ich auf die Suche nach einem Anwalt gegangen, der sich unseres Falles annehmen wollte. Aufs Geratewohl hatte ich einige Namen in den gelben Seiten angestrichen. Ich hatte keine Ahnung, an wen ich mich wenden sollte. Der Erste, den ich anrief, machte kein Strafrecht. Der Nächste zählte die Sache zum Familienrecht, und darauf war er nicht spezialisiert. Die drei folgenden Kanzleien, an die ich herantrat, fanden die Sache zu komplex und meinten, sie habe zu geringe Erfolgschancen.

»Verjährung«, sagte jemand. »Das Problem ist die Verjährung. Die Anzeige kommt zu spät, um wirklich etwas unternehmen zu können. Wohl ein interessanter Fall, Frau Lakho. Seelische Grausamkeit und Kindesmisshandlung, auch ohne Inzest, sind aktuelle Themen, vor allem in unserer multikulturellen Gesellschaft, in der die zweite und dritte Generation andere Überzeugungen hat, als die erste ihnen auferlegen will. Komplexe Materie, interessanter Fall.«

Aber doch wollte er nichts damit zu tun haben. Mit jedem weiteren Telefonat lernte ich mehr über unseren Fall. Schließlich kam ich zu »Nolet Rechtsanwälte« in Den Haag. Nach einem langen Gespräch beschloss Rechtsanwalt Nolet, den Fall anzunehmen. Er sah ihn als Zivilprozess an.

»Wir haben Tatsachen und schriftliche Beweise nötig, Frau Lakho, und Ihre Schwestern werden mitarbeiten müssen.«

Ja, jauchzte ich im Stillen. Ja, ich bin bereit für den Kampf. Ein Gefecht, das mir und meiner Familie Gerechtigkeit und inneren Frieden bringen sollte.

Der Rechtsfall

Es wurde ein Gefecht, aber meine Gegner waren andere, als ich gedacht hatte. Nolet legte meine Geschichte seinen Partnern vor, und die Kanzlei akzeptierte den Fall. Am Telefon hatte er schon angedeutet, dass ich so viel Beweise wie möglich vorlegen müsste und dass es besser war, den Fall zu dritt anzuzeigen. Ich rief meine Schwestern an. Ayesha, die ich in dieser Zeit wöchentlich während des Schwimmunterrichts unserer Töchter sah, war über meinen Plan informiert und stimmte letztendlich damit überein. Auch Zahida versprach ihre Mitarbeit, war aber nicht in der Lage, selbst etwas zu unternehmen.

»Ich mache zwar mit, aber erwarte nicht zu viel.«

Ich war schon froh, dass sie sich nicht völlig heraushalten wollte. Nolet lud uns ein, um die Herangehensweise des Falls zu besprechen. Ayesha begleitete mich. Als wir in seine Kanzlei kamen, fiel mein Blick sofort auf ein Foto mit lachenden Kindern. Nolet sah das und sagte: »Fröhliche Bande, was, Frau Lakho? Das sind meine Buben.« Stolz nahm er das Foto, schaute es an, drehte es noch einmal zu mir und stellte es wieder auf seinen Schreibtisch. »Kostbarer Besitz. Das Wertvollste, was ich habe.« Noch einmal schaute er seine Schätze an und wandte sich uns dann sachlich zu.

Wie schön, dass ein Vater so etwas über seine Kinder sagt, dachte ich. »Kostbarer Besitz«, welcher Unterschied zu den Worten, die unser Vater uns täglich an den Kopf geworfen hatte. Ayesha und ich erzählten von unserer Kindheit und Jugend. Die Art, wie unser Vater uns behandelte und wie er uns schließlich alle wie Abfall zur Seite geschoben hatte.

»Unglaublich«, seufzte Nolet etliche Male, während wir die schrecklichen Erinnerungen hervorholten. »So ein Mann darf nicht ungestraft davonkommen.«

Ich war froh, dass wir einen Mitstreiter gefunden hatten, aber Nolet stand mit beiden Beinen auf dem Boden. Er versprach uns nicht das Blaue vom Himmel herunter. Im Gegenteil.

»Es wird schwierig werden, sehr schwierig. Es ist im Prinzip ein Problem der Verjährung, und das wird die Gegenpartei auch anführen. Der erste Schritt ist, dass Sie, am besten alle drei, Ihre Lebensgeschichte so detailliert wie möglich aufschreiben. Die Notizen ergänzen einander, und damit zeugen Sie als Schwestern füreinander.«

Ayesha und ich versprachen sofort, dass wir unser Leben zu Papier bringen würden.

»Tja, und weiter«, Nolet strich sich über den Kopf, »weiter brauche ich Beweise. Beweise, dass Sie in Heimen waren, Beweise, dass Sie misshandelt wurden, Beweise und Zeugenaussagen. Je mehr, desto besser.«

Ich nickte. Ich hatte schon einen Plan.

»Rufen Sie an, wenn Sie das eine oder andere haben.« Nolet schob den Stuhl zurück, schaute erst mich und dann das Foto seiner Kinder an und murmelte: »Unglaublich, einfach unglaublich, dass ein Vater seinen eigenen Kindern so etwas antun kann.«

Der erste Besuch beim Anwalt fand im Februar 1997 statt, einige Monate, bevor meine Mutter, Ali Nawaz und Yasmin in die Niederlande kamen. Zahida konnte ihre Lebensgeschichte nicht aufschreiben; Ayesha und ich fingen sofort an. Gleichzeitig sammelte ich Beweismaterial. Vor allem die Briefe aus Pakistan, worin Ali Nawaz im Namen meiner Mutter alles über die Vergangenheit schrieb, brachten mich auf Ideen. Zum Beispiel der Brief, in dem mein Vater damit drohte, den geringen, aber für Amma unentbehrlichen Geldbetrag, den sie monatlich für Yasmin und Ali Nawaz empfing, zu streichen.

»Kindergeld«, sagte ich laut, während ich den Brief las.

»Was sagst du?«, Gilmer schaute aus seinem Buch auf.

»Kindergeld. Ich finde heraus, wie viel Kindergeld mein Vater in all den Jahren empfangen und wie viel er davon weitergegeben hat.«

Bei der Familienkasse war gerade eine tief greifende Untersuchung nach Zuerkennung von Kindergeld an nicht in den Niederlanden lebende Kinder im Gange. Und da wollte ich die Auskunft, wie mein Vater mit den erhaltenen Beträgen umgegangen war. Die Kasse war wohlwollend, konnte mich aber nur teilweise informieren. Aufgrund des Archiv-Gesetzes wurden nämlich alle Unterlagen, die älter als fünf Jahre waren, vernichtet. Allerdings wurde deutlich, dass mein Vater von 1969 bis zum einschließlich dritten Quartal des Jahres 1989 Kindergeld für Yasmin empfangen hatte. Von den dreihundert Gulden, die er pro Quartal bekam, bezahlte er zwanzig Jahre lang dreißig Gulden an meine Mutter. Der Rest ging aufs Sparkonto des Ehepaars Lakho. Ob das Betrug war? Der Untersuchungsbeamte der Familienkasse hörte mich an, und ich ging mit meinem ersten Beweismaterial nach Hause.

Auch bei den Kinderheimen erwartete ich, schnell die nötigen Informationen zu finden. Leider war das nicht der Fall. Die Heime waren reorganisiert worden, in andere Stiftungen oder Verwaltungsformen übergegangen, und niemand wusste mehr, wer wann und wo gearbeitet und/oder gewohnt hatte.

»Natürlich gibt es irgendwo Berichte, Rapporte und Dossiers, aber ich muss Ihnen ehrlich sagen, dass von den heutigen Mitarbeitern keiner mehr weiß, wo die geblieben sein könnten. Schade, aber wir können Ihnen nicht weiterhelfen.«

Bei der Polizei wird es sicher gelingen, dachte ich. Von all den Berichten, die dort über mich verfasst wurden, musste wenigstens der eine oder andere archiviert worden sein. Aber auch hier hatte ich Pech. Das Archiv des Polizeipräsidiums Rijswijk war gerade zur Zeit meiner Anfrage nach Den Haag umgezogen.

»Bevor wir wieder an die Akten kommen, Frau Lakho, werden einige Monate vergehen. Wenn die Akte, worüber Sie sprechen, nicht schon lange vernichtet ist. Wann hat sich das zugetragen, sagten Sie?«

Ich äußerte meine Enttäuschung gegenüber Ayesha.

»Wir müssen mit dem Beamten Den Boer reden«, sagte meine Schwester.

»Ob er noch immer in Rijswijk auf der Wache arbeitet? Was denkst du?«

Ayesha zuckte mit den Schultern. »Ich finde es schon heraus. Mach du mit dem Rest weiter.« Eine Woche später berichtete sie mir und gab mir eine Kopie des Briefes, den sie geschrieben hatte. »Auf der Polizeiwache arbeitet zwar noch ein Beamter De Boer, der auch mit uns zu tun hatte, aber es ist nicht unser Den Boer. Der ist pensioniert. Ich habe mit dem erstbesten Den Boer in Rijswijk zu telefonieren begonnen und hatte ihn schnell gefunden. Er erinnert sich noch an uns. Unglaublich, oder?«

Ayesha hatte mit dem pensionierten Beamten Den Boer

die Sache kurz besprochen und versprach ihm, einen Brief zu schicken. Mit der Kopie davon stand sie nun vor mir.

»Toll, Ayesha, können wir mit ihm sprechen?« Das ging. Er wollte uns gern bei sich empfangen. Der Beamte De Boer sollte auch anwesend sein. Eines Abends im April standen wir mit einem großen Strauß Blumen vor der Tür des Mannes, der mich regelmäßig nach Hause gebracht hatte. Er öffnete die Tür selbst, und obwohl er in den Jahren, in denen wir mit ihm zu tun hatten, um die fünfzig gewesen und jetzt also über siebzig sein musste, erkannte ich ihn sofort.

»Guten Tag, Hameeda, guten Tag, Ayesha«, begrüßte uns Den Boer. Ich war nie bei ihm zu Hause gewesen, aber das Wohnzimmer war mir sofort vertraut, und das hatte alles mit dem Mann zu tun, der unsere Lebensgeschichte von A bis Z bestätigen konnte.

»Wollen Sie das auch bezeugen?«, fragte ich ihn nach einer Weile.

»Ich bin bereit, eine schriftliche Erklärung abzugeben, worin ich die Misshandlungen und das Fehlverhalten deines Vater bestätige. Schrecklich war es. Euer Fall ist mir immer in Erinnerung geblieben. Die vergangenen Jahre habe ich mich regelmäßig gefragt, was wohl aus den Mädchen Lakho geworden sein mag …«

Der Beamte De Boer wusste auch das eine oder andere von unserem Fall, hielt sich aber zurück. »Ich kann mir eure Wut vorstellen, aber hat es jetzt noch so viel Sinn, in diesem Dreck herumzustochern? Ihr habt es geschafft, dort herauszukommen, habt Familien und ein gutes Leben. Ist es nicht viel besser, diese alte Sache ruhen zu lassen und jetzt euer eigenes Leben zu leben?«

Nein, das konnten wir nicht, wir wollten, dass all das Leid, das wir ertragen mussten, anerkannt wurde. Beide

Beamten glaubten, dass die Akten über uns zu finden sein müssten.

»Obwohl«, zögerte De Boer, »zwanzig Jahre sind eine lange Zeit: Ob man an die Informationen noch immer herankommen kann, ist fraglich.«

Ich wusste, dass es nicht leicht werden würde, die Polizeiakten zu finden. Aber wie auch immer: Der Besuch bei Den Boer wurde ein unvergesslicher Abend. Zufrieden gingen wir nach Hause. Es gab also auf jeden Fall jemanden, der bezeugen wollte und der sich an alles erinnerte. Die schriftliche Erklärung haben wir letztlich nie empfangen; die Polizei riet Den Boer zum Schutz der Privatsphäre ab, eine solche Erklärung zu unterzeichnen. Die Akten wurden auch nie gefunden. Wohl entdeckte ich Anfang 1998, mehr oder weniger zufällig, dass es diverse Notizen über mich im Polizeiarchiv gab. Darin wurde kurz und bündig über einen Diebstahl in einem Warenhaus, meine Sammlung für arme Kinder, meine Kontakte zu der Stiftung Release und mein Ausreißen berichtet. Über unseren Rechtsanwalt konnte ich in den Besitz dieser Papiere kommen, womit zumindest mein Verbleib in Heimen bewiesen war.

Das Jugendamt schien mir die richtige Stelle zu sein, wo alle Akten ordentlich archiviert sein sollten. Ich wollte wissen, ob meinem Vater jemals das elterliche Sorgerecht entzogen worden war oder ob er freiwillig darauf verzichtet hatte. Außerdem suchte ich damals noch nach einer offiziellen Übersicht über meine Wanderung durch die verschiedenen Kinderheime. Ich wurde von Pontius zu Pilatus geschickt. In Rijswijk fand ich nichts, also suchte ich beim Vormundschaftsgericht in Den Haag nach Unterlagen zu meinem Fall. Lakho, so wurde mir gesagt, kam darin nicht vor, aber ich könnte in den Amsterdamer Archiven untergebracht sein. Die Instanz dort verwies mich wieder zurück an das Landgericht in Den Haag. Die rieten mir, bei der Abteilung Familien- und Jugendrecht im Gerichtsgebäude weiterzusuchen. In den Monaten voller Briefwechsel und Nachforschungen gelang es mir nicht, in den Besitz eines Rapports des Jugendamts zu kommen. Aber ich traf bei dieser Suche Sandra van de Berg im Rijswijker Rathaus. Sandra war die Sozialarbeiterin, mit der ich während meiner Zeit im Kinderheim in der Neuen Park Allee monatliche Gespräche geführt hatte. Ich beschloss, sie anzurufen, als alle meine Bemühungen beim Jugendamt im Sande verliefen.

»Guten Tag, Hameeda,« sagte die Stimme, die ich damals nicht besonders sympathisch gefunden hatte. »Natürlich weiß ich noch, wer du bist.« Auch sie konnte sich an meinen Fall deutlich erinnern und wollte mir helfen. Das Gespräch, das ich mit ihr führte, war kurz und sachlich; sie gab mir nützliche Informationen. So erzählte sie mir, dass mein Vater und meine Stiefmutter häufig zu Gesprächen bei ihr gewesen waren und dass mit den beiden nicht zu reden gewesen sei. Mein Vater hatte sich von mir freiwillig distanziert, und darum war ihm nie das elterliche Sorgerecht entzogen worden. Sandra wollte zwar eine schriftliche Erklärung über meine Situation abgeben, aber sie hatte anscheinend dazu keine Zeit.

Nach Monaten voller Nachforschungen war ich noch nicht viel klüger, und dann stand der Besuch meiner Mutter an. Als Amma uns dann beiläufig von Fotos in den Zeitungen vor dreißig Jahren erzählte, brachte sie mich auf eine Spur, die ihr zwar Kummer bereitete, aber nicht im Sande verlief.

Nach meinen Funden im Gemeindearchiv rief ich enthusiastisch meinen Anwalt an.

»Gute Arbeit. Das sind Beweise.«

Nachdem ich die Zeitungsartikel gefunden hatte, war ich nicht mehr zu halten. Ich suchte weiter, und das Puzzle zeigte immer weniger fehlende Teile. Ich bat beim Einwohnermeldeamt um eine Kopie meiner verschiedenen Adressen, um zu beweisen, wann ich wo gewohnt hatte. Ich fand die Scheidungspapiere, den Änderungsantrag des falschen Namens meines Vaters und seine Korrespondenz darüber. Die Informationen, die Amma während ihres Aufenthalts gab, halfen unsere Lebensgeschichte zu vervollständigen. Fragen, auf die wir nie eine Antwort bekommen hatten, wurden durch sie beantwortet. So löste sich zum Beispiel das Rätsel um den falschen Namen meines Vaters durch die Aufdeckung seiner betrügerischen Praktiken in der Vergangenheit. Unter falschem Namen und mit einem gestohlenen Pass eines Freundes, Khan Hussain, war mein Vater Ghafoor Hussain Lakho aus Pakistan geflüchtet. Das ganze Leben meines Vaters bestand nur aus Lügen und Betrug, und jetzt wurde eine Lüge nach der anderen entlarvt. Der angebliche Tod meiner Mutter und meiner Schwester, die Scheidung, das Kindergeld, der Wechsel der Identität, das Verschweigen eines Bruders ... Nicht nur uns hatte er regelmäßig belogen, sondern auch seine eigene Mutter, seine pakistanische Frau, seine niederländische Frau und den pakistanischen und den niederländischen Staat.

Im Herbst 1997 sahen Nolet, Ayesha und ich unsere Lebensgeschichten und die inzwischen gefundenen Fakten und Zeitungsartikel durch. Inzwischen hatte die Abteilung für Rechtsmittelhilfe über unseren Antrag positiv entschieden, und wir wurden finanziell in der Klage gegen unseren Vater unterstützt. Unser Anwalt fügte unsere Schriftstücke zusammen und setzte eine Anklage auf. Die aus zwanzig

Punkten bestehende Anklagebegründung, sprach von dem Leid, welches das Ehepaar Lakho den (Stief-)Töchtern Ayesha und Hameeda angetan hatte. Zahida wurde zwar einmal genannt, hatte aber davon Abstand genommen, schriftlich Zeugnis abzulegen.

»Zahida, tu es doch für uns. Du brauchst nichts weiter zu tun, aber unterstütze uns und dich selbst durch deine Mitwirkung.« Wieder und wieder versuchte ich meine älteste Schwester davon zu überzeugen, aber noch immer war sie nicht bereit, die Vergangenheit zu akzeptieren. Sie wollte nicht wissen, was ihr angetan worden war, und versuchte, jede Auseinandersetzung mit meinem Vater und meiner Stiefmutter zu vermeiden. Ich konnte nichts weiter tun, als ihren Entschluss zu respektieren. In der Anklage beantragte Nolet, meinen Vater und meine Stiefmutter zur Zahlung eines symbolischen Betrages an jede der Klägerinnen zu verurteilen. Aber uns ging es nicht um das Geld. Ayesha und ich studierten die Anklage abendelang. Manche Punkte erläuterten wir, bei anderen Punkten suchten wir aufs Neue Beweismaterial. Im Juni 1998, anderthalb Jahre nach meinem ersten Besuch bei unserem Anwalt, lag die Anklage, die am 23. Juni 1998 abgeschickt wurde, vor.

»Der Kerl schläft heute Nacht nicht gut«, sagte ich zu Ayesha, als Nolet uns erzählte, dass der Brief unterwegs war. Keine zwei Wochen später empfing ich ein Schreiben von meinem Anwalt. Ich war inzwischen daran gewöhnt, Post von ihm zu bekommen. Regelmäßig informiert er uns schriftlich über den Stand der Dinge. Während ich achtlos mit den Papieren in der Hand ins Wohnzimmer ging, riss ich den Umschlag auf. Es fiel ein Brief heraus. Ich beugte mich nach vorne, um ihn vom Boden aufzuheben, und blieb halb gebückt stehen.

Moszkowicz, Moszkowicz, Moszkowicz, Moszkowicz prangte oben auf dem Briefpapier. Der Name dieser berühmten Anwaltsfamilie war in jeder niederländischen Firma von einiger Bedeutung bekannt. Ich zitterte am ganzen Körper, als meine Blicke über die Zeilen flogen. Mein Vater hatte die Klage nicht leicht genommen und sofort schwere Geschütze aufgefahren. Anwaltskanzlei Moszkowicz ließ unseren Anwalt wissen, dass ihr Klient Ghafoor Hussain Lakho und dessen Ehefrau unsere Geschichten über »vermeintliche Qualen und Erniedrigungen« geradewegs in das Reich der Fabeln verwiesen. Unser Antrag wurde »absurd« genannt. Zu allem Unglück reichten sie auch noch eine Gegenklage ein. Mein Vater und seine Frau beschuldigten uns, Geld von einem Schweizer Bankkonto gestohlen zu haben.

»Worum geht es da?«, fragte ich Nolet, der mit den Schultern zuckte.

»Angriff ist die beste Verteidigung wird Ihr Vater gedacht haben, Frau Lakho. Aber seine Diffamierungen sind nicht relevant für unseren Fall.«

Als Reaktion auf diesen Brief betonte Nolet nochmals unseren Standpunkt, wie er in der Anklage aufgeführt war, und fügte hinzu, wir seien verwundert und positiv überrascht zu hören, dass die Beklagten anscheinend Vermögen besäßen.

Im September 1998 erhielten wir eine ausführliche Reaktion auf die Anklage. Die Namen der Rechtsanwälte Moszkowicz imponierten mir immer noch. Es dauerte einen Moment, aber nach mehrmaligem Lesen drang die Reaktion meines Vaters und seiner Frau zu mir durch. Kurz gesagt, lief es darauf hinaus, dass alles abgestritten wurde und dass sowohl mein Vater als auch meine Stiefmutter die Kinder mit Liebe und nach bestem Vermögen erzogen hätten. Das Einzige, was mein Vater zugab, war, dass er damals unter falschem Namen in die Niederlande gekommen war. Ayesha und mir wurde vorgeworfen, dass unsere Geschichten auf purer Phantasie beruhten und wir ein äußerst verdrehtes Bild von der Wirklichkeit zeichneten. Weiterhin führte ihr Anwalt die Verjährung an. Es seien mehr als fünf Jahre verstrichen, seit die angeblichen Handlungen stattgefunden hätten. Aufgrund solch haltloser Vorwürfe, die noch dazu verjährt wären, wollten wir nun eine Verurteilung der Beklagten?

Wütend war ich. Ein Punkt nach dem anderen wurde als spätpubertäre Reaktion, kindliche Phantasie und verdrehte Sicht der Wirklichkeit abgetan.

»Frau Lakho, das ist der normale Gang in einer solchen Sache«, beruhigte mich Nolet. »Natürlich wird Ihr Vater sein Bestes tun, seine Sicht der Dinge glaubhaft zu machen. In Ihren Augen sind das Lügen, aber darüber beschließt der Richter. Das Gericht wird uns am 15. September wissen lassen, ob es zu einer Verhandlung kommt.«

»Denken Sie, dass der Fall verhandelt wird?«, fragte ich bedrückt. Ich wollte vor den Richter. Ich wollte aus meines Vaters Mund hören, dass er Fehler gemacht hatte, oder zumindest meinen Vater mit der Meinung eines Richters konfrontieren, dass er und meine Stiefmutter nicht wieder gutzumachenden Schaden angerichtet hatten.

Das Gericht lud beide Parteien vor, am 26. Oktober 1998 um halb zehn im Gerichtsgebäude von Den Haag persönlich zu erscheinen.

»Was können wir erwarten?«, fragte ich Nolet. Das war es, was ich wollte, aber ich schlief schon Wochen schlecht. Es waren nervzerrende Zeiten.

»Rechnen Sie mit einer kurzen Verhandlung und erwarten Sie nicht zu viel davon. Die Richterin hat alle Akten und eure Lebensgeschichte. Die Parteien werden zum Erscheinen aufgerufen, wenn die Richterin das Bedürfnis nach einer persönlichen Erklärung hat. Sie wird Fragen an die Anwälte und die Betroffenen stellen, um anschließend urteilen zu können. Vielleicht stehen wir innerhalb einer Viertelstunde schon wieder draußen.«

»Innerhalb einer Viertelstunde wieder draußen?« Meine Augen sprühten Feuer. »Sind fünfzehn Minuten für unsere Lebensgeschichte genug?«

Nolet lächelte. »Das kann genug sein, aber es kann auch ganz anders laufen.«

Zu dritt besprachen wir den Ablauf. »Kommt an dem Morgen zu mir ins Büro«, sagte Nolet. »Wir gehen dann zusammen zum Gericht. Versucht während der Verhandlung vor allem ihr selbst zu sein. Ihr braucht nichts vorzubereiten. Eure Geschichte ist euch bekannt. Lasst euch durch die Konfrontation oder durch den Richter nicht aus der Fassung bringen.«

Ayesha und ich beschlossen, uns doch vorzubereiten. Zusammen dachten wir uns Fragen aus, die der Richter uns stellen könnte. Nolet hatte Recht: Es kostete uns keine Mühe, die Antworten zu formulieren.

An diesem Morgen im Oktober war schönes Herbstwetter. Es war angenehm, mit dem Anwalt zusammen zum Justizgebäude zu gehen. Ich fühlte mich durch seine Anwesenheit gestärkt. Im Gebäude war ein Kommen und Gehen von Menschen in ordentlichen Anzügen, die Nolet grüßten. Unser Anwalt meldete den Fall Lakho/Lakho, Listennummer 98.2459 beim Schalter. Der Gerichtsdiener nannte uns die Zimmernummer, wo unsere Sitzung stattfinden sollte, und verwies uns nach oben. Ich fühlte die Spannung, war aber nicht so nervös, wie ich gedacht hatte. Nolet ging einige Schritte vor Ayesha und mir. Der erste Stock war eine Art großes Wartezimmer mit vielen Türen. Der Raum wurde durch eine Reihe von Stühlen, die Rücken an Rücken standen, in eine linke und rechte Hälfte geteilt. Wir gingen in Richtung des Zimmers, das uns genannt worden war. Auf einmal sah ich sie: meinen Vater und meine Stiefmutter.

»Schau, dort sitzen sie.« Ich stieß Ayesha an. In diesem Augenblick fing ich schrecklich zu zittern an.

»Gehen Sie einfach weiter«, riet mir Nolet ruhig. »Wir setzen uns ein Stück weiter nach hinten.«

Ich konnte es nicht lassen, hinter Nolets Rücken heimlich zu meinem Vater und meiner Stiefmutter zu schauen. Ich fühlte eine tiefe Verachtung für diese Menschen, die uns so viel Elend zugefügt hatten. Um Punkt halb zehn wurden wir in ein kleines Verhandlungszimmer gerufen. Hinter einem langen Tisch saß eine Richterin: Richterin Bellaart. Neben ihr der Schriftführer. Mein Vater und meine Stiefmutter setzten sich mit ihrem Anwalt gegenüber von unseren Plätzen. Leicht zitternd und bebend war ich in den Raum getreten, aber jetzt, als ich dort saß, durchströmte mich ein angenehmes Gefühl der Sicherheit.

Die Richterin hieß uns willkommen und richtete ihr Wort zuerst an die Anwälte. Sofort danach wendete sie sich Ayesha und mir zu. »Ich habe Ihre Geschichten aufmerksam gelesen. Was mich nun beschäftigt, ist Folgendes: Was wollen Sie mit dieser Anklage erreichen?«

Ich antwortete: »Wir wollen Anerkennung. Wir wollen gehört werden und wollen Genugtuung für das, was unserer Familie angetan wurde.«

Die Richterin nickte und wechselte ihre Position. Es schien, als wollte sie eine angenehmere Stellung suchen, bevor sie die nächste Frage stellte. »Warum kommen Sie erst jetzt zu uns?«

Die Frage hatten wir uns schon selbst gestellt. Ich bekam das Wort: »Jahrelang habe ich meine Vergangenheit zu vergessen versucht. Ich sprach nie über meine Eltern und versuchte immer, der Wahrheit auszuweichen, wenn mich Menschen nach meiner Jugend fragten. Ich wollte damit nichts zu tun haben. Außerdem hatte ich Angst. Mein Vater hat kontinuierlich damit gedroht, mich und meine Schwestern zu ermorden, wenn wir etwas machen würden, was ihm nicht passte. Ich hatte vor den Drohungen meines Vaters Angst. Als ich selbst Kinder bekam, merkte ich, dass ich kein Vorbild hatte, wie ich mich als Mutter verhalten sollte. Ich habe zwar meinen eigenen Weg gefunden, mir wurde aber auch gleichzeitig bewusst, dass ich selbst nie eine unbeschwerte Kindheit gehabt hatte. Alles war mir genommen worden. Erst jetzt traute ich mich, für meine Rechte und die meiner Schwestern und Mutter einzustehen.«

Die Richterin nickte als Zeichen, dass sie es verstanden hatte. Ayesha gab eine ähnliche Antwort. »Was stellen Sie sich unter Anerkennung vor?«, fragte die Richterin als Nächstes.

Und da fing ich an zu erzählen. Meine ganze Lebensgeschichte. Die Richterin unterbrach mich, um anzugeben, dass sie die Geschichte kannte, aber ich wollte alles gesagt haben. Alles musste gehört werden, dort in dem Zimmer im Beisein von meinem Vater und meiner Stiefmutter. Die Richterin ließ mir das Wort. Auch Ayesha bekam die Gelegenheit, sich zu äußern. Sie erzählte, wie sie ihre Kindheit und Jugend erfahren hatte, und legte besonderen Nachdruck auf die Lügen meines Vaters, die Erpressungen und sein Spiel mit unseren Leben. Wir waren ruhig und sprachen laut und deutlich. Ich fühlte, dass es gut lief.

Die Richterin nickte, als Ayesha ihre Geschichte abschloss. Während die Richterin in die Akten schaute, wendete sie sich an den Anwalt meines Vaters. »Wir reden hier nicht über eine Tracht Prügel. Ich nenne die beschriebenen Geschehnisse Kindesmisshandlung.«

Der Anwalt meines Vaters pflichtete dieser Haltung bei.

Anschließend stellte sie Fragen an meinen Vater und meine Stiefmutter.

Mein Vater machte den Versuch, Verständnis für die Tatsache zu erwecken, dass er seine Frau, die krank vor Heimweh war, nach Pakistan zurückgebracht hatte. Er legte auf die Feststellung wert, wie liebevoll sich seine holländische Frau der Erziehung seiner Töchter angenommen habe. »Meine pakistanische Frau konnte nichts, Frau Richterin. Sie kam aus einer anderen Welt. Sie konnte noch nicht einmal ihre Kinder sauber halten. Sie hatten Lause ...«

Ich hörte Ayesha flüstern: »Läuse, Idiot.«

»Meine Frau hier hat die Lause aus ihren Haaren geholt. Wir haben sehr hart gearbeitet, um den Damen eine gute Ausbildung zu geben. Und das ist geglückt. Hören Sie nur, Frau Richterin, wie gut sie reden können.«

Ich stieß Ayesha an und sagte schnell: »Er hat uns früher nie reden hören, das durften wir nicht.«

Meine Stiefmutter betonte, dass ihr Mann und sie beide körperliche Beschwerden von der vielen Arbeit hatten, die sie beide ihr ganzes Leben geleistet hatten, um uns eine gute Zukunft zu geben.

Die Richterin griff ein und sagte: »Sie haben Ihr ganzes Leben hart gearbeitet für ihre Erziehung? Ist es das, was Sie sagen wollen? Aber Frau Lakho, Sie haben Ihre Stieftöchter zwanzig Jahre lang nicht gesehen.«

Die Versuche meiner Stiefmutter, das gestohlene Geld zur Sprache zu bringen, wurden von der Richterin als nicht zur Sache gehörig abgewiesen.

Nach einigen weiteren Bemerkungen meiner Stiefmutter beschloss die Richterin zu pausieren. »Ich unterbreche die Verhandlung. Ich erwarte Sie wieder in einer Viertelstunde in diesem Verhandlungszimmer.« Die Richterin stand auf und ging.

»Es läuft ausgezeichnet«, sagte Nolet, als wir auf dem Gang standen. »Ihr macht das großartig. Ich sehe an der Haltung der Richterin, dass sie euch glaubt und auf eurer Seite steht. Gegen meine Erwartung sind wir jetzt schon zwei Stunden drin.«

»Was passiert jetzt?«, fragte ich.

»Die Richterin muss jetzt die Gesetze anwenden. Der Verjährungstermin spielt in diesem Fall eine wichtige Rolle, und das macht ihren Entschluss schwer. Vermutlich wird sie euch fragen, ob ihr die Anklage nicht zurückziehen wollt. Ihr seid gehört worden, sie erkennt das Trauma an und wird vorschlagen, es dabei zu belassen.«

»Das will ich nicht. Damit kommen sie nicht davon«, sagte ich resolut.

»Das dachte ich schon«, nickte unser Anwalt.

Es lief, wie Nolet in der Pause vermutet hatte. Der Anwalt der Gegenpartei führte nochmals die Verjährung an. Nolet widerlegte das Argument, indem er einwendete, dass der Schaden erst jetzt gefühlt würde, seinen Ursprung aber in der Vergangenheit hätte. »Obwohl es hier nicht um Inzest geht, will ich diese Sache doch mit Inzestfällen vergleichen. Hameeda und Ayesha sind erst 1997, nach der Zusammenführung mit ihrer Familie, zur vollen Einsicht gelangt, was ihnen angetan wurde. Wir gehen also von 1997 aus, jetzt haben wir 1998, und es kann also keine Sprache von Verjährung sein.«

Die Richterin vertagte die Sitzung auf den 9. Dezember 1998, an dem das Urteil gesprochen werden sollte.

Aus dem 9. Dezember 1998 wurde der 17. Februar 1999. Anwalt Nolet informierte uns, dass uns das Gericht mit seinem Urteil in gewisser Weise Recht gegeben hätte. Dass aber der Schaden, der uns vor zwanzig Jahren zugefügt wurde, nicht mehr gerichtlich verfolgt werden könnte. Er wies uns darauf hin, dass wir die Möglichkeit hätten, in Berufung zu gehen.

»Meiner Meinung nach, Frau Lakho, hat eine Berufung nur Sinn, wenn Sie ein psychiatrisches Gutachten vorweisen können, worin aller psychischer Schaden beschrieben wird.«

Das schien mir kein Problem. Nolet schlug vor, von einem unabhängigen Psychiater ein Gutachten erstellen zu lassen und das dem Berufungsantrag beizufügen, die so genannte Berufungsbegründung. Obwohl Ayesha und ich beide schon mehrere Male in Behandlung eines Psychiaters gewesen waren, ließen wir ein Gutachten von einem durch unseren Anwalt angewiesenen Arzt erstellen. Das Ergebnis war kein anderes als die früheren Diagnosen. Die traumatischen Erfahrungen aus der Vergangenheit hatten auf die Gegenwart Auswirkungen. Unsere Schwierigkeiten, Beziehungen einzugehen, hatten sowohl im Privaten als auch im Beruf wiederholt für Probleme gesorgt. Beide zeigten wir deutliche Symptome eines posttraumatischen Stress-Syndroms, als Folge der vielen Misshandlungen, die wir als Kind erfahren hatten. Da wir so lange unter Druck gestanden hatten, waren wir jahrelang nicht in der Lage, Verständnis für unsere Situation zu entwickeln oder den Mut aufzubringen, gegen unseren Vater und unsere Stiefmutter Schritte zu unternehmen, so folgerte das Gutachten.

Im September 1999 wurde die Berufungsbegründung abgeschickt. Sie umfasste zwei Punkte. Der erste Punkt beschäftigt sich mit dem Zeitpunkt der Anklage, der von der Gegenpartei und dem Gericht als zu spät betrachtet wurde. Unser Gegenargument war, dass wir erst seit 1997, nach dem Wiedersehen mit unserer Mutter, genau wussten, welche Bewandtnis es mit vielen Dingen hatte. Der zweite Punkt bezog sich auf die Verjährung. Nolet führte nochmals an, dass, genau wie bei Inzestfällen, Selbständigkeit und eine bestimmte Phase im Verarbeitungsprozess erreicht sein müssen, bevor die traumatischen Erfahrungen erkannt und nach außen getragen werden könnten. Das psychiatrische Gutachten wurde dem Antrag beigefügt.

Der Gerichtshof bestimmte, dass die Gegenpartei vor dem 28. Oktober durch Mittel einer Stellungnahme reagieren müsste. Die Gegenpartei beantragte eine Verlängerung der Frist. Erst Ende November empfing unser Anwalt den Bericht, dass der Fall bis zum 17. Februar 2000 ausgesetzt worden war. Nolet schrieb, dass dies das äußerste Limit für seine Klienten sei. Beinahe ein halbes Jahr, nachdem wir unseren Berufungsantrag gestellt hatten, bekam das Gericht die Stellungnahme. Die Gegenpartei wies wieder alle Anschuldigungen zurück und widerlegte das psychiatrische Gutachten. Außerdem verwies der Anwalt meines Vaters auf einen erst kürzlich gefällten Entscheid des Obersten Gerichtshofes, der besagte, dass das Gesetz keinen Raum für eine Überschreitung der Verjährungsfrist von zwanzig Jahren lasse.

»Das dauert noch lang«, sagte Nolet enttäuscht. Das Gericht brauchte drei weitere Verhandlungen, um zu bestimmen, wann es sein Urteil fällen wolle. Am 18. Mai wurde festgelegt, dass am 19. Oktober 2000 die Entscheidung bekannt gegeben werden sollte.

»Zwei Jahre später und noch immer nichts ...«, seufzte ich, als ich diesen Bericht von Nolet empfing. Aber lange konnte ich mich mit der trägen Arbeitsweise des Rechtsapparates nicht aufhalten. Ich hatte noch mehr zu erledigen. Denn außer an der Rechtssache arbeitete ich auch noch die ganzen zwei Jahre daran, Visa für meine Mutter, Yasmin und Ali Nawaz zu beantragen.

Der Kampf um die Visa

Obwohl der Kontakt mit Amma, Yasmin und Ali Nawaz intensiv und vielfältig war, vermissten wir uns sehr. Briefe und Telefonate konnten ihre physische Anwesenheit nicht ersetzen. In den drei Monaten, die wir zusammen gewesen waren, hatte ich zum ersten Mal im Leben eine Art von Familiengefühl kennen gelernt. Amma war der Mittelpunkt, und durch ihre Anwesenheit mussten Zahida, Ayesha und ich miteinander umgehen. Schon bald nach Ammas Abreise stellte es sich als mühsam heraus, den regelmäßigen Kontakt aufrechtzuerhalten. Die Spannungen zwischen uns waren auch während des Besuchs unserer Mutter vorhanden gewesen, aber ihre Anwesenheit vermochte es, uns beieinander zu halten. Wir brauchten Amma, um Verständnis füreinander entwickeln zu können. Ihre Mutterliebe war für uns unentbehrlich, um einander und uns selbst zu finden und zu akzeptieren. Ich wollte meine Mutter für immer bei mir haben. Natürlich hatten wir über eine Auswanderung in die Niederlande gesprochen. Ali Nawaz wollte das gern, Yasmin konnte es sich vorstellen, musste aber natürlich erst mit Fahad, ihrem Ehemann, sprechen.

Amma war sehr bestimmt: »Ich will nie mehr zwischen meinen Kindern wählen müssen. Für mich ist es wichtig, dass ich euch alle sehen kann – wann und wo ich will.«

Auf jeden Fall mussten wieder Visa beantragt werden. Zu der Zeit, in der ich mit der Vorbereitung unseres Rechtsfalls beschäftigt war, fing ich auch an, Visa für den nächsten Urlaub zu beantragen. Weihnachten schien uns ein schöner

Zeitpunkt für einen zweiten Besuch zu sein. Leider war der Dezember zu kurzfristig, und finanziell war es auch nicht machbar.

»Eigentlich müssen wir von diesen Urlaubsvisa weg«, sagte ich zu Ali Nawaz. »Ihr bräuchtet eine vorläufige Aufenthaltserlaubnis, die zu einer permanenten Aufenthaltserlaubnis führen kann. Du hast dann die Zeit, um in aller Ruhe zu schauen, ob es Arbeit für dich gibt und ob du wirklich in den Niederlanden bleiben willst.«

Ali Nawaz konnte sich diese Regelung gut vorstellen und wollte es mit Yasmin, ihrem Mann und Amma besprechen.

Amma und Ali Nawaz waren nach ihrem Sommeraufenthalt in den Niederlanden 1997 zu ihrem eigenen Haus in Tando zurückgekehrt. Noch immer teilten sie das Haus mit Lalli, die inzwischen über alles, was sich in den Niederlanden abgespielt hatte, Bescheid wusste. Die Situation wurde dadurch für meine Mutter nicht einfacher. Mein Vater fing wieder an, Briefe an Amma, Lalli und andere im Dorf zu schreiben. Seine Terrorkampagne in Bezug auf meine Mutter war schrecklich. Wenn sie eine von »den Huren« im Dorf empfangen würde, bedeutete das den Tod für sie selbst und ihre Kinder, inklusive Ali Nawaz. Meine Mutter hatte Angst. Mein Vater schwärzte uns bei seiner Familie, seinen Freunden und Bekannten an. Tando summte vor lauter Tratsch und Klatsch wie ein Wespennest. Meine Mutter hatte nur einen Vorteil, dass die Familie meines Vaters im Dorf nicht sehr beliebt war und seine Geschichten mit einer gehörigen Portion Misstrauen aufgenommen wurden. Doch litt sie unter der Klüngelei und der schwierigen Beziehung zu Lalli. Obwohl meine Mutter bewusst nicht über die Scheidung sprach und Lalli vermutlich davon nichts wusste, sah sie ihre Schwiegermutter mit anderen Augen. Sie stritten viel und machten sich gegenseitig das Leben schwer. Nach einigen Monaten beschlossen Amma und Lalli, dass es so nicht weitergehen könne. Abwechselnd verbrachten sie einige Zeit irgendwo anders. Ich fand es alles schrecklich und hoffte, dass Amma so schnell wie möglich beschließen würde, mit Yasmin und Ali Nawaz in die Niederlande zu kommen.

Außer der Sehnsucht, meine Familie immer in der Nähe zu haben, empfand ich auch das Bedürfnis, Pakistan zu besuchen. Ich wollte mit eigenen Augen sehen, wo ich geboren war. Im Frühjahr 1998 beschlossen Ayesha und ich, zusammen mit unseren Kindern Amma zu besuchen. Ich war von den primitiven Zuständen, in denen meine Familie lebte, schockiert, aber schlimmer als die Armut empfand ich ihre soziale Umgebung: den Klatsch, die Neugier ihrer Nachbarn, die soziale Kontrolle und die extrem strengen Regeln, die sich die Menschen einander im Namen des Islam auferlegten. Die Frauen hatten kaum Freiheiten, und ich wollte meine Mutter dort weg haben. Ich wusste sicher, dass meine Geschwister in den Niederlanden ein viel besseres Leben führen konnten. Sie hatten ebenso wie Fahad eine gute Ausbildung genossen und beherrschten die englische Sprache. Es sollte doch möglich sein, Arbeit zu finden. Aber Ayesha und ich konnten und wollten keine Entschlüsse erzwingen. Sie mussten ihre Wahl selber treffen, und das taten sie. Meine Mutter litt sichtlich unter dem sozialen Druck ihrer Schwiegerfamilie und der Nachbarn und vermisste uns, ihre Kinder und Enkel in den Niederlanden, mehr als jemals zuvor. So verließen Ayesha und ich Pakistan mit dem Auftrag und der Ermächtigung, eine vorläufige Aufenthaltserlaubnis zu beantragen.

Im April 1998 stellte ich den Antrag für eine vorläufige

Aufenthaltsgenehmigung bei der Ausländerbehörde. Die Einwanderungs- und Einbürgerungsbehörde hatte mir mitgeteilt, dass eine vorläufige Aufenthaltserlaubnis im Herkunftsland oder bei der Ausländerbehörde beantragt werden könnte. Die Prozedur würde drei bis sechs Monate dauern. Ich bekam eine vollständige Auflistung darüber, welche Maßnahmen erforderlich waren und welche Bürgschaften, Arbeitgebererklärungen, Einkommenserklärungen und Papiere gefordert wurden.

Am 1. Juli 1998 übergaben Ayesha und ich die komplette Akte an einen Beamten namens Marouf von der Ausländerbehörde. Neben allen geforderten Unterlagen hatten wir in einem Begleitbrief vier Argumente formuliert, die nach unserer Meinung die Notwendigkeit für das Erteilen der Visa unterstrichen. Das erste Argument war ein zwingender humanitärer Grund; wir hatten neunundzwanzig Jahre unfreiwillig ohne Mutter gelebt, waren als Kinder misshandelt worden, hatten noch immer an den Folgen zu leiden und unsere Mutter nötig, um noch etwas aus unserem Leben zu machen. Schutz vor unmenschlichem Verhalten war das zweite Argument, womit wir meines Vaters Terrorkampagne gegen meine Mutter einbrachten. Die schlechten Lebensumstände in Pakistan waren das dritte Argument und brauchten keine weitere Erklärung. Das Gleiche galt für das vierte Argument, die schlechte medizinische Gesundheit meiner Mutter in Kombination mit einer schlechten Gesundheitsversorgung in Pakistan. Zu den Dokumenten in dem Antrag, unter anderem die Klage, stellte Marouf uns Fragen. Er notierte das eine und andere und versprach uns, die Sache schnell zur Einwanderungsbehörde weiterzuleiten. Was er auch getan hat. Es war ein sehr angenehmes Gespräch. Marouf war mitfühlend und fand persönlich, dass unsere Familie aufgrund unserer Vergangenheit für eine vorläufige Aufenthaltsgenehmigung in Betracht kommen müsse. Zufrieden verließen wir die Ausländerbehörde.

Noch am selben Tag rief ich Ali Nawaz an, um ihm die guten Neuigkeiten mitzuteilen: »Im schlimmsten Fall dauert es ein halbes Jahr, bevor die Visa ausgestellt werden. Das heißt, dass ihr vielleicht noch vor Weihnachten in die Niederlande kommen könnt.« Ich fand, dass das schöne Aussichten waren. Die Einwanderungsbehörde und Marouf hatten mir gesagt, welche Schritte in Pakistan unternommen werden mussten. Ich stellte für Ali Nawaz eine Liste zusammen. Ein wichtiger und teurer Schritt war die Überprüfung und Legalisierung verschiedener Urkunden. Alle Geburts- und Heiratsdokumente mussten auf ihre Echtheit geprüft werden, was in Pakistan ein sehr umständliches und zeitaufwendiges Verfahren ist. Man könnte sagen, es werden Feldforschungen betrieben, bei denen Untersuchungsbeamte die betreffenden Personen besuchen; andere müssen deren Identität bezeugen. Eine Echtheitsprüfung kostete dreihundert Gulden, und so kostete die gesamte Prozedur 2100 Gulden. Ayesha und ich bezahlten unseren Teil; Ali Nawaz und Yasmin sorgten für den Rest. Als Ayesha und ich die Anträge abgaben, waren alle Dokumente vorhanden, nur die Echtheitsstempel fehlten. Wir beschlossen, die Prozedur trotzdem in Gang zu setzen und die Dokumente mit den fehlenden Stempeln nachzuliefern. Marouf sah darin kein Problem. Ende September erhielten Ali Nawaz und ich einen Bericht von den pakistanischen Autoritäten und dem niederländischen Konsulat in Karatschi, die nach der Überprüfung der vier Geburtsurkunden diese für nicht rechtsgültig erklären konnten, da einer von den siebzehn »Teilstempeln« fehlte. Es wurde uns die Möglichkeit gegeben, innerhalb von sechs Wochen gegen diesen Beschluss Beschwerde einzulegen.

Im Oktober 1998, drei Monate nach Antragstellung, hatten wir weder von der Einwanderungsbehörde, der Ausländerbehörde noch vom Konsulat in Karatschi etwas gehört. Ali Nawaz jagte hinter einem fehlenden Teilstempel her, und ich fing an, die Abteilung zur Vergabe von Visa bei der Botschaft anzurufen. Eine Zeit voller Frustrationen begann. Nur selten bekam ich gleich Antwort. Immer wieder wurde ich weiter verwiesen, oder mir wurde empfohlen, folgende Woche oder folgenden Monat noch einmal anzurufen, wenn Herr oder Frau Sowieso wieder aus dem Urlaub, Schwangerschaft oder Krankheit ... zurück wären. Ich wurde verrückt. Und die Zeit drängte. Es wurde Oktober, November, und die Visabehörde konnte mir noch immer nichts mitteilen. Inzwischen hatte ich eine Option auf Tickets für einen Flug am 2. Dezember. Das Datum rückte näher, aber auf die Einreisegenehmigungen hoffte ich nicht mehr. Da beschloss ich, so schnell wie möglich normale Urlaubsvisa zu beantragen, damit wir doch noch gemeinsam Weihnachten feiern konnten. Die Prozedur war weniger kompliziert und mir bekannt. Doch dies war kein guter Einfall. Wenn ein Antrag auf eine vorläufige Aufenthaltsgenehmigung gestellt war, so hörte ich später, durften keine anderen Formen von Visa beantragt werden. Wird dies doch getan, dann kann der Antrag für beide Aufenthaltsgenehmigungen verfallen. Als ich das erfuhr, annullierte ich die Tickets und den Antrag auf Urlaubsvisa. Ich traute mich kaum, Ali Nawaz anzurufen.

»Wir fangen wieder fast von vorne an«, sagte ich traurig durchs Telefon. »Weihnachten können wir vergessen. Es gibt keine Urlaubsvisa; den Antrag habe ich sofort zurückgezogen, als ich hörte, dass er dem Antrag auf vorläufigen

Aufenthalt im Weg steht.« Ich hätte mir die Mühe noch nicht einmal machen müssen, denn am 18. Dezember empfing ich den abschlägigen Bescheid von der Einwanderungsbehörde, geschickt im Namen des Außenministers. Im Brief wurde ausführlich auf die Gründe der Abweisung eingegangen. Als erster Punkt wurde angeführt, dass jemand eine Erlaubnis bekommen kann, wenn sein Aufenthalt einem wesentlichen niederländischen Interesse dient – was hier nicht der Fall wäre – oder, als zweiter Punkt, wenn von zwingenden Gründen humanitärer Art gesprochen werden kann – wovon hier auch nicht die Rede sein könne. Ayesha und ich hatten die Aufenthaltsgenehmigung aufgrund dessen beantragt. Die Ausländerbehörde wies den Antrag ab, weil schon seit 1968 keine Rede mehr von einem Familienband mit meiner Mutter und Geschwistern sein konnte. Außerdem wurde angeführt, dass Kinder das elterliche Haus verlassen und eine eigene Familie gründen. Die Eltern bildeten dann, von besonderen Fällen abgesehen, keinen Teil dieser Familie mehr. Auch die Tatsache, dass meine Mutter in Pakistan nicht alleine war, sondern Yasmin und Ali Nawaz hatte, machte eine Aufenthaltserlaubnis unnötig. Alle unsere Argumente wurden widerlegt, in meinen Augen völlig zu Unrecht und unsere Vergangenheit ignorierend. Die einzige berechtigte Bemerkung war das Fehlen des Echtheitsstempels auf den Geburtsurkunden. Wenn wir mit diesem Bescheid nicht einverstanden waren, stand uns offen, Berufung einzulegen, der schriftliche Antrag dazu musste vor dem 15. Januar 1999 gestellt sein.

»Was soll das?«, rief ich verzweifelt. »Was soll das?« Ich fühlte mich machtlos. Es war doch nicht meine Schuld, dass meine Mutter neunundzwanzig Jahre kein Teil unserer Familie gewesen war. »Der Kerl hat sie unter Zwang von uns weggeholt, und aufgrund dessen wird ihr die Aufenthaltserlaubnis verweigert. So wird man weiter bestraft. Wir drehen uns im Kreis. Gut, diese Echtheitsstempel müssen in Ordnung gebracht werden, aber der Rest ist Blödsinn!« Wütend schmiss ich den Brief des Ministers für Auswärtige Angelegenheiten in eine Ecke. Natürlich wollte ich Berufung einlegen, und die Möglichkeit hatte ich bis zum 15. Januar. »Es ist zum Schwarzärgern. Die nehmen sich die vollen sechs Monate, um zu einer Abweisung zu gelangen, und ich darf innerhalb von vier Wochen alles für eine Berufung regeln, noch dazu mit minimalen Aussichten auf Erfolg.« Ich war wütend. Eine Freundin riet mir, einen Anwalt zu nehmen, der sich auf Ausländerrecht spezialisiert hatte. Und das machte ich. Am 5. Januar sollte ich unseren Anwalt J. Groen treffen.

An Weihnachten fühlte ich mich einsamer als je zuvor. Ich hatte nur einen Gedanken: Wie soll es weitergehen? Diesen Gedanken äußerte ich auch Freunden und Bekannten gegenüber, die wussten, dass ich meine pakistanische Familie in die Niederlande holen wollte. Im Dezember traf ich eine Frau, die bei der Ausländerbehörde gearbeitet hatte, und sie gab mir Tipps, wie ich den Fall beschleunigen konnte.

»Du musst beweisen, dass ihr all die Jahre unter Zwang ohne Mutter und Geschwister gelebt habt. Außerdem musst du Beschwerde einreichen.« Sie gab mir den Namen von jemandem, der bei der Ausländerbehörde arbeitete und der mich sicher anhören würde. »Außerdem musst du versuchen, das öffentliche Interesse für deinen Fall zu wecken. Hast du Kontakte zu jemandem bei einer Zeitung oder beim Fernsehen …?«

Ich schüttelte den Kopf.

Im Januar stellte ich zusammen mit Anwalt Groen meinen Einspruch zusammen, worin wir betonten, dass wir als Kinder nie selbst die Wahl hatten, großem psychischen Zwang ausgesetzt waren, in einer forcierten Familiensituation lebten, in der Vergangenheit großes Leid erfahren mussten, die psychischen und physischen Folgen noch stets spürten und noch immer vor den Terrortaten meines Vaters gegen meine Mutter Angst hatten. Am 15. Januar war der Einspruch in den Händen der Ausländerbehörde. Wir hörten wieder monatelang nichts. Noch immer fehlte der Echtheitsstempel, und damit hatte ich Probleme. Im April 1999 flog ich zum zweiten Mal nach Pakistan. Dieses Mal reiste ich allein. Am Tag nach meiner Ankunft hatte ich ein Treffen mit dem Generalkonsul in Karatschi. Ich wollte mit ihm über das Ausbleiben des Echtheitsstempels sprechen. Ali Nawaz begleitete mich. Wir wurden nett empfangen, freundlich angehört, und der Generalkonsul versprach, den Fall weiter zu studieren. Es kostete Ali Nawaz noch einiges an Schmiergeldern bei den pakistanischen Behörden, bevor wir den heiß begehrten und unentbehrlichen Stempel schließlich Ende September 1999 bekamen. Jetzt war die Akte komplett.

»Interesse der Öffentlichkeit. Wie kann ich das nur wecken?«, sagte ich einmal fragend zu Louise, einer guten Freundin von mir.

»Du musst Van der Meyden vom *De Telegraaf* schreiben«, sagte sie.

»Das geht doch nicht. Wird der so was lesen und darüber schreiben?«

»Fragen kostet nichts, er kann doch nur nein sagen.«

Ich schrieb einen ausführlichen Brief an Henk Van der Meyden, worin ich ihm meine Vergangenheit, die erzwungene Trennung von meiner Mutter und den Kampf um die

Visa beschrieb. Bevor ich den Brief abschickte, rief ich Ayesha an.

»Ach, du bekommst sicher keine Antwort von so einer großen Zeitung«, meinte sie.

Am 16. Juli schickte ich den Brief mit meiner Lebensgeschichte ab. An einem sonnigen Mittwoch Anfang August saß ich im Garten und wartete auf die Lieferung von Möbeln. Das Telefon klingelte. Ich erwartete, dass die Spediteure anriefen, um nach dem richtigen Haus zu fragen.

»Henk Van der Meyden«, sagte eine freundliche Stimme am anderen Ende.

Der bringt keine Gartenstühle, schoss es mir sofort durch den Kopf.

»Frau Lakho … oder darf ich Hameeda sagen?«

»Hameeda«, antwortete ich mit erstaunter Stimme.

»Hameeda, ich habe voller Interesse deinen Brief gelesen. Ich möchte dich gern interviewen. Diese Geschichte verdient es, mehr Interesse zu bekommen.« Der bekannte Niederländer sprach mit mir über mein Leben, als ob wir uns schon Jahre kennen würden.

Obwohl ich gehofft hatte, dass mein Brief genau das bewirken würde, fühlte ich mich jetzt unsicher. Wieder hatte ich Angst. »Was ist, wenn mein Vater das liest? Geraten mein Partner und die Kinder in Gefahr?«

Henk Van der Meyden versuchte mich zu beruhigen und erzählte mir, dass eine Zeitung wie De Telegraaf vor einer Veröffentlichung genau untersuchen würde, welche Folgen auftreten könnten. Wieder schlug er vor, ein Interview mit mir zu machen.

»Wann würde das denn stattfinden?«, fragte ich vorsichtig.

»Morgen scheint mir ideal zu sein«, antwortete Van der

Meyden. »Ich bin in Scheveningen und kann ohne Probleme ein Auto schicken, das dich abholt. Passt das?«

Ich war überrumpelt und wollte erst mit Gilmer sprechen. Ich brauchte Zeit, mich zu beruhigen, und ich versprach, ihn zurückzurufen.

»Prima. Siehst du. Es kommt ein Augenblick, da kommt die ganze Sache ins Rollen. Tu jetzt was für die Gerechtigkeit. Du hast A gesagt, jetzt musst du auch B sagen, Hameeda«, war Gilmers Reaktion.

Außerdem rief ich Ayesha an. Ihre Antwort war ganz anders als Gilmers: »Henk Van der Meyden? Das Klatschmaul? Nein, mach es nicht. Ich komme in keinem Fall mit.«

Ich versuchte noch anzuführen, dass das Interesse der Medien uns helfen könnte, unsere Mutter in die Niederlande zu bekommen, aber Ayesha war nicht zu überzeugen. Inzwischen hatte ich beschlossen, mit ihm zu reden. Ich rief Henk Van der Meyden an und versprach ihm, um halb zwölf in der Neuen Park Allee in Scheveningen zu sein. Als Nächste rief ich meine Freundin Louise an und fragte sie, ob sie mich begleiten würde.

Sie war enthusiastisch. »Ich habe doch gesagt, der Mann macht was aus so einer schrecklichen Geschichte.«

Louise holte mich ab. Ich war nervös, fühlte mich aber schon bald besser. Als wir aus dem Auto stiegen, kam Henk Van der Meyden auf uns zu und begrüßte uns. Er ließ uns sein Studio sehen, quatschte ein wenig, kam aber dann schnell zu Sache.

»Erzähl mal«, sagte er, während er mir ermutigend zunickte. Ab der ersten Minute lauschte er gespannt allem, was ich ihm sagte. Er ließ mich reden und unterbrach mich nur, um genauer auf bestimmte Aspekte einzugehen. Ich fand, dass er die richtigen Fragen stellte. Er fragte, warum ich an ihn herangetreten war, und ich erzählte ihm, dass ich das öffentliche Interesse wecken wolle, um eine Aufenthaltsgenehmigung für meine Mutter und meine Geschwister zu bekommen.

»Ich verstehe es einfach nicht. Wir haben einander unser ganzes Leben vermisst, werden dauernd mit dem Tode bedroht und finden kein Gehör. Es ist ironisch, dass jetzt, nachdem wir unsere Mutter gefunden haben, sie wieder von uns fern gehalten wird. Nicht durch meinen Vater dieses Mal, sondern durch die Justiz. Es scheint, als würde mein Vater weiter gewinnen, egal, wie sehr er lügt, misshandelt oder betrügt. Ich will Gerechtigkeit, aber ich will vor allem meine Mutter wiederhaben.«

Wir redeten drei bis vier Stunden. Van der Meyden ließ mich zum Schluss wissen, dass die Redaktion meinen Vater über die Veröffentlichung informieren würde.

»Bekomme ich es noch zu lesen?«

Das sei nicht üblich, antwortete er. Ich gab ihm einige Fotos von mir und meinen Schwestern als Kinder, von der Ankunft in den Niederlanden 1968 und dem Wiedersehen mit meiner Mutter 1997. Es dauerte nur zwei Tage, bis die Geschichte über meine Familie in der Zeitung stand.

»Wir veröffentlichen deine Geschichte in drei Teilen«, erklärte Henk Van der Meyden am Tag nach dem Interview telefonisch. »Der erste Teil erscheint am nächsten Samstag.«

Am Samstag, dem 7. August, ging Gilmer schon beizeiten los, um den Telegraaf zu kaufen. Ich lag noch im Bett, als er wieder nach Hause kam. »Du bist eine Schlagzeile«, sagte er mit strahlendem Lachen, als er die dicke Samstagszeitung aufs Bett legte. Ich wurde rot. So etwas hatte ich nicht erwartet. In der rechten oberen Ecke sah ich mich selbst in inniger Umarmung mit meiner Mutter. Daneben stand die Überschrift:

Hameedas Albtraum
Tot geglaubte Mutter lebt!
Wiedervereinigung tabu

Henk Van der Meyden hatte nicht zu viel versprochen. An diesem Samstag, am darauf folgenden Montag und Dienstag erschien meine Geschichte mit seitengroßen Fotos in der Beilage des De Telegraaf. Van der Meyden hatte sein Bestes getan, um auch die Seite meines Vaters in der Geschichte darzustellen. Mein Vater und meine Stiefmutter waren, so stellte sich heraus, umgezogen, und die Redaktion konnte sie nicht aufspüren. Van der Meyden hatte daher Fragmente aus der Beantwortung unserer Anklage in den Artikel aufgenommen, um die Geschichte von beiden Seiten zu beleuchten.

Dass *De Telegraaf* von vielen Menschen gelesen wurde, habe ich gemerkt. Ich wurde dauernd darauf angesprochen. Menschen waren erstaunt, dass jemand wie ich so eine Vergangenheit haben konnte. Ich wurde ermutigt, in meinem Kampf um eine Aufenthaltsgenehmigung nicht locker zu lassen. Alle fanden es sehr wichtig, dass meine Familie wieder vereint wird. Nachbarn, Bekannte und Eltern von Klassenkameraden von Rachel und Melanie äußerten ihr Mitgefühl. Von Zahida hörte ich nichts. Ayesha wurde wütend: »Wie kannst du unseren Familiennamen so durch den Dreck ziehen und unseren Ruf so ruinieren!?«

Prompt empfing ich am 11. August (!) eine Reaktion des Ausländeramtes auf den Einspruch vom 15. Januar 1999. Das Amt entschuldigte sich, dass ihre Antwort so lange auf sich hatte warten lassen. Wir konnten zehn Wochen nach Eingang dieses Briefes eine Entscheidung erwarten, nachdem wir bis dahin auch in einer Anhörung Gelegenheit bekommen sollten, uns zu äußern.

Am 14. Oktober 1999 fand die Anhörung bei der Ausländerbehörde statt. Es war schwierig gewesen, Ayesha und Zahida zum Mitkommen zu bewegen. Sie waren mit ihrem eigenen Leben beschäftigt und nicht so getrieben wie ich, aber sie verstanden auch, dass wir alles probieren mussten, um die Visa zu bekommen. Auch sie sehnten sich nach Amma. Anwalt Groen begleitete uns. Wir wurden von einer dreiköpfigen Kommission angehört. Der Vorsitzende der Kommission bot nochmals seine Entschuldigung für die lange Wartezeit an, und ging dann dazu über, uns Fragen zu stellen. Die Kommission wollte alles über unsere Gegenwart und Vergangenheit, unsere Beziehung zu Amma, unserer Sehnsucht nach ihr und den Grund, warum ihre Anwesenheit so wichtig für uns war, wissen. Außerdem wurden wir dazu befragt, wie wir uns um unsere Familie kümmern wollten, wenn sie in die Niederlande kämen. Abwechselnd gaben wir Auskunft und ergänzten einander. Es war eine gefühlsbetonte Sitzung, in der keine von uns dreien ihre Tränen zurückhalten konnte.

»Es kann doch nicht richtig sein, dass wir so kämpfen müssen, um mit unserer Mutter zusammenzuleben«, führte ich an.

Der Vorsitzende der Kommission fragte uns, ob wir mit einer Aufenthaltsgenehmigung nur für Amma zufrieden wären.

»Das ist keine Lösung«, antwortete ich. »Meine Mutter will nicht mehr wählen, sondern ab jetzt alle ihre Kinder bei sich haben. Durch meinen Vater wurde sie jahrelang gezwungen, von dreien ihrer Kinder getrennt zu leben. Sie will nicht nochmals getrennt werden.«

Die Kommission versprach, innerhalb von sechs bis zehn Wochen nach der Anhörung zu entscheiden. Obwohl ich inzwischen vorsichtiger war und nicht mehr so schnell froh und vertrauensvoll reagierte, rief ich doch sofort nach der Anhörung in Pakistan an: »Ali Nawaz, in maximal zehn Wochen fällt eine Entscheidung. Ich hoffe, dass alles gut wird, dann könnt ihr diese Weihnachten wirklich hier sein!«

Aber im Dezember hatten wir noch keine Entscheidung von der Kommission. Im Januar auch nicht. Anwalt Groen schrieb einen Brief, um sie daran zu erinnern, dass der Termin von sechs bis zehn Wochen schon weit überschritten war. Keine Reaktion. Im Mai schickte er den zweiten Brief, worin er der Ausländerbehörde noch vier Wochen Zeit gab zu reagieren, bevor eine Beschwerde beim Nationalen Ombudsmann eingereicht werden sollte. Die Beschwerde ist inzwischen eingereicht, aber vom Ausländeramt haben wir noch immer nichts gehört.

Die direkten Auswirkungen und die Aufmerksamkeit der Ausländerbehörde, die das Interview mit Henk van der Meyden bewirkt hatten, brachten mich zum Nachdenken.

»Ich muss etwas tun«, sagte ich zu Gilmer. »Könnte ein Verleger vielleicht an meiner Geschichte interessiert sein? Ich glaube, viele Menschen wissen nicht, was sich so alles in einer ›normalen‹ Familie abspielen kann. Und vielleicht haben andere ein ähnliches Schicksal und fühlen sich durch meine Geschichte ermutigt, nicht länger stillzuhalten, sondern etwas zu unternehmen.«

Ich nahm Kontakt mit dem Arena Verlag auf. Der Herausgeber fand meine Geschichte erschütternd und das Thema der Mühe wert, ein größeres Publikum dafür zu interessieren. Die ersten Gespräche über die Herstellung des Buches fanden im Dezember und Januar statt. Obwohl wir noch nicht angefangen hatten, war inzwischen schon sicher, dass das Buch im Herbst 2000 erscheinen sollte. In verschiedener Hinsicht brach eine spannende Zeit an.

Kurz vor Weihnachten rief Ali Nawaz an: »Lalli ist gestorben. Ich weiß, dass es schwierig ist, aber kannst du unseren Vater informieren.«

Das konnte ich nicht. Ich wusste noch nicht einmal, wo er wohnte, aber selbst, wenn ich es gewusst hätte, wäre ich nicht persönlich zu ihm gegangen. Ich rief Anwalt Nolet an, und er versprach mir, die schlechte Neuigkeit über die Kanzlei Moszkowicz an meinen Vater weiterzuleiten. Meine Mutter musste das Begräbnis regeln; sie erwartete zweihundert Menschen, und die Verantwortlichkeit lag bei ihr und meinem Bruder.

Im Januar rief Ali Nawaz wieder an: »Hameeda, Amma ist im Krankenhaus. Sie hatte einen Herzinfarkt und liegt jetzt auf der Intensivstation. Amma ist sehr krank.«

Mein Herz stand still. Würde es zu spät sein? Wären alle meine Anstrengungen umsonst gewesen?

Zurück in Pakistan

Niedergeschlagen und beunruhigt saß ich neben dem Telefon, als Gilmer nach Hause kam. »Amma hatte einen Herzinfarkt und liegt auf der Intensivstation. Warum muss das jetzt passieren? Warum dürfen wir uns nicht einfach aneinander freuen? Wir müssen doch so viel nachholen.«

Gilmer setzte sich neben mich und sagte: »Wenn ich du wäre, würde ich nach Karatschi fliegen.«

Ich nickte. Ja, ich musste nach Pakistan. Amma und Ali Nawaz waren wegen der immer schwieriger werdenden Beziehung zu Lalli von Tando Mohammed Khan nach Karatschi umgezogen. Ali Nawaz hatte dort eine Stelle und eine vernünftige Wohnung gefunden, in der er zusammen mit Amma wohnte. Yasmin blieb weiterhin in Tando bei der Familie ihres Mannes. Die Tage nach Ali Nawaz' Anruf waren hektisch. Melanie hatte bald Geburtstag, und die Kinder für ihre Feier waren schon eingeladen. Zusammen hatten wir uns ausgedacht, was sie für ihre Klassenkameraden zum Naschen mitbringen wollte, und das musste zubereitet werden.

»Ich kann nicht einfach so weg, Gilmer«, sagte ich. »Melanie freut sich so auf ihren Geburtstag.«

Nach vielen Telefonaten und einigem Organisationsgeschick gelang es mir, am Morgen nach Melanies Geburtstagsfeier einen Platz im Flugzeug zu bekommen. »Wenn ich nur noch rechtzeitig komme ...«, hörte ich mich selbst sicher zehnmal am Tag sagen.

Ich musste das Geburtstagsfest eine Woche vorverlegen

und zwischen Geschenkeinkäufen und Festvorbereitung innerhalb eines Tages mein Visum beim Konsulat (so schnell kann es auch manchmal gehen) und meine Impfungen regeln. Während ich Luftballons aufblies und das Zimmer schmückte, rief ich Ali Nawaz an, um mich über den Zustand meiner Mutter zu informieren. Sie bekam starke Medikamente, aber ihr Zustand besserte sich. Wohl klagte sie über Bauchkrämpfe, aber diese wurden, so die Ärzte, durch die Medikamente verursacht. Gegen ihren Wunsch wurde sie entlassen.

»Morgen muss sie nach Hause«, sagte Ali Nawaz. »Sie will nicht, denn sie fühlt sich noch nicht gut und hat Angst, dass sie zu Hause sterben wird. Ich weiß nicht, was ich machen soll.«

»Ali Nawaz, bringe Amma zum besten Krankenhaus von Karatschi. Gehe bitte kein Risiko ein. Wir können zusammen die Kosten tragen. Sorge dafür, dass sie die beste Behandlung bekommt. Dienstag bin ich in Karatschi, um dir zu helfen.«

Immerzu dröhnte es in meinen Kopf: Sie muss am Leben bleiben. Sie muss am Leben bleiben. Amma, bitte bleibe am Leben! Ali Nawaz fand einen Platz in einer der besten Privatkliniken von Karatschi. Ammas Beschwerden waren nicht grundlos gewesen. Die Ärzte diagnostizierten einen perforierten Blindarm, der eine Bauch- und Leberinfektion verursacht hatte. Schlechter Allgemeinzustand hin oder her, es musste operiert werden. Aber nur, wenn Ali Nawaz vorher bezahlen konnte ... Die Operation war ein großes Risiko. Inzwischen waren Yasmin und Fahad aus Tando in Karatschi angekommen. Auch Tante Noora und ihre Kinder waren im Krankenhaus. Jedermann rechnete damit, dass Amma den Eingriff nicht überleben würde. Nach der Operation kam sie auf die Intensivstation, und dort konnte ich sie kurz sprechen: »Amma, in drei Tagen bin ich da. Halte durch, ja? Ich komme.« Ali Nawaz hatte das Telefonat organisiert, und obwohl ich von Amma keine Antwort bekam, sagte mein Bruder, dass sie über den Klang meiner Stimme sehr glücklich gewesen sei.

Noch nie ging ich so überstürzt und mit so wenig Gepäck auf Reisen. Als das Flugzeug startete, wurde ich ruhiger. Ich war unterwegs. Diesmal flog ich direkt von Amsterdam nach Karatschi, wodurch ich ohne Verzögerung noch am selben Tag am Bett meiner Mutter stehen konnte. Je näher ich Pakistan kam, desto nervöser wurde ich wieder. Einen Vorteil hatte ich: Karatschi und der Flughafen dort waren mir inzwischen bekannt. Ich kannte den Weg, denn in den vergangenen Jahren hatte ich Pakistan schon zweimal besucht.

Ich erinnere mich daran, dass, als ich das erste Mal im März 1998 nach Pakistan flog, ich mich nicht nur nach meiner Familie sehnte, sondern auch ein kaum zu bezwingendes Bedürfnis spürte, endlich zu erfahren, wo ich selbst geboren worden war und wo meine Familie lebte. Jahrelang interessierte mich die pakistanische Kultur überhaupt nicht. Wenn ich die Möglichkeit hatte, verleugnete ich meine Herkunft, und ich hatte gegen jeden, der aus Pakistan kam, Vorurteile. Diese Haltung hatte sich aus der Verachtung, die ich meinem Vater gegenüber empfand, entwickelt. Wenn er dorthin gehörte – gehörte ich auf keinen Fall dorthin! Inzwischen hatte ich einen andern Blickwinkel und wollte gerne mehr darüber wissen, woher ich kam.

»Ich lass die Kinder hier«, entschied ich mich damals. Aber während ich diese Worte zu Gilmer sprach, zog sich mein Magen zusammen. Noch nie war ich ohne Rachel und Melanie gewesen. Noch keinen einzigen Tag. So änderte ich meine Meinung und beschloss, meine Töchter doch mitzunehmen. Schließlich flogen Ayesha und ich zusammen mit unseren Kindern.

Wir starteten am 15. Februar und wollten drei Wochen bleiben. Obwohl ich die Angst vor Repressalien durch meinen Vater zu unterdrücken versuchte, war ich doch beunruhigt. Es war geplant, einige Tage in Tando zu bleiben und dann mit Amma, Ali Nawaz, Yasmin und Fahad durch Pakistan zu reisen. Ich wollte so viel wie möglich von meinem Land sehen. Ali Nawaz hatte eine Reiseroute zusammengestellt. Gilmer fand den Gedanken, dass wir nicht länger als nötig in dem Dorf blieben, wo die Familie und die Bekannten meines Vaters wohnten, beruhigend. Schließlich war es meiner Mutter verboten, uns in Tando zu empfangen. Auch wenn wir uns weigerten, uns nach diesen Drohungen zu richten, fühlten wir doch eine Spannung, weil wir wussten, wie schnell in Pakistan ein Mord zur Ehrenrettung einer Familie geschehen war. Aber die Zeiten, in denen mein Vater uns seinen Willen aufzwingen konnte, waren vorbei. Doch ich war noch aus einem anderen Grund angespannt. Wegen meiner Vergangenheit hatte ich nie gelernt, meine Kultur, mein Volk und meine Herkunft zu lieben. Bis zum Wiedersehen mit meiner Mutter hatte ich nur mit den unangenehmen Seiten Pakistans Kontakt gehabt. Ich hatte Angst, dass ich das Land, mein eigenes Volk – meine Wurzeln – verabscheuen könnte. Solange ich mich selbst als Niederländerin betrachtete, stand ich selbstsicher und mit einem positiven Selbstwertgefühl im Leben. Wenn ich daran dachte, dass ich eigentlich eine Pakistani war, veränderte sich meine Haltung. Als ich die anderen Passagiere in der Maschine beobachtete, wurde meine negative Haltung gegenüber Pakistan nur noch bestärkt.

»Sie gleichen alle diesem Kerl«, sagte ich zu Ayesha. »Schau dir nur die arrogante Haltung von den Männern an. Gleich begegnen wir ihm womöglich auch noch.« Andauernd glitten meine Augen so unauffällig wie möglich über die Gesichter der Pakistani. Manchmal war ich sicher, in einem Mitreisenden meinen Vater entdeckt zu haben, aber immer stellte er sich als jemand anderes heraus. Wir reisten auf der gleichen Route, wie Amma, Ali Nawaz und Yasmin es ein Jahr zuvor getan hatten. Wir flogen über Paris nach Abu Dhabi, wo wir fünf Stunden Aufenthalt hatten, um nach drei weiteren Flugstunden in Karatschi zu landen. Wir starteten morgens um zwanzig nach neun in Amsterdam und sollten am folgenden Morgen um fünf in Karatschi ankommen. Es erstaunte mich, wie einfach ich nach Pakistan kommen konnte.

»Dass ich das nicht schon früher gemacht habe«, sagte ich mehr zu mir selbst als zu Ayesha. Die Entfernung war nicht so groß, aber der kulturelle Unterschied war gigantisch. Das empfanden wir schon auf dem Flughafen in Abu Dhabi, wo beinahe alle Frauen verschleiert waren. Obwohl die Kinder für Ablenkung sorgten, wurde ich sehr nervös, als ich in Karatschi aus dem Flugzeug stieg.

»Hier bin ich jetzt also. Auf heimatlichem Boden«, sagte ich laut und holte tief Luft. Die frühe Ankunft hatte niemanden davon abgehalten, zum Flugplatz zu kommen. Amma, Ali Nawaz, Yasmin, Tante Noora, ihr Mann und ihre sieben Kinder, alle waren sie da. Wir wurden festlich mit großen Blumensträußen empfangen. Genau wie auf Schiphol brauchten wir eine halbe Stunde, einander zu umarmen und anzuschauen. Ich war so glücklich, meine Mutter zu fühlen und zu spüren. Ihr Blick glänzte vor Liebe und Stolz, als sie mich und meine Kinder anschaute. Ich gab mich einfach der Wärme hin, die aus ihren Augen strahlte. Das war es, was meine Schwestern und ich so lange vermisst hatten und dessen Folgen wir immer noch spürten.

Was mir nach diesem stürmischen Empfang als Erstes in Pakistan auffiel, war die drückende Hitze. Außerdem realisierte ich, dass alle genauso aussahen wie ich. Das hatte ich noch nie erlebt. Hier fielen Ayesha und ich in der Menschenmenge nicht auf.

Unser Gepäck wurde in einen gemieteten Kleinbus geladen, und zu acht machten wir uns auf die fünf Stunden lange Fahrt nach Tando. Tante Noora blieb in Karatschi. Ich saß mit den drei Mädchen im Bus direkt hinter dem Fahrer. Wir schauten uns die Augen aus dem Kopf. Als Erstes fielen uns die leuchtenden Farben der verzierten Busse und Frachtwagen auf. Die Busse waren voller Männer in wehender Kleidung. Die Gewänder konnte man richtig flattern sehen, weil viele Männer an der Außenseite der völlig überfüllten Busse hingen. Obwohl wir über eine asphaltierte Autobahn fuhren, merkte man, wie heiß, trocken und staubig die Umgebung war. Die Landschaft neben der Straße hatte eine langweilige graubraune Farbe. Ab und zu sah man eine Art Dorf mit einigen Hütten in der Nähe eines einsamen Baumes. Wir passierten Gruppen mit Frauen in Burka, die entlang der Straße gingen. Die Schleier und die weiten schwarzen oder weißen Gewänder ließen die Menschen gespenstisch aussehen, als ob sie kein Gesicht und keine Vor- und Rückseite hätten. Nicht jede Frau trug eine Burka; ich sah auch viele, die genauso wie Yasmin und meine Mutter eine Dopatta trugen, wobei das Tuch nur den Kopf und die Schultern bedeckt und das Gesicht frei lässt. Die Autos schienen kreuz und quer durcheinander zu fahren. Ich versuchte herauszufinden, ob die Fahrer wirklich andauernd auf ihre Hupen drückten, denn selbst bei geschlossenen Fenstern war es ein unglaublicher Lärm. Von Karatschi aus fuhren wir über Hyderabad nach Tando Mohammed Khan. Je näher wir Tando kamen, desto stiller wurde es. Zwischen Hyderabad und Tando veränderte sich die trockene Landschaft in dicht nebeneinander liegende Äcker mit sich im Wind wiegendem Zuckerrohr und Mais. Ein Tor, wie man es in Märchenbüchern aus Tausendundeiner Nacht sieht, formte den Eingang von Tando. Es war prächtig mit glasierten Fliesen in allen Blautönen verziert. Ich weckte die Mädchen, die neben mir eingeschlafen waren. Sie mussten gedacht haben, dass sie von einem Traum in den anderen gefallen waren, denn vor und neben dem Bus liefen Hühner, Ziegen, Büffel und schwer beladene Kamele. Die unaufhörlich mahlenden Kiefer der haarigen Tiere waren genau auf Höhe der Oberkante der Busfenster.

»Schau, Mama, ich kann sie anfassen.« Ich konnte gerade noch verhindern, dass Rachel das Fenster herunterkurbelte. Die Straßen wurden immer schmaler und endeten in einem Wirrwarr aus Gassen. Ich bewunderte die Fahrkunst des Chauffeurs und wartete auf ein Zeichen, um auszusteigen und zu Fuß weiterzugehen. Aber nein, er setzte uns in einer der schmalsten Gassen, direkt vor Ammas Haus ab. Es war nicht nur höflich von ihm, sondern pure Notwendigkeit. Ayesha und ich durften in unserer westlichen Kleidung nicht auf die Straße. Das hätte zu Unannehmlichkeiten führen können. Ich konnte aus dem Bus meinen Fuß fast direkt auf den Innenhof von Ammas Haus setzen. Jetzt, wo die Tür des Busses aufging, wurde meinem Eindruck von diesem Land etwas sehr Bezeichnendes hinzugefügt: Gestank! Entlang der Gasse lief ein Graben, der anscheinend ein offener Abwasserkanal war. In dem braungelben Blubber sah ich alles Mögliche herumschwimmen.

Amma wohnte in einer kleinen Hütte. Ihr Haus bestand eigentlich aus einem ummauerten Innenhof. Rund um den Innenhof lagen zwei »Zimmer«, worin Khats, die geflochtenen Schlafmatten, in einem Metallrahmen auf Beinen standen. In einer Ecke wurde gekocht, und in einer »sanitären« Ecke gab es eine Dusche und ein Stehklo. Die »Dusche« war aus rauem Beton. Von einfach sauber zu haltenden Fliesen konnte keine Rede sein. Mit einem Blick sah ich überall kleine Eidechsen über die Wand laufen. Viel Zeit zum Nachdenken hatte ich nicht, denn die Kinder forderten alle meine Aufmerksamkeit. Sie waren todmüde von der Reise und einem gewaltigen Kulturschock ausgesetzt.

»Ich will nach Hause«, jammerte Melanie, und das wiederholte sie beinahe jeden Tag unseres Aufenthaltes.

Wie armselig wir Ammas Wohnung vielleicht auch fanden, sie selbst war über ihre hergerichtete Unterkunft entzückt. Ali Nawaz und Yasmin hatten dafür gesorgt, dass alles frisch gestrichen wurde, bevor wir ankamen. Meine Mutter und alle in ihrer Umgebung waren daran gewöhnt, auf dem Boden zu leben. Sie schliefen auf einem Khat, aber Essen, Waschen und Kochen fand auf dem Boden statt. Der Zweiflammen-Gaskocher stand auf dem Küchenboden, und meine Mutter hockte davor, wenn sie das Essen zubereitete. Viele Küchengerätschaften hatte sie dazu nicht nötig. Sie arbeitete mit einigen Schüsseln und einem stabilen Mörser, um Kräuter und andere Ingredienzien zu zerreiben. Extra für unseren Besuch hatte Ali Nawaz Möbel geliehen. Im Hof stand ein Tisch mit einigen Stühlen und einer Bank aus Holz für drei Personen. Am ersten Tag kamen Bekannte und Freunde, um uns zu begrüßen. Neugierige Nachbarn spähten hinter dem Vorhang hervor, um uns in Augenschein zu nehmen. Meine Mutter war stolz wie ein Pfau. Sie strahlte, als sie Ayesha und mich einige Worte Sindhi sprechen hörte, die wir auswendig gelernt hatten: Asslam-o-alaikum. Hallo, wie geht es? Zu meinem Schreck antworteten einige, die ich so begrüßte, mit einer Sturzflut pakistanischer Worte, von denen ich nicht eines verstand.

Yasmin wohnte mit ihren Schwiegereltern in derselben Gasse wie Amma und Ali Nawaz. Als ich sie später am Tag zu ihrem Haus begleiten wollte, hielt Amma mich zurück.

»Hameeda, du kannst nicht unverschleiert auf die Straße in deinen Jeans …«, machte sie mir durch Zeichen auf meinen unbedeckten Kopf und meine lange Hose deutlich.

»Ich bin doch keine Muslimin oder Pakistani? Ihr musstet euch in den Niederlanden auch nicht anpassen, dann darf ich hier doch wohl auch ein bisschen ich selber bleiben«, reagierte ich und zupfte irritiert an Ali Nawaz.

Mein Bruder erklärte mir ruhig, dass es in Tando klug wäre, sich anzupassen. »In Karatschi kannst du machen, was du willst. Das ist eine Stadt, wo es Raum für westliche Auffassungen gibt. Die Regeln hier auf dem Land sind viel strenger. Die Menschen hier haben Probleme mit anderen Meinungen, weil sie sie nicht kennen. Du machst es Amma und unserer Familie schwer, wenn du keine Dopatta trägst. Mehr brauchst du nicht, aber sorge für verhüllende Kleidung und bedecke deinen Kopf. Außerhalb des Dorfes ist eine große Sonnenbrille ausreichend.«

Ich schlug Ammas Dopatta über mein Haar und meine Schultern und sah in ihren Augen, wie schön sie mich als Pakistani fand. »Vorwärts dann, wir bleiben hier doch nur ein paar Tage.«

Es kam alles anders. Aus den drei Tagen in Tando wurden zwei Wochen. Am Tag nach unserer Ankunft wurde Melanie krank. Sie bekam heftige Bauchschmerzen und Durchfall und saß dauernd auf der Toilette, vor der sie eigentlich Angst hatte. Der Durchfall wollte nicht aufhören, also musste ein Arzt geholt werden. Als es Melanie wieder besser ging, wurde Ayesha krank. Innerhalb einiger Stunden war sie todkrank. Dreimal holte Ali Nawaz den Arzt. Man konnte zuschauen, wie sie magerer und schwächer wurde. Rachel und Saima bekamen zwar auch Bauchschmerzen, wurden aber weniger schwer krank. Ich fühlte es ebenfalls rumoren, blieb aber zum Glück gesund. Die Kranken fesselten uns ans Haus. Melanie wurde völlig panisch, wenn ich auch nur einen Schritt von ihr wegging. Als es ihr wieder etwas besser ging, erkundete ich mit Amma, Ali Nawaz und den Kindern die Umgebung. Yasmin sorgte für Ayesha. Noch kurz bevor die Krankheit bei meiner Schwester ausbrach, besuchten wir gemeinsam Lalli. Sie wohnte zu dieser Zeit in Hyderabad. Mit dunklen Sonnenbrillen fuhren wir mit einem kleinen Bus, bei dem die Scheiben mit Tüchern verhängt worden waren, aus Tando hinaus. Ich war angespannt und hatte gemischte Gefühle. Obwohl meine Mutter und Lalli nicht die beste Beziehung hatten, gönnte meine Mutter der alten Frau, ihre holländischen Enkel und Urenkel zu treffen. Ich fand es schwer, der Mutter meines Vaters ohne Vorurteile zu begegnen. Lalli war völlig außer sich, als sie uns sah. Sie konnte nicht aufhören, uns zu streicheln und zu küssen.

»Baba no good. No good«, sagte sie, während sie mit ihren schmalen, mageren Fingern vor meiner Nase hin und her wedelte. »Habibulla, Habibulla, no good.« Sie machte ein abweisendes Gesicht, wenn sie über ihren Sohn und Exmann sprach.

Ich wusste, dass sie, zumindest wenn es ihren Sohn betraf, ihre Meinung sehr schnell ändern konnte. Gleichzeitig fand ich es einmalig, meine alte Großmutter zu erleben. Lalli war noch kleiner als meine Mutter. Sie war eine feine pakistanische Dame mit grauem Haar, das durch das Henna, womit sie es ab und zu wusch, von einigen roten Strähnen durchzogen wurde. Sie hatte hohe Wangenknochen, eingefallene Wangen und wache, braune Augen. Lalli wollte nicht in Hyderabad bleiben, und wir gingen zusammen nach Tando zurück. Unterwegs hielten wir bei einem Bazar, den es häufig in Städten gibt.

»Wie schön es hier ist!« Ich stieß einen Seufzer aus, als ich die Kaufleute mit ihren bunten Ständen sah. Ich merkte, dass ich mich an die pakistanischen Menschen, ihr Aussehen und ihre Kleidung gewöhnte. Den Lärm fand ich höllisch, aber auch daran gewöhnte ich mich. Ich schaute mir die Augen aus dem Kopf. »Schau nur, und da«, sagte ich zu Ali Nawaz, der nichts Besonderes an einem Stand mit Waschtrögen entdecken konnte. Aber es war etwas Besonderes. Die Tröge und Eimer standen nicht, so wie es bei uns der Fall gewesen wäre, nach Größe und Farbe sortiert. Ganz im Gegenteil. Der Stand hatte mehr von einer Theaterdekoration aus Plastikeimern und Wannen in den grellsten Farben, die alle durcheinander so breit und hoch wie möglich aufgestapelt waren. Die Mädchen konnten sich an den Vitrinen eines Ladens, die mit prächtigem Schmuck voll beladen waren, nicht satt sehen. Die leuchtenden goldenen, silbernen und gläsernen Armbänder waren nach Farben über alle Wände verteilt, dass es aussah, als wäre der Laden reich dekoriert. Wir kauften für die Kinder einige Armbänder aus Glas.

Sehr ergreifend fand ich unseren Ausflug nach Soomar Halepoto, den Hof nicht weit von Tando Mohammed Khan, wo Amma mit uns gewohnt hatte, als unser Vater schon im

Ausland war. Auf dem Hof war Yasmin geboren, und Amma hatte uns unter der Palme erzählt, dass wir in die Niederlande gehen würden. Wir fuhren mit einem Tanga dorthin. Ein Tanga ist ein Karren mit einer bunten, schön verzierten Plane, der durch ein oder zwei kleine Pferde gezogen wird. Nach einer halben Stunde auf einem holprigen Sandweg erreichten wir Soomar Halepoto. Auf unserem Hof hatte sich nicht viel verändert. Es gab ein paar Hütten und eine Art Bauernwagen. Ein Büffel trottete herum, und Kinder mit bloßen Füßen spielten auf dem Boden. Amma zeigte uns, wo wir gewohnt hatten. Sogar die Wiege, in der Yasmin und ich gelegen hatten, wurde noch benutzt. Wir sahen die Kuhfladen, die auf Sträuchern zum Trocknen lagen, etwas, wovon uns Amma oft erzählt hatte. Ich suchte ein Plätzchen im Schatten unter dem Baum, der zu Ehren von Zahidas Geburt gepflanzt worden war. Ich schaute mich um und sah die Armut, in der diese Kinder aufwuchsen, ihre staubigen, verschmierten Shalwar-Kamis, aber auch ihre glücklichen, strahlenden Augen. Sie kannten nichts anderes und waren mit den Steinen, Ästen und leeren Büchsen, womit sie tagein, tagaus spielten, zufrieden. Mir wurde klar, dass ich auch so hätte aufwachsen können, weit von der westlichen Welt entfernt. Was und wer wäre ich dann geworden? Hätte ich mich glücklicher gefühlt? Tränen brannten in meinen Augen. Erst unter der Palme wurde mir bewusst, dass hier meine Wurzeln lagen und welch schwerer Entschluss es für meine Mutter gewesen sein musste, diesen erbärmlichen, für sie aber sicheren und vertrauten Hof für eine Wohnung in einem Mehrfamilienhaus in Rijswijk einzutauschen. Wie anders hätte das Leben von uns allen sein können.

Melanie kroch zu mir. »Ich will nach Hause, Mama, ich finde es hier nicht schön.«

Ich zog meine jüngste Tochter zu mir und sagte: »Findest du es nicht schön zu sehen, wo Mama wohnte, als sie so alt war wie du jetzt? Ich war wie die Kinder dort«, und ich wies zu den Kindern mit den großen braunen Augen, die jetzt hintereinander herrannten.

»Nein«, meinte Melanie kurz, »ich will nur nach Hause.« Und sie wedelte die Fliegen weg.

Außer Soomar Halepoto besuchten wir auch andere Orte in der Nähe. Ich sah schöne Moscheen mit wunderbaren Dekorationen. Ein einziges Mal trug ich, vor allem, um Amma eine Freude zu machen, pakistanische Kleidung. Amma fand Ayesha und mich in der fuchsienrosa oder kobaltblauen Shalwar-Kamis am schönsten. Ich konnte mich von dem Gedanken nicht lösen, Teil eines Theaterstückes zu sein, wenn ich in den flatternden dünnen pakistanischen Kleidern über die Straße lief. Auch für Rachel und Melanie hatte meine Mutter pakistanische Kleider genäht. Sie standen Rachel sehr gut, aber Melanie weigerte sich, sie zu tragen. Sie wollte ihre eigenen Kleider anbehalten, und ich war damit einverstanden. Eine Dopatta wollte ich aus Respekt vor den Pakistani, ihren Traditionen und ihrem Glauben umlegen, behielt aber ansonsten meine Jeans an. Am Abend, bevor wir Tando verlassen wollten, um alle zusammen einige Tage in Karatschi zu verbringen, stellte Amma eine große Schachtel vor uns auf den Boden. Sie nahm den Deckel ab, und wir sahen ein Gewand in einem noch schöneren und wärmeren Rosenrot, als wir jemals gesehen hatten. Am Rand der Schachtel lag traditioneller pakistanischer Schmuck aus Gold. Amma wies auf die Kleidung und versuchte, uns etwas deutlich zu machen. Wir verstanden sie nicht.

Yasmin erklärte es uns: »Es ist mein Brautkleid, das sie extra für euch aufgehoben hat.«

»Brautkleid?« Ayesha und ich schauten einander erstaunt an. Wir waren beide noch nicht verheiratet, also vielleicht könnten das Kleid und der Schmuck noch einmal gebraucht werden, meinte Ayesha, die so langsam ihre Gesundheit und ihren Sinn für Humor wieder zurückgewann.

Yasmin half uns einer nach der anderen, den Shalwar-Kamis anzuziehen, die Dopatta auf die richtige Weise zu drapieren und den Schmuck zu befestigen.

»Es piekst«, sagte ich, als sie die Kette, die von der Nase zum Ohr läuft, zu befestigen versuchte.

»Ach ja, natürlich«, lachte Yasmin, »du hast ja kein Loch im Nasenflügel.«

Für das Foto habe ich die Kette angeklebt.

Obwohl es eine neue Erfahrung war, Zeit bei meiner Mutter im Haus zu verbringen, war ich doch erleichtert, als wir Tando verließen. In Karatschi hatten wir Zimmer in einem großen Hotel gebucht; hier gab es normale Betten und eine Zimmerdecke ohne Reptilien. Der Fernseher, die Dusche und die Toilette vermittelten uns ein vertrautes Gefühl und Sicherheit. Vor allem an den Kindern merkte ich, dass sie eine westliche Umgebung brauchten. Mit Amma, Yasmin und Ali Nawaz machten wir richtig Urlaub in Karatschi. Genau wie in Tando wurden wir auch hier jeden Morgen um fünf durch den Gesang des Muezzin geweckt. Das Allah akbar – Allah ist groß – hallte über die Stadt, klang aber in unseren Hotelzimmern gedämpfter als in der offenen Wohnung meiner Mutter. Doch wurde ich auch während meiner späteren Besuche jedes Mal durch das Gebet geweckt. Wir besuchten Museen, Moscheen, die schönsten Einkaufsstraßen und ritten eine Runde auf einem Kamel über den Strand von Karatschi. Die Kinder liebten das Meer, und wir lachten über die Menschen, die vollständig bekleidet ins Wasser gingen. Wie anders war das hier als in Scheveningen! Außerdem besuchten wir Bakra Pri, das Armenviertel, wo Zahida, Ayesha und ich geboren worden waren und meine Mutter ihre ganze Jugend verbracht hatte. Wir fuhren in einem motorisierten Tanga hin. Bei einem der Häuschen ließ Amma den Karren anhalten.

»Hier seid ihr geboren«, machte sie uns deutlich. Noch immer wohnte hier eine Familie, und wir durften das Haus auch von innen ansehen. Amma zog mich zu einer dunklen Ecke und gab mir zu verstehen, dass ich dort auf der staubigen Erde das Licht der Welt erblickte. Ich fragte sie, wann das genau gewesen und wie die Geburt verlaufen war, ob sie Schmerzen gehabt hatte, und Amma antwortete mir. Noch nie war ich gefühlsmäßig meiner Mutter so nah gewesen. Ich umarmte sie und weinte. Ich war also wirklich hier, in Bakra Pri, von ihr geboren worden. Von Häusern konnte man in diesem Viertel kaum sprechen. Die Dächer, wenn es sie überhaupt gab, bestanden aus Wellblech, der Boden war angestampfter Lehm, der sich nach einem kräftigen Regen in ein Schlammbad verwandelte. In so einem Raum, es war nicht mehr als ein Verschlag, hatten wir mit der ganzen Familie gelebt. Wir verließen Bakra Pri und gingen zu Tante Nooras Haus. Tante Noora wohnte mit ihrem Mann und sieben Kindern in einer Vierzimmerwohnung in einem hohen Häuserblock ganz in der Nähe von Bakra Pri. Wir wurden wie die Fürsten empfangen und genossen das ausgedehnte Abschiedsessen. Als ich mit meinen Töchtern, meiner Mutter, meinen Geschwistern, meiner Tante, meinem Onkel und meinen Cousinen und Cousins rund um die Schüsseln mit Chicken Karahi (Huhn in Soße), Kofta (Fleischbällchen mit würziger Tomatensoße), Reis und Currys saß und wie eine echte Pakistani mit meinen Händen

Maani zu einer Kugel formte und zum Mund führte, begriff ich, dass in den letzten drei Wochen viel passiert war. Zum Teil waren mir die Gewohnheiten, Gerüche und der Lärm vertraut geworden. Ich hatte viele sympathische Menschen getroffen. Ich empfand die Menschen hier nicht länger als merkwürdig, und die Abneigung gegenüber ihnen war völlig verschwunden. Ich fühlte mich nicht als Pakistani, wollte und konnte in diesem Land nicht leben, aber ich akzeptierte mit Stolz, dass dies meine Heimat war, womit ich immer verbunden sein würde. Der Abschied war wieder eine dramatische Szene, aber ich wusste, dass dies kein Abschied für immer war. Ayesha und ich hatten die Aufgabe übernommen, für Visa zu sorgen. Amma, Yasmin, Ali Nawaz und Fahad hatten sich entschieden: Sie wollten in die Niederlande kommen, um mit uns als Familie weiterzuleben.

»Ghuda hafiz«, sagte ich damals, während ich aus dem Flugzeugfenster schaute und Karatschi stets kleiner wurde. Ghuda hafiz, Pakistan. Auf Wiedersehen, Pakistan. Ich komme sicher wieder.

Und das tat ich im Jahr darauf. Dieses Mal wollte ich allein fliegen. Ohne Ayesha und ohne die Kinder. Die vorige Reise war beeindruckend und aufschlussreich, aber auch sehr hektisch gewesen. Vor allem Melanie hatte viel Aufmerksamkeit gefordert. Dieses Mal wollte ich mehr von meinem Land sehen und vor allem Zeit mit meiner Mutter verbringen. Ich wollte selbst Kind sein können. Eine Woche vor meiner Ankunft waren Amma und Ali Nawaz in eine Wohnung in Karatschi umgezogen. Sie wohnten in der Nähe einer besseren Wohngegend. Ihr Viertel war zwar viel armseliger als die noble Nachbarschaft, aber sie hatten meistens Strom und fließendes Wasser in ihrer Vierzimmerwohnung. Extra für mich hatten sie ein Bett gekauft. Am

24. April kam ich in Karatschi an und hatte mein Programm schon perfekt geplant. Am folgenden Tag hatte ich einen Termin mit dem Generalkonsul, um mit ihm über den ausbleibenden Echtheitsstempel zu verhandeln. Ich wollte zu den Gräbern meiner Großeltern und Waheed. Nach einigen Tagen Karatschi sollten wir mit Yasmin und Fahad nach Islamabad, der Hauptstadt Pakistans, fliegen. Im Norden von Islamabad liegen die Murree Hills, ein Gebirge, wo viele reiche Pakistani ihre Ferien verbringen und Abkühlung von der sengenden Sommerhitze suchen. Es wurde eine phantastische Zeit. In Karatschi konnte und durfte ich ich selbst sein. Bei meiner Mutter fühlte ich mich meistens wohl. Aber es gab auch Momente, in denen ich mich fragte, was ich dort allein machte. Ich vermisste meine Kinder und sprach regelmäßig mit ihnen am Telefon. Als ich Yasmin und Ali Nawaz manchmal mit Amma sprechen und lachen hörte, fühlte ich mich als Außenstehende. Und dann hatte ich Heimweh. Heimweh nach meiner eigenen Familie. Eines Abends bürstete und ölte Amma Ali Nawaz' und Yasmins Haar. Ich hatte dieser häuslichen Szene schon häufiger zugeschaut. Es war anscheinend etwas, woran sie von klein auf gewöhnt waren. Ich spürte die Vertrautheit und die ungezwungene Intimität, mit der sie Yasmin und Ali Nawaz berührte. Als sie merkte, wie ich sie beobachtete, fragte sie, ob sie mein Haar auch bürsten dürfte. Ich setzte mich auf den Boden vor ihr und fühlte ihre Körperwärme. Mit zärtlichen Gebärden kämmte sie mein langes Haar. Ihre Hand ruhte ab und zu auf meiner Schulter, ihre Finger schoben meinen Kopf etwas nach links, nach rechts oder nach vorn. Ich saß regungslos vor ihr und fühlte mich als ihr Kind. Unser Band wurde stärker. Während unseres Urlaubs in Islamabad teilten Amma und ich das Hotelzimmer und das

Doppelbett. Morgens wurde ich durch ihre Hände, die meine Schultern und meine Rücken streichelten, geweckt. In Islamabad und den Murree Hills lernte ich die luxuriöse Seite des pakistanischen Lebens kennen. Islamabad ist eine moderne Regierungsstadt im Norden des Landes an der Grenze der Provinz Punjab. Für uns alle war es das erste Mal, dass wir die Stadt mit den vielen imposanten Regierungsgebäuden besuchten.

Als wir wieder in Karatschi waren, gingen Amma und ich zusammen mit Tante Noora zum Friedhof. Auf dem Weg dorthin saßen Händler mit Blumen und Säckchen mit Rosenblättern am Straßenrand. Es ist pakistanischer Brauch, Rosenblätter über die Gräber zu streuen. Genau wie bei uns werden die Toten in der Erde begraben. Auffallend sind die dreieckigen Steine, die die Begrenzung des Grabs markieren. Die Grabplatten sind weiß oder hellblau gestrichen. Die Gräber meiner Großeltern und Waheeds, meines pakistanischen Bruders, lagen dicht nebeneinander. Tränen stiegen mir in die Augen, als ich den Kontrast zwischen den Gräbern bemerkte. Das Grab von Habibullah, dem Vater meines Vaters, war mit einer schönen Grabplatte geschmückt; das Grab der Mutter meiner Mutter und Waheeds waren nicht mehr als zwei Hügel Sand, begrenzt von verwitterten, dreieckigen Steinen. Es war deutlich zu sehen, dass mein Vater hier keinen Pfennig hatte verschwenden wollen. Noch am gleichen Tag versprach ich Amma, dass Ali Nawaz eine schöne Grabplatte besorgen sollte, damit auch meine Großmutter und mein Bruder ein Grab bekamen, worauf meine Mutter stolz sein konnte. Später erfuhr ich, dass Ali Nawaz den Text auf den Steinen nicht nur in persisch-arabischer Schrift, sondern auch in Englisch hatte anbringen lassen. Extra für seine holländischen Schwestern.

Als ich jetzt zum dritten Mal in Karatschi ankam, stand nur Ali Nawaz auf dem Flughafen und wartete auf mich. Wir beeilten uns, ins Krankenhaus zu kommen. Amma schien mich erst nicht zu bemerken, aber als ich dicht bei ihr stand und »Amma, Amma, ich bin es, Hameeda« flüsterte, schaute sie mich an. Sie war sehr mager geworden und sah schrecklich aus mit all den Schläuchen in und an ihrem Körper. Sie lag noch auf der Intensivstation.

»Die Operation kann als gelungen gelten«, sagte der Chirurg später zu Ali Nawaz und mir, »aber jetzt müssen wir abwarten, ob das Herz Ihrer Mutter es auch verkraftet.«

Ammas Herz konnte es verkraften. Es ging ihr zusehends besser. Nach ein paar Tagen durfte sie die Intensivstation verlassen. Und als die große klaffende Wunde zu heilen begann, durfte Amma nach Hause. Jeden Tag trugen wir sie die Treppen hinunter, fuhren mit ihr zum Krankenhaus, um die Wunde neu verbinden zu lassen, und brachten sie wieder nach Hause zurück. Ich lernte von den Schwestern, die Wunde zu reinigen und einen neuen Verband anzulegen. Zu Hause sorgten Yasmin und ich für den Haushalt. Dieser Besuch war nicht mit den zwei vorigen zu vergleichen. Ich war nun da, um für meine Mutter zu sorgen. Yasmin und ich waren damit beschäftigt, einzukaufen, zwischen dem Krankenhaus hin- und herzufahren, zwei warme Mahlzeiten zuzubereiten und diverse andere Aufgaben zu erledigen. Nach zwei Wochen Pakistan stieg ich müde, aber zufrieden ins Flugzeug. Es waren Wochen gewesen, in denen ich meine Mutter gewaschen, ihre Haare gekämmt und morgens auf dem Rand von ihrem Khat eine Tasse Chai, pakistanischen Tee, getrunken hatte. Wir redeten viel miteinander, und ich erzählte ihr von diesem Buch. Alles, was ich nicht mehr oder nicht sicher wusste, konnte sie mir erklären. Gierig notierte ich ihre Worte und bereitete mich auf das Schreiben von *Mit dem Herzen einer Tigerin* vor.

»Ich mache das für dich, Amma, und für uns alle. Vielleicht kann das Buch dafür sorgen, dass wir unsere Vergangenheit hinter uns lassen können.«

Sie war stolz auf mich, und ich hatte ihre Zustimmung nötig. Die bekam ich. Genauso wie ich war sie davon überzeugt, dass mehr Menschen in der gleichen Situation wie wir leben oder gelebt haben. Sie schaute mich durchdringend an und nickte.

»Vielleicht hilfst du nicht nur dir selbst, sondern auch anderen mit diesem Buch. Du bist tapfer, Hameeda, und du hast Recht. Dieses Buch muss geschrieben werden!«

Epilog

Als Kind wurde mir alles genommen. Meine Kultur, meine Identität, meine Familie und meine Mutter. Anstelle davon traten körperliche und seelische Misshandlungen und ein Leben ohne Liebe. Ich war eine Gefangene. Nicht nur weil ich die meiste Zeit meiner Kindheit eingeschlossen war, sondern vor allem, weil mir alle Freiheit zum Handeln genommen war. Als junges Mädchen begriff ich, dass das Leben auch anders sein konnte. Der Widerstand gegen das Leben, das mir auferlegt wurde, nahm zu, und der Wille zu entkommen wuchs. Damals, als ich im Alter von dreizehn Jahren von zu Hause fortlief und die Verbindung zu meinem Vater und meiner Stiefmutter abbrach, war ich ein gebrochenes Kind mit einem großen Minderwertigkeitskomplex und ohne Vertrauen in meine Mitmenschen. Es hat mich Jahre gekostet, um dieses Vertrauen, meinen Stolz und meine Würde wiederzufinden. Ich musste meine Herkunft und meine Vergangenheit akzeptieren, bevor ich meine Persönlichkeit entwickeln konnte. Das war und ist noch immer ein mühsamer Prozess. Die Geburt meiner Töchter veränderte meine Haltung zu meiner Vergangenheit und meiner Herkunft grundlegend. Durch ihre Anwesenheit erkannte ich, wie wichtig es ist zu wissen, wo die eigenen Wurzeln sind. Durch Rachel und Melanie bin ich gewachsen, stärker, fröhlicher und lebenslustiger geworden. Auch das Schreiben dieses Buches hat dazu beigetragen, die Vergangenheit zu verarbeiten, und geholfen, mich weiterzuentwickeln.

Mit dem Herzen einer Tigerin musste geschrieben werden. Nicht nur, weil es für mich so wichtig war und ich das dringende Bedürfnis verspürte, meine Geschichte aufzuschreiben, sondern vor allem, weil ich hoffe, dass durch dieses Buch verborgene Missstände sichtbar werden. Meine Hoffnung ist, dass nicht nur meine Familie letztendlich eine Aufenthaltserlaubnis bekommt, sondern auch andere Immigranten aus der zweiten oder dritten Generation die Gelegenheit erhalten, ihre Familien zu treffen, wann und wo sie wollen.

Überall – sowohl in einheimischen als auch ausländischen Familien – können Kinder misshandelt werden, unbemerkt, hinter verschlossenen Türen. Die meisten Kinder schämen sich dafür, dass sie misshandelt werden. Genauso wie ich davon überzeugt war, denken viele kleine Kinder, dass es ihre eigene Schuld ist, dass sie geschlagen und getreten werden. Neben den körperlichen Misshandlungen verursachen auch Beschimpfungen, verbale Erniedrigungen und seelische Misshandlung tiefe Narben und unauslöschbare Spuren. Kinder sind abhängig von ihren Eltern und können sich erst, wenn sie älter sind, den Misshandlungen entziehen. Zum Glück gibt es inzwischen Institutionen, die misshandelten Kindern zuhören; das Kindertelefon ist dafür ein gutes Beispiel. Doch bleiben viele Misshandlungen verborgen, und zu wenige Eltern werden für die Misshandlungen bestraft. Letzteres hat seinen Grund unter anderem in der Verjährungsfrist. Personen, die als Kind misshandelt wurden, brauchen Jahre, um ihre Vergangenheit einigermaßen zu verarbeiten und den Mut zu sammeln, ihre Misshandlungen öffentlich zu machen und die Täter anzuklagen. Die Verjährungsfrist, wie sie in der heutigen Rechtsprechung gehandhabt wird, bietet dafür keinen Raum. Für alle körperlich und seelisch misshandelten Kinder ist es von größter Wichtigkeit, dass hier eine Gesetzesänderung stattfindet. Ich hoffe, dass dieses Buch einen Beitrag leisten kann, misshandelte Kinder zu verstehen und aufzufangen.

In *Mit dem Herzen einer Tigerin* werden auch Konflikte zwischen den Generationen innerhalb ausländischer Familien sichtbar. Die zweite und dritte Generation haben andere Auffassungen als die, die ihnen durch die erste Generation auferlegt werden. Manchmal fehlt den Kindern und Enkeln jegliche Kenntnis ihrer Kultur, um Verständnis für die Vorschriften, die ihnen von ihren Eltern und Großeltern gemacht werden, aufbringen zu können; in anderen Fällen widersetzen sie sich öffentlich diesen Regeln. Arrangierte Ehen, Entführungen, Verbannung aus der Familie und sogar, so wie es in Pakistan vorkommt, Morde im Namen der Ehre können die Folge sein. Diese unterschiedlichen Lebensvorstellungen führen nicht nur zu Problemen zu Hause, innerhalb der Familie, sondern auch zu tief greifenden Störungen in der persönlichen Entwicklung des Einzelnen. Auch dafür, so hoffe ich, konnte ich mit diesem Buch Verständnis wecken.

Außerdem will ich mit meinem Buch deutlich machen, dass meine Schwestern und ich unsere Mutter nicht länger entbehren können. Neunundzwanzig Jahre lang hat unser Vater meine Mutter und meine Geschwister von uns fern gehalten. Letztendlich haben wir die Angst vor meinem Vater überwunden und sind auf die Suche nach unserer Familie gegangen. Wir haben sie gefunden und fühlen ein intensives Bedürfnis, beieinander zu sein, um all die Jahre der erzwungenen Isolation aufzuholen. Aber leider hält nun jemand anders meine Mutter und Geschwister von uns fern. Unser neuer Widersacher ist der niederländische Staat, der ungeachtet der zwingenden humanitären Gründe und all unserer

Bürgschaften keine Visa zuerkennt. Ich weiß, dass viele den gleichen Kampf um eine Familienzusammenführung fechten. Ich hoffe, dieses Buch ermutigt sie, den Kampf nicht aufzugeben.

Die Vergangenheit trägt man mit sich. Sie hat immer Auswirkungen auf die Gegenwart. Ich versuche, einen Schlussstrich unter einen Teil meiner Vergangenheit zu ziehen, um voller Vertrauen in die Zukunft zu schauen. Das Erscheinen von *Mit dem Herzen einer Tigerin* bedeutet für mich ein Ende, aber gleichzeitig einen neuen Anfang.

Danksagung

Als Erstes möchte ich meinem lieben Mann für seine Geduld und Liebe, seine Kraft, seine unentbehrlichen Ratschläge und seine Unterstützung bei diesem Buch danken und meinen zwei geliebten Töchtern für die Möglichkeit, das Leben durch Kinderaugen zu sehen. Ihre bedingungslose Liebe, Ungezwungenheit, Lebenslust und Fröhlichkeit gaben mir die Inspiration und die Kraft, jeden Moment, den wir zusammen erleben, genießen zu können. Meinen Geschwistern danke ich dafür, dass sie zusammen mit mir gekämpft haben, um unsere Jugend hinter uns zu lassen und uns eine neue Zukunft aufzubauen.

Weiter will ich meiner Herausgeberin Chantal d'Aulnis für ihr Vertrauen und ihren Glauben an meine Geschichte danken und den Redakteurinnen Tanja Hendiks und Ingrid Meurs für ihre fachkundige Beratung und ihre Geduld. Ihre intensive Betreuung hat mein Selbstvertrauen wachsen lassen und mich überzeugt, diese Geschichte zu veröffentlichen. Erwin, Elisabeth und allen anderen Mitarbeitern vom Arena Verlag danke ich für ihren Einsatz und ihre Begeisterung.

Besonders danken möchte ich meiner zweiten Stimme, der Texterin Magda van der Rijst, mit der ich dieses Buch geschrieben habe. Ihr Vermögen, sich in meine Lage hineinzuversetzen, hat ihr die nötigen Schauer über den Rücken gejagt. Ihre journalistische Kenntnis, ihre Einsicht und ihr Eifer sowie ihr Durchsetzungsvermögen waren von essenzieller Wichtigkeit, dieses Buch erfolgreich abzuschließen.

Zum Schluss möchte ich mich bei meinen guten und teuren Freundinnen und Bekannten für ihre Ermutigungen bedanken. Im Besonderen will ich Louise für ihre emotionelle Stütze und ihre Verbundenheit danken. Lucille und Frank, die immer für andere da waren, danke für eure Unterstützung, Onkel Jan und Tante Ferry, danke für eure Lebensweisheit und euer Vertrauen. Francis, zu der ich immer kommen konnte, und allen, die ich hier nicht namentlich nennen kann, danke für eure Ermutigung.

Epilog II

Nach dem Erscheinen diesen Buches in den Niederlanden folgte die große Enttäuschung: Am Tag nach der feierlichen Präsentation lag die x-te Abweisung der Visumanträge für meine Familie im Briefkasten. Ich hatte monatelang die Hoffnung gehegt, dass das Buch einen Durchbruch bei den endlosen Prozeduren und Prozessen, in die ich geraten war, bringen könnte. Ich hatte noch einmal die Möglichkeit, gegen den negativen Bescheid des Visumsamtes Beschwerde einzulegen. Aufgeben wollte ich nicht, und da ich mir keinen Rat mehr wusste, schrieb ich einen langen Brief an die Königin und an den Minister und die Staatssekretärin der Justiz, den ich zusammen mit meinem Buch verschickte. Zwei Wochen später bekam ich eine Bestätigung des Empfangs vom Kabinett der Königin, mit der Mitteilung, dass mein Brief an die Staatssekretärin der Justiz weitergeleitet worden sei. Gut vier Monate später, am 8. März 2001, bekam ich völlig unerwartet einen Brief der Staatssekretärin. Sie hatte beschlossen, von ihrer Weisungsbefugnis Gebrauch zu machen und meiner Mutter, meinem Bruder, meiner Schwester und meinem Schwager die Einreise in die Niederlande zu gestatten! Ich konnte es kaum glauben, so glücklich war ich. Wie es weitergeht, weiß ich noch nicht, aber wir haben nun auf jeden Fall die Freiheit, unsere eigene Wahl zu treffen.

Bei der Klage gegen meinen Vater und meine Stiefmutter (eingereicht am 1. Juli 1998) stand die Verjährungsfrist zur Debatte. Nach der ersten Anhörung wurde diese auf fünf

Jahre festgelegt. Bei der Berufungsverhandlung legte der Oberste Gerichtshof die Verjährungsfrist auf den maximalen Zeitraum von zwanzig Jahren fest. Das ist ein entscheidender Sieg, denn das bedeutet, dass die Anklage nun ab dem 1. Juli 1978 gilt und ich bis zu meinem vierzehnten Lebensjahr zurückgehen kann. Das war das Jahr, in dem ich von zu Hause weglief, auf der Polizeiwache die Fotos von meinen Misshandlungen gemacht wurden und ich dann in einem Kinderheim untergebracht wurde. Diese Tatsachen können nun in die Anklage aufgenommen werden. Inzwischen hat der pensionierte Kriminalbeamte Den Boer zu den damaligen Vorgängen eine Erklärung abgegeben. Während seiner Laufbahn hatte unser Fall ihn sehr beschäftigt, und er fühlte sich verpflichtet, die Wahrheit doch noch ans Licht zu bringen. Der Prozess ist noch nicht abgeschlossen, und die Rechtsanwälte beschäftigen sich weiter mit diesem Fall. Von meinem Vater habe ich nichts mehr gehört.

Das Erscheinen von *Mit dem Herzen einer Tigerin* war ein ergreifender Moment für mich.

Das Schreiben dieses Buches war ein langer und mühsamer Prozess und bildete den Abschluss eines Lebensabschnittes, den ich endlich hinter mir lassen konnte. Der Erfolg im In- und Ausland hat mich in der Überzeugung bestärkt, dass ich mich mit wichtigen Fragen beschäftige, und die vielen Interviews, Lesungen und Reaktionen bestätigen die Bedeutung meiner Erfahrungen für die heutige Gesellschaft.

Ich habe dieses Buch meiner Mutter gewidmet, und ich hege den starken Wunsch, dass sie es eines Tages lesen können wird. Die ersten Kapitel sind ins Englische übersetzt, und diese fand sie großartig. Sie war sehr stolz. Ich selbst bin durch das Schreiben dieses Buches stärker geworden. Ich weiß nun, wer ich bin: eine Frau mit zwei Kulturen. Jahrelang war ich ein Kind zwischen zwei Kulturen. Die Niederlande stehen für Selbstverwirklichung und Pakistan, das ist die Quelle, meine Herkunft und ein Teil von mir selbst. Beide Länder haben mich zu der Frau geformt, die ich jetzt bin.